权威·前沿·原创

皮书系列为
"十二五""十三五"国家重点图书出版规划项目

甘肃农业科技绿皮书

GREEN BOOK OF AGRICULTURAL
SCIENCE AND TECHNOLOGY IN GANSU

甘肃农业现代化发展研究报告
（2019）

REPORT ON AGRICULTURAL MODERNIZATION IN
GANSU (2019)

主　编／魏胜文　乔德华　张东伟

社会科学文献出版社
SOCIAL SCIENCES ACADEMIC PRESS (CHINA)

图书在版编目(CIP)数据

甘肃农业现代化发展研究报告.2019/魏胜文,乔德华,张东伟主编.--北京：社会科学文献出版社,2019.4
(甘肃农业科技绿皮书)
ISBN 978-7-5201-4650-0

Ⅰ.①甘… Ⅱ.①魏… ②乔… ③张… Ⅲ.①农业现代化-研究报告-甘肃-2018-2019 Ⅳ.①F327.42

中国版本图书馆CIP数据核字(2019)第065132号

甘肃农业科技绿皮书
甘肃农业现代化发展研究报告(2019)

主　　编／魏胜文　乔德华　张东伟

出 版 人／谢寿光
责任编辑／陈晴钰　陈　颖

出　　版／社会科学文献出版社·皮书出版分社 (010)59367127
　　　　　　地址：北京市北三环中路甲29号院华龙大厦　邮编：100029
　　　　　　网址：www.ssap.com.cn
发　　行／市场营销中心 (010)59367081　59367083
印　　装／天津千鹤文化传播有限公司

规　　格／开　本：787mm×1092mm　1/16
　　　　　　印　张：21.25　字　数：317千字
版　　次／2019年4月第1版　2019年4月第1次印刷
书　　号／ISBN 978-7-5201-4650-0
定　　价／128.00元

本书如有印装质量问题,请与读者服务中心(010-59367028)联系

版权所有 翻印必究

《甘肃农业现代化发展研究报告》
编 委 会

主　　　　任	吴建平	甘肃省农业科学院院长，教授
	魏胜文	甘肃省农业科学院党委书记，研究员
副　主　任	杨祁峰	甘肃省农牧厅副厅长，研究员
	马忠明	甘肃省农业科学院副院长，研究员
委　　　　员	（按姓氏笔画排序）	
	马心科	甘肃省农业科学院财务资产管理处
	吕剑平	甘肃农业大学财经学院
	乔德华	甘肃省农业科学院农业经济与信息研究所
	张东伟	甘肃省农业科学院农业经济与信息研究所
	张　继	西北师范大学新农村发展研究院
	赵武云	甘肃农业大学机电工程学院
	满　润	甘肃省绿色食品办公室
	樊廷录	甘肃省农业科学院科研管理处
办公室主任	张东伟（兼）	
办公室工作人员	王建连　刘锦晖　任　慧	
	白贺兰　刘海波　王统勋	

主要编撰者简介

魏胜文 农学博士，研究员。现任甘肃省农业科学院党委书记。兼任甘肃省财政学会副会长、甘肃省科学社会主义学会副会长、甘肃省金融学会常务理事、全国党建研究会非公经济组织党建研究专委会特邀研究员，甘肃省宣传文化系统"四个一批"人才。

先后主持完成国家社科基金项目、省社科规划项目、科技厅软科学项目等各类课题26项；出版专（编）著20部（其中专著10部）；发表论文40余篇（C刊以上13篇）；完成研究报告16篇。获甘肃省社会科学优秀成果一等奖3项、二等奖1项、三等奖1项，其中：主持完成的国家社科基金成果专著《反贫困之路》，荣获第十二届甘肃省社会科学优秀成果一等奖；主持修编完成的《甘肃省志·社会科学志》荣获第十一届甘肃省社会科学优秀成果二等奖，甘肃省地方史志编纂委员会、甘肃省地方史志学会"优秀成果一等奖"。

自2006至2013年间，连续8年主持编研"甘肃蓝皮书"，直接主编经济、舆情和县域蓝皮书。其中，担任执行主编的《甘肃蓝皮书：2006~2007年甘肃舆情分析与预测》为全国首部地方舆情类蓝皮书，获第十一届甘肃省社会科学优秀成果一等奖。2016年起主持编研"甘肃农业科技绿皮书"，其中主编的《甘肃农业科技发展研究报告（2011~2015）》为全国首部省级农业科技绿皮书，获第十五届甘肃省社会科学优秀成果一等奖。

乔德华 副研究员，国家注册咨询工程师。现任甘肃省农业科学院农业经济与信息研究所所长。1985年参加工作，先后参加小麦、糜谷等粮食作物育种栽培研究，百合、玫瑰等花卉研究开发，西瓜、辣椒等瓜菜作物育种及种业开发，并从事《甘肃农业科技》期刊编辑以及科研管理工作多年。参加完成"陇东旱地复种糜子良种栽培技术示范推广"、"西瓜新杂交种选育"等课题 8 项，主持完成国家"十五"攻关项目"重要技术标准研究专项"、甘肃省软科学专项"科技扶贫关键问题研究"、甘肃省"十三五"期间扶贫攻坚重大课题"特色产业在扶贫开发中的应用研究"等课题 5 项；获甘肃省社会科学优秀成果一等奖 1 项，甘肃省科技进步二等奖 2 项、三等奖 3 项；在各类学术期刊发表论文 53 篇，其中核心期刊 12 篇；主编专著 4 部。

张东伟 理学博士，研究员。现任甘肃省农业科学院农业经济与信息研究所副所长。长期从事农业经济管理、生态经济学、地理信息系统应用等方面的研究工作。先后承担国家科技攻关项目、国家科技支撑项目、世界银行贷款扶贫项目、英国政府赠款流域管理项目、澳大利亚发展奖学金项目、国家外专局农业引智成果推广项目、农业部行业科技专项以及地方政府资助项目等 20 余项，获得各类科技成果奖励 17 项。在各类学术刊物及国内外学术会议发表论文 30 余篇。出版专著 1 部，参编学术专著 5 部。曾先后赴加拿大、新西兰、澳大利亚等国家的相关大学和科研机构开展专业研修和合作研究。

前　言

随着中国特色社会主义进入新时代，工业化、信息化、城镇化快速推进，农业现代化短板凸显。目前，我国社会主要矛盾中最大的发展不平衡是城乡发展不平衡，最大的发展不充分是农业农村发展不充分，"三农"问题仍是当下中国最突出、最迫切的问题之一。因此，党的十九大对新时代"三农"工作做出了全面部署，发出了"实施乡村振兴战略"的总动员令，明确提出了"加快推进农业农村现代化"的要求，为新时代"三农"工作提供了遵循、指明了方向。

国内外农业发展的实践证明，农业的根本出路在于现代化，农业农村现代化是国家现代化的基础和支撑，是农业发展的根本方向。我国坚持农业农村优先发展的总方针，正在实施乡村振兴战略，大力推进农业供给侧结构性改革，推动农业高质量发展，加快推进农业农村现代化。

甘肃省在持续推进农业现代化建设进程中，坚持运用先进科学技术和管理理念，在促进农村一二三产业融合、城乡一体化发展、乡村经济振兴以及深度贫困地区脱贫攻坚等方面做出了不懈的努力，有力地促进了全省农业经济和农村社会的持续发展。

为了系统分析甘肃农业现代化发展情况，进一步研究探索全省农业现代化发展的全局性、关键性重大问题，甘肃省农业科学院联合省内农业行政管理、科研教学机构，依托本院倾力打造的农业经济与农村发展创新工程学科团队和"甘肃农业科技智库"平台，秉承"坚持原创、追踪前沿、打造权威"的皮书编研宗旨，研究和编写《甘肃农业现代化发展研究报告》，发布事实充分、分析透彻、结论可靠、对策具体的权威性研究成果。

《甘肃农业现代化发展研究报告》包括1个总报告和3个专篇。专篇的内容按照现代农业的"三大支柱"谋篇布局，分为产业体系篇、生产体系篇、经营体系篇，共计18篇研究报告。整体编研工作以甘肃省农科院及相关专业研究所科技人员为基本研究力量，甘肃农业大学、西北师范大学、甘肃省绿色食品办公室倾情加盟，组建了一支由10家单位、70多人组成的编研工作团队。甘肃农业科技绿皮书各研究报告均由相关学科的学术带头人或科研技术骨干承担具体编研任务；坚持专家立场，学术视角，体现科学性、客观性、前瞻性、应用性及可读性；遵循理论、方法与实践紧密联系，宏观研究与微观研究相结合的原则，以科学、权威、翔实的指标数据为基础，以评估现状、分析原因、预测走势、提出对策为基本框架，形成完整的研究报告。在研究内容上，以甘肃农业现代化发展进程中的重点、热点、难点问题为出发点，以向决策部门提供咨询建议为落脚点，力争成为各级党政机构、人大代表、政协委员、专家学者和社会各界进行民主决策、参政议政、科学研究的重要参考书。

为顺利开展绿皮书的研究与编纂，协调推进工作，特成立编辑委员会，其成员由各参编单位的主管领导、部门负责人和相关领域的专家组成。编委会主任是项目的总设计师，把握研究方向，进行全面协调指导和动态管理；编委会副主任负责协调各专篇参研机构及本人所在单位的工作，并参与项目的全过程管理。编委会为强化项目责任和过程管理，将本项目纳入甘肃省农科院院列专项研究计划，并采用项目制管理；编委会不定期对课题研究内容及重点、难点问题进行分析，采取针对性措施予以解决，保证计划任务的落实，按期完成项目目标。编委会下设办公室，承担绿皮书编研项目的协调统筹及日常管理工作。办公室设在甘肃省农科院农业经济与信息所，依托其创新团队平台开展工作。绿皮书的编研工作得到了甘肃省农科院和甘肃省农牧厅领导的高度重视，甘肃省农科院将其作为年度重点工作任务，设立专项予以重点支持，党政"一把手"亲自抓总，并明确提出以"举全院之力，创智库精品"为目标，精心组织，与协作机构通力合作，努力完成一本水平较高、质量上乘的绿皮书。绿皮书编研还得到了甘肃省绿色食品办公室、甘肃省统计局等单位及社会科学文献出版社领导和相关部门的大力支持，在此表示衷心感谢！

本报告是"甘肃农业科技绿皮书"系列丛书的年度成果。据了解，国内在省级层面上以农业现代化发展研究为主题的皮书目前尚未见到。可以说，《甘肃农业现代化发展研究报告》是国内第一部由专业研究机构编创完成的省级农业现代化发展绿皮书。

由于绿皮书编研是一项创新性工作，尽管我们力图在农业现代化发展理论、研究方法和评价实践上做一些探索和尝试，为提升甘肃农业现代化发展水平提供更多有价值的理论指导和实践对策，但由于数据资料获取方面的局限，加之受到研创时间、编者能力和水平的制约，研究仍然不够深入和全面，可能在许多方面还存在不尽如人意之处，纰漏之处在所难免，敬请各位读者批评指正。

编 者

二〇一九年二月

摘 要

农业农村现代化是实施乡村振兴战略的基本路径,是化解人民日益增长的美好生活需要和不平衡不充分的发展之间矛盾的必要选择。坚持农业农村优先发展,按照产业兴旺、生态宜居、乡风文明、治理有效、生活富裕的总要求,运用现代科学技术和管理理念,大力推进农业供给侧结构性改革,推动农业高质量发展,加快推进农业农村现代化,是我国农业发展的必由之路,更是实现协调发展、全面建设社会主义现代化强国的前提和基础。

本书从现代农业的"三大支柱"谋篇布局,客观分析了甘肃省农业产业发展、农业生产力提升、生产关系完善等方面的总体状况,总结梳理了发展优势与存在问题,提出了全面推进农业农村现代化的对策和建议。全书分为总报告、产业体系篇、生产体系篇和经营体系篇四大部分,共计18篇研究报告。

总报告基于协调发展的视角,探讨了新形势下农业现代化发展的整体趋势,在对甘肃农业现代化实践探索成果进行了深入、细致分析的基础上,厘清影响区域农业现代化发展的障碍与思路,提出了欠发达地区用新思维谋划现代农业的策略和促进现代农业发展的措施建议。

产业体系篇以甘肃省特色农业、农产品加工业、戈壁农业、农业新业态、农业科技化发展为主要研究内容,着眼于把优势做强、把产业做大、把链条做长、把质量做优、把效益做高的目标,探讨切实增加特色优质农产品有效供给、巩固和发展特色优势产业的方略。

生产体系篇以甘肃农业良种化、机械化、信息化、优质化、绿色化发展的重点问题和关键环节为主线,结合农村一二三产业融合发展研究,分析了发展动态、本省现状、存在主要问题及未来发展方向,提出了发展思路和措

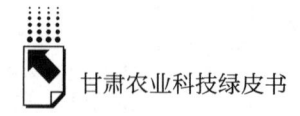

施建议。同时，参照"全国农业现代化监测评价指标体系"，构建了甘肃省及市州农业现代化发展水平评价指标体系，对甘肃各市州农业现代化发展状况进行了科学评价。

经营体系篇从人力资源支持现代农业发展、新型农业经营主体发展、品牌化发展、农地制度改革与集体经济发展、农业社会化服务等方面入手，深入分析甘肃省农业现代化发展条件及状况，剖析存在的主要问题，提出应对措施。

本书所用的研究资料和数据主要来自各报告作者在研究工作中的积累，同时引用了甘肃省各有关部门提供的资料，还参考了国内外同行的研究成果。旨在通过研究，提供事实充分、分析透彻、结论可靠、对策具体的权威性理论研究成果，使之成为各级党政机构、专家学者和社会各界了解甘肃农业现代化发展全貌、开展民主决策、科学研究的参考书。

关键词： 农业现代化　协调发展　甘肃省

Abstract

Modernization of agriculture and rural areas is the elementary path to implement the rural vitalization strategy, it is also the inevitable choice to address the contradiction between unbalanced and inadequate development and the people's ever-growing needs for a better life. We must prioritize the development of agriculture and rural areas. To build rural areas with thriving businesses, pleasant living environments, social etiquette and civility, effective governance and prosperity, we need to apply modern science and technologies as well as management ideas, vigorously pursue structural reform of agricultural supply-side, promote agriculture development with high-quality and speed up modernization of agriculture and rural areas, and it is the only path to develop Chinese agriculture, it is also the condition and the foundation to achieve coordinated development and to build a great modern socialist country with all-out efforts.

This book is structured and organized based on the 'Three Pillars' of modern agriculture, it objectively analyzes the overall condition of agricultural industry development, agricultural productivity improvement and perfection of production relations in Gansu Province, it summaries the advantages for development and existing problems, and proposes countermeasures and suggestions for advancing the modernization of agriculture and rural areas. This book, containing a total number of 18 research reports, is divided into four parts, namely, general report, industrial system topics, production system topics and management system topics.

From the point view of coordinated development, the general report discusses the overall trend of agricultural modernization under new circumstances, based on in-depth and detailed analysis of achievements of practical exploration in Gansu agricultural modernization, this book clarifies barriers and thoughts affecting the development of regional agricultural modernization, it presents strategies regarding planning modern agriculture with new thinking in underdeveloped areas and proposes advices and suggestions facilitating modern agricultural development.

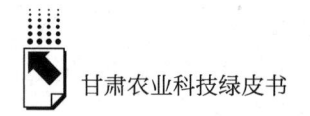

Industrial system part takes characteristic agriculture, agricultural product processing industry, Gobi agriculture and development of new agricultural format as the main research contents, it aims at strengthening advantages, expanding industry, extending chain, upgrading quality and improving economic return, and discusses general strategies to improve effective supply of agricultural products as well as to consolidate and develop featured advantageous industries

Production system part focuses on the major issues and critical points in the development of technicalization, germplasm improvement, mechanization, informatization, premiumization and greenization in Gansu agriculture, it incorporates studies on integrative development of primary, secondary and tertiary industries in rural areas, and analyzes development trend, provincial status in Gansu, current problems and future directions, and proposes ideas and recommendations for development. Meanwhile, taken 'the National Index System for Monitoring and Evaluation of Agricultural Modernization' as the reference, evaluation index system for agricultural modernization development at provincial, municipal and prefectural levels within Gansu Province is proposed and status of agricultural modernization development at municipal and prefectural levels within Gansu Province is scientifically assessed.

Management system part, based on human resources supporting the development of modern agriculture, development of new form of agricultural operating entities, branding development, farming land system reform, development of collective economy and agricultural social service, analyzes the condition and status of agricultural modernization development in Gansu Province, and dissects major issues and presents countermeasures for the development of agricultural modernization in Gansu as well.

The purpose of this book is to provide a full account of the facts, and in-depth analysis, a credible conclusion and a concrete authoritative study to make it an overall picture of agricultural modernization in Gansu Province. The intended use of this book is to facilitate government agencies in their decision-making process. Meanwhile, it is also an important reference for scientific researchers and scholars at different levels to understand agricultural modernization in Gansu Province.

Keywords: Agricultural Modernization; Coordinated Development; Gansu Province

(翻译: 刘海波)

目 录

Ⅰ 总报告

G.1 协调发展视域下的甘肃农业现代化态势与展望
.... 魏胜文　张东伟　乔德华 / 001
　　一　选题背景：协调发展与农业现代化 .... / 002
　　二　甘肃省农业概况 .... / 004
　　三　甘肃省农业现代化发展概况 .... / 006
　　四　甘肃省农业现代化发展态势分析 .... / 017
　　五　甘肃省农业现代化发展展望 .... / 020
　　六　结语 .... / 024

Ⅱ 产业体系篇

G.2 甘肃省特色农业产业化发展研究报告
.... 白贺兰　张　继　马小黎　任　慧 / 026

G.3 甘肃省农产品加工业发展研究报告
.... 张辉元　闫沛峰　马宝斌　康三江 / 041

001

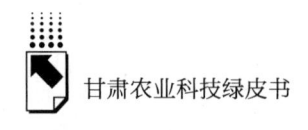

G.4　甘肃戈壁生态农业发展研究报告

………… 王晓巍　张玉鑫　马彦霞　康恩祥　蒯佳琳 / 057

G.5　甘肃省农业新业态发展研究报告………… 窦学诚　耿小娟 / 070

G.6　甘肃省农业科技化发展研究报告………………… 汤　莹 / 088

Ⅲ　生产体系篇

G.7　甘肃省农作物良种化发展研究报告………………… 张正英 / 104

G.8　甘肃省农业机械化发展研究报告………… 赵武云　张雪坤 / 116

G.9　甘肃省农业信息化发展现状及技术研发要点

………………………………………… 秦春林　秦来寿 / 132

G.10　甘肃省质量兴农研究报告

………………… 白　滨　柳利龙　徐　瑞　张爱琴 / 148

G.11　甘肃省绿色兴农研究报告

………… 王建连　张东伟　张邦林　刘海波　王统勋 / 165

G.12　甘肃省农村一二三产业融合发展研究报告

………………… 李红霞　汤瑛芳　闫沛峰　高　军 / 182

G.13　甘肃市州农业现代化发展评价

………… 汤瑛芳　张东伟　乔德华　李红霞　高　军 / 202

Ⅳ　经营体系篇

G.14　甘肃省人力资源支撑现代农业发展研究报告

………………………………………… 莫琪江　白　刚 / 220

G.15　甘肃省新型农业经营主体发展研究报告 …… 乔德华　刘锦晖 / 233

G.16　甘肃省品牌强农研究报告 ………………… 满　润　周永锋 / 257

G.17 甘肃省农地制度改革与集体经济发展研究报告
　　　　　　　　　　　　　　　　　　　　 张艳荣　董雪梅 / 277
G.18 甘肃省农业社会化服务研究报告 …………… 吕剑平　谈存峰 / 292

皮书数据库阅读使用指南

CONTENTS

I General Report

G.1 Current Situation and Prospect on Agricultural Modernization from the Sight of Coordinated Development in Gansu

Wei Shengwen, Zhang Dongwei and Qiao Dehua / 001

    1. Research Background: Coordinated Development and Agricultural Modernization / 002

    2. Overview of Agriculture in Gansu / 004

    3. Overview of Agricultural Modernization Development in Gansu / 006

    4. Analysis on Current Situation and Tendency of Agricultural Modernization Development in Gansu / 017

    5. Prospect on Agricultural Modernization Development in Gansu / 020

    6. Concluding Remarks / 024

II Industrial System Topics

G.2 Report on Industrialized Development of Characteristic Agriculture in Gansu *Bai Helan, Zhang Ji, Ma Xiaoli and Ren Hui* / 026

CONTENTS

G.3 Report on Development of Agricultural Product Processing Industry
 in Gansu *Zhang Huiyuan, Yan Peifeng, Ma Baobin and Kang Sanjing* / 041
G.4 Report on Development of Gobi Ecological Agriculture in Gansu
  Wang Xiaowei, Zhang Yuxin, Ma Yanxia, Kang Enxiang and Kuai Jialin / 057
G.5 Report on Development of New Agricultural Format in Gansu
  Dou Xuecheng, Geng Xiaojuan / 070
G.6 Report on Development of Agricultural Technicalization in Gansu
  Tang Ying / 088

III Production System Topics

G.7 Report on Development of Agricultural Germplasm Improvement
 in Gansu *Zhang Zhengying* / 104
G.8 Report on Development of Agricultural Mechanization in Gansu
  Zhao Wuyun, Zhang Xuekun / 116
G.9 Report on Current Situation and Key Points of Technical Research and
 Development of Agricultural Informatization in Gansu
  Qin Chunlin, Qin Laishou / 132
G.10 Report on Promoting Agriculture by Premiumization in Gansu
  Bai Bin, Liu Lilong, Xu Rui and Zhang Aiqin / 148
G.11 Report on Promoting Agriculture by Greenization in Gansu
  Wang Jianlian, Zhang Dongwei, Zhang Banglin, Liu Haibo and Wang Tongxun / 165
G.12 Report on Integrative Development of Primary, Secondary and Tertiary
 Industries in Rural Areas of Gansu
  Li Hongxia, Tang Yingfang, Yan Peifeng and Gao Jun / 182
G.13 Evaluation on Agricultural Modernization at Municipal and Prefectural
 Levels in Gansu
  Tang Yingfang, Zhang Dongwei, Qiao Dehua, Li Hongxia and Gao Jun / 202

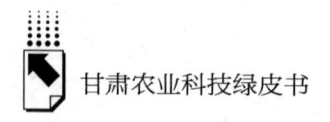

Ⅳ Management System Topics

G.14　Report on Human Resources Supporting the Development of Modern Agriculture in Gansu　　　　　　　　*Mo Qijiang, Bai Gang* / 220

G.15　Report on Development of New Form of Agricultural Operating Entities in Gansu　　　　　　　　*Qiao Dehua, Liu Jinhui* / 233

G.16　Report on Promoting Agriculture by Branding in Gansu

Man Run, Zhou Yongfeng / 257

G.17　Report on Farming Land System Reform and Development of Collective Economy in Gansu　　　*Zhang Yanrong, Dong Xuemei* / 277

G.18　Report on Agricultural Social Service in Gansu

Lv Jianping, Tan Cunfeng / 292

总报告

General Report

G.1 协调发展视域下的甘肃农业现代化态势与展望

魏胜文　张东伟　乔德华*

摘　要： 在我国现阶段社会的主要矛盾中，城乡发展不平衡以及农业农村发展不充分是中国现代化的短板，是影响国家整体协调发展的难点和痛点所在。破解这一困局的基本路径是加快国家现代化建设，而农业现代化是其中最重要的组成部分。与发达地区相比，作为西北内陆欠发达省份的甘肃，内外部发展不协调的问题更加突出。尽管近年来全省狠抓农业综合生产能力培育、促进农业产业化发展、着力优化

---

* 魏胜文，博士，研究员，甘肃省农业科学院党委书记，主要研究方向为宏观农业政策及区域社会经济发展；张东伟，博士，研究员，甘肃省农业科学院农业经济与信息研究所副所长，主要研究领域为农业经济管理和生态经济学；乔德华，副研究员，国家注册咨询工程师，甘肃省农业科学院农业经济与信息研究所所长，主要从事农业产业化和区域农业经济研究。

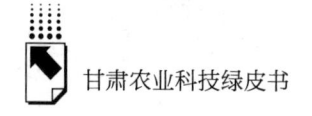

农业生产结构、提升农业科技研发与应用水平，但是在农业产业体系、生产体系、经营体系的发育方面明显滞后于全国整体水平，实现农业现代化发展的任务依然任重道远。研究认为，甘肃省内不同类型区域的农业现代化水平也很不均衡，农业资源禀赋和生态条件迥异，生产力水平差异悬殊，有必要采用差异化的区域农业现代化发展策略。甘肃省应按照农业农村优先发展的部署，进一步发挥自身优势，充分利用发展现代农业的难得机遇，用新思维谋划全省农业现代化发展策略，通过构建现代农业的"三个体系"，促进小农户与现代农业发展有机衔接，从而大力推进农业现代化进程，助力甘肃省乡村全面振兴，实现协调发展。

关键词： 农业现代化　协调发展　乡村振兴　甘肃省

一　选题背景：协调发展与农业现代化

我国社会长期存在着发展不协调的问题，突出表现在三大差距上，即城乡差距、区域差距、贫富差距。在改革开放初期经济发展水平落后的情况下，国家实施了"让一部分人先富起来"和"一部分地区先富起来"的非均衡发展策略，在缩小发展差距和促进经济转型提速方面发挥了良好的示范引领作用。但经过一定阶段后，尤其是在40年的改革开放后，综合国力显著提升，协调发展的要求日益迫切，就更要注重发展的整体效能，否则"短板效应"就会愈加凸显，"共同富裕"和"共享发展"的目标就会落空，也会诱发或加剧社会矛盾。

我国发展已经进入了全新时期，农业和农村发展的内外部环境正在发生着日益深刻的变化。当前，中国社会的主要矛盾中最大的发展不平衡是城乡发展不平衡，最大的发展不充分是农业农村发展不充分。可以说，我国城乡发展失衡、区域发展失调、农村发展失序仍是当下中国最突出、最迫切的问题之一。理论和实践不断证明，通过补齐农业现代化短板，统筹城乡发展、统筹区域发展、统筹经济社会发展、统筹人与自然和谐发展、统筹国内发展和对外开放，是实现协调发展的必由之路，也是破解农业、农村、农民"三农"问题的肯綮所在。

纵观国内发展现实，全体人民日益增长的美好生活需要对我国农业发展产生了新期待，提出了新要求，与之相应的农业资源利用方式、农产品供求态势、农业生产经营管理方式都呈现全新特征。特别是新型农业经营主体大量涌现，正在成为促进农业高质量发展的主力军。生产方式变革、发展换挡提速的现实需要，全面实现小康目标下的精准扶贫、精准脱贫重大任务，都对农业发展提出了新挑战和新任务。

长期以来，位于祖国西部的甘肃省都位居最不发达省份之列，发展不平衡不充分的问题尤为突出，实现协调发展的任务更加艰巨。农业农村农民的全面落后是影响甘肃省发展最大的痛点。认真研判甘肃农业发展现状，科学分析农业发展态势，从农业产业体系、生产体系、经营体系等方面入手，谋划甘肃农业现代化发展的路径，对实施乡村振兴战略具有重要的现实意义。

当然，一说到农业现代化，很多人就会产生疑问，认为搞现代化是发达地区的事，甘肃经济社会发展相对落后，不具备发展现代农业的条件。我们认为，农业现代化是一个从落后向现代转变的过程，而不是一个状态。越是落后的地方，越要加快发展农业现代化。而且，只有通过农业现代化，才能缩小城乡差距，缩小与发达地区的差距。没有农业的现代化，国家和区域的现代化都是不完整、不全面、不牢固的。换句话说，甘肃的协调发展离不开农业现代化，加快农业现代化进程是甘肃与全国一道同步进入小康，进而实现高质量发展的必经之路。

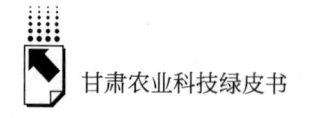

二 甘肃省农业概况

（一）基本形势

近年来，甘肃省以落实中央提出的"着力发展现代农业，增强农产品供给保障能力"为工作主线，全面部署乡村振兴战略，大力实施"365"现代农业发展行动计划，出台了一系列政策扶持措施，关注点涵盖了加快农民合作社发展、现代农业发展行动计划、"十百千万"工程、农业适度规模经营、农村土地确权颁证、农村集体产权制度改革、返乡下乡创业创新、促进农村一二三产业融合、促进农产品加工业发展、促进农民持续增收等，通过加大力度建设旱作农业、高效节水农业、草原畜牧业可持续发展3个国家级示范区，壮大牛羊菜果薯药等六大特色产业，使得全省农业发展水平稳步提高，农业综合生产能力明显提升，为全省脱贫攻坚提供了有力支撑，探索出了一条具有甘肃特色的农业现代化发展路子。特别是2018年以来，甘肃省委做出了《关于构建生态产业体系推动绿色发展崛起的决定》，与此同时，甘肃省政府也出台了《甘肃省推进绿色生态产业发展规划》，并研究制定了十大生态产业专项行动计划，将循环农业、中药材及包含农业旅游的文旅产业作为重要内容进行了周密部署，为推动全省经济实现高质量发展描绘了路线图。全省通过打出扶持农业发展的"组合拳"，着力推动农业供给侧结构性改革，进一步加快培育富民多元产业，有力地促进了农业转型升级，初步构建了特色鲜明的优势农业产业体系，绿色有机高效的"戈壁农业"在探索中发展，生态循环农业持续推进，农村"三变"改革蹄疾步稳，乡村振兴的经济、环境和组织基础进一步夯实，为全省经济社会发展和脱贫攻坚奠定了基础。

（二）主要成效

1. 农业发展基本面持续向好

2018年，甘肃省农业综合生产力水平延续了连年提升的态势：全省农林牧渔业增加值956.4亿元；全省粮食生产持续稳定发展，总产量达到1151.4万吨；全省肉类生产保持增长态势，总产量达102.2万吨；全省农民人均可支配收入达8804元，与2010年相比翻了一番多。

2.特色农业产业稳步发展

提出了"一带五区"的区域布局思路，全面推进特色农业发展，地产特色作物提供了全省农民约2/3的家庭经营收入。持续推动和壮大牛羊菜果薯药等六大特色产业，使得草食畜牧业快速发展，苹果、桃等特色果品的知名度和竞争力显著上升；包括高原夏菜在内的蔬菜生产标准化水平明显提升；全省的马铃薯种植整体实现了脱毒种薯全覆盖；中药材的产业规模及产业链等方面持续增长；现代制种业地位进一步提升，农业产业振兴开局良好，为乡村振兴战略的顺利实施奠定了基础。

3.农业绿色发展形势喜人

针对全省农业资源利用的限制因素多、农业生产的环境敏感度高、部分农产品质量与安全状况不尽如人意的严峻现实，省委省政府做出了《关于构建生态产业体系推动绿色发展崛起的决定》以及相应配套的《甘肃省推进绿色生态产业发展规划》等顶层设计，紧接着又出台了全省循环农业专项行动计划，为全省走生产发展、生活富裕、生态良好的绿色发展之路做出全面部署，通过加快农业发展方式的转型升级、加强农业生态管理、加大农业资源的保护力度、建立完善的生态政策支持体系、升级绿色农业科技的支撑能力等一系列措施，全省农业绿色发展驶入了快车道，进入了全面发展的新阶段。

4.科技进步成为农业发展的重要驱动力

自"十二五"以来，全省农业科技工作以推进农业现代化发展为重点，通过优化科技资源布局，加速农科成果转化，科技服务和成果推广体系不断完善。甘肃省在节水农业及旱作农业方面取得了一大批理论和实践成果。尤其在特色产业领域，如特色林果选育推广、马铃薯新品种培育、玉米制种等种业发展、中药材资源开发与规范化种植、草地畜牧业等领域的技术研发取得丰硕成果。官方数据发布的全省农业科技进步贡献率超过55%，表明农业科技发展成为甘肃省农业持续发展的重要动力，农业科技对农业发展起到了主导性的支撑作用。

5. 新型农业经营主体和模式健康成长

以"三变改革"为突破口的农村经营制度改革持续推进，特别是围绕土地经营制度和农村产权制度等关键方面深化改革，促进了合作社、家庭农场、龙头企业等新型经营主体不断壮大；嘉峪关、张掖、定西3市被列为国家级农村集体产权制度改革整市推进试点，由此带动农村集体经营等多种经营模式不断发展，农业集约化步伐明显加快。同时，通过重点打造高效节水农业、旱作农业、草原畜牧业等3个国家级可持续发展示范区，积极加快现代农业示范园区建设，推动全省新型农业经营主体茁壮发育。农业新业态、新模式在全省各地涌现，"庄浪模式"、"宕昌模式"等在实践中产生的案例，对优化农业经营体系、激活农村要素资源、促进农民增收致富发挥了良好的示范引领作用。

三　甘肃省农业现代化发展概况

从发展经济学的角度看，农业现代化的进程是改造升级传统农业、转变农业增长方式、不断发展农村生产力的过程。现代农业是农业发展的新阶段，随着生产管理方法的加强，科学技术在农业中的应用蔚然成风。现代农业的共同特征归纳为四个方面：（1）先进的农业设施设备，包括良好的农业基础设施、较高的机械化程度、先进的设施化生产条件等；（2）先进的生产技术，集中体现在优良品种和先进的栽培及养殖生产工艺；（3）高效的组织和管理，体现在农业生产和销售各个环节，产供销一体化，以及与之相伴的高水平管理体系；（4）完善的服务体系，体现在政府政策支持、完备的农业社会化服务体系上，这些都可以帮助农业生产者克服技术障碍，规避市场风险。基于此，我们以协调发展为视域，从产业体系、生产体系、经营体系三个方面入手，剖析了甘肃农业现代化发展状况，并对全省14个市州的农业现代化发展水平进行了测算。

（一）产业体系

1. 特色农业的产业化

农业产业化与传统农业相比，具有布局区域化，生产规模化、专业化、标准化，经营一体化，管理企业化，服务社会化等优势。目前，甘肃省特色农业已基本形成了以定西为主的马铃薯种薯及商品薯生产基地；陇东、陇南优质苹果生产基地；河西走廊灌区等蔬菜生产基地；临夏、甘南畜牧养殖基地；定西、陇南中药材生产基地和河西走廊杂交玉米、瓜菜制种基地。已建成规模以上马铃薯加工企业100多家，每年加工马铃薯鲜薯400多万吨，形成4类加工链条。建成苹果浓缩果汁加工企业7家，年原料果处理能力100万吨，产品90%以上出口。建成蔬菜加工企业485家，年加工能力达840.7万吨；蔬菜保鲜库82家，大型蔬菜专业批发市场30多个，年蔬菜交易量480万吨，交易额58.5亿元，形成了以定远为中心的冷链集散中心。各类畜牧产业化经营组织达到721个，畜牧产品加工企业330余家。中药材加工企业574家，已通过GMP认证的中药材饮片加工企业104家，通过GSP认证的中药材标准化营销企业470家。种子加工企业150余家，玉米种子加工中心113个，玉米果穗及籽粒烘干线217条，成套生产线96条，年加工种子能力60多万吨。可以说，甘肃省的农业产业化已初具规模。

2. 农产品加工业

农产品加工业产业关联度高、带动农民就业增收作用强，是农业现代化的重要标志，也是实现甘肃省工业强省战略的重要内容之一。2017年，甘肃省农产品加工产业集群已初具雏形，各类农产品加工企业已发展到2300多家，农产品加工能力2500多万吨，农产品加工率达52.5%。加工领域由以粮食加工为主向中药材、马铃薯淀粉及地方区域性特色农产品加工等方面扩展，加工产品由初级为主向精深加工延伸，销售方式向以区域专业批发市场为骨干，以直销店、连锁超市、电子商务等窗口式终端市场为补充的多元化营销网络发展。农产品产地初加工补助项目实施效果显著，2017年建成马铃薯、苹果、蔬菜产后贮藏和烘干设施1797个，新增贮藏、烘干能力

7万余吨，目前甘肃省马铃薯贮藏能力达300多万吨，果蔬保鲜库储藏能力近400万吨。农产品精深加工技术水平和科技创新能力也在持续增强，取得了一批重要的科技成果并逐步进入生产领域。

3. 戈壁农业

戈壁农业是指在戈壁滩、沙化地等不适合农作物生长的闲置土地上，以高效节能日光温室为载体，采用基质无土栽培和高效节水技术发展设施蔬菜及瓜果等特色农产品的新型农业发展业态，是甘肃省广大科技工作者和基层技术人员集体智慧的结晶。近年来，依托甘肃省农业科学院、甘肃农业大学、甘肃省经作站等科研推广机构技术力量，辐射带动全省发展戈壁非耕地日光温室蔬菜瓜果栽培面积快速扩大。目前，仅酒泉市非耕地日光温室就达9000多座，受益农户人数达5.6万余人，人均年增加纯收入2.7万元，比传统日光温室高18%。酒泉市总寨非耕地农业产业园是肃州国家级现代农业示范区的核心园之一，也是西北地区首个示范应用非耕地无土栽培技术的科技园区，成为孵化现代设施农业的重要基地。张掖市临泽县在戈壁非耕地发展设施园艺，建成连片日光温室示范小区24个，建成日光温室1386座；钢架大棚示范小区10个，建成大棚693座。在非耕地上发展大棚蔬菜，不仅收入高于普通大棚，而且生产成本低，棚均生产成本仅8860元，比传统日光温室低7%，比普通大棚节肥30%、节约农药67%以上。总而言之，甘肃戈壁生态农业发展态势良好。

4. 农业新业态

农业新业态是农业功能由单一产品目标向多产品目标拓展的自然表现，是农业产业链延伸的客观结果，是区域农业综合发展潜力挖掘的必然选择。甘肃省农业新业态主要有戈壁农业、乡村旅游、农村电商、农村养老服务、创意农业、乡村共享经济等六种主要类型。目前，甘肃省在河西走廊地区发展戈壁农业已经初建成效，接下来将进一步打造西北乃至中亚、西亚、东南亚地区富有竞争力的"菜篮子"产品生产基地。近年来，甘肃省的乡村旅游得到了长足的发展，并探索出了景区带动型、康养休闲型等乡村旅游发展的6种模式，旅游收入不断增加，带动脱贫人数稳步上升。甘肃省农村电商发展水平也在逐年提高，交易规模迅速扩大，截至2017年，已建成75个县级电商服务中心，实现了贫困县县级电商服务中心全覆盖。甘肃省不断加大对农村养老服务业的投入力度，省民政厅筹资8.55亿元建设农村五保供养服务设施，同时启动"霞光计划"，使全省46%的行政村养老设施建设得到集中解决。甘肃省创意农业发展的典型代表为兰州高原夏菜、富硒农产品、百合、玫瑰饮品、酒类、化妆品等，形成了一批创意农业品牌产品，发展生产基地7万多公顷，在创意农业发展中起到了带头作用。在发展乡村共享经济方面也涌现出了一批典型，如夏河县与合作市通过土地共享、牛羊共享、人力资源共享、资金共享、销售渠道共享、分红共享，推行了独具农牧区特色的"共享经济"改革。清水县推出的"扶贫互助资金项目"已覆盖该县260个贫困村，有效缓解了贫困户借款难、借款成本高等问题，极大地促进了村内主导产业的发展，增强了贫困户脱贫致富的内生动力。甘肃省农业新业态发展速度快，与其他产业关联性强，且附加值高，产业引领性强，产业服务化特征明显。

（二）生产体系

1. 农业科技化

农业科技已成为驱动甘肃农业发展的主要力量。甘肃农业科技以服务产业为抓手，突破资源和环境的双重制约，在一系列重大关键技术创新与应用上取得了新突破，农业科技进步贡献率达到55.5%，比"十一五"末提高7.5个百分点，为农业农村经济发展、农民收入持续增长发挥了重要支撑作用。近年来，甘肃省加强种质资源收集与创制利用，初步形成了全省植物资源保存体系。选育了一批抗逆优质品种，全省农作物良种覆盖率持续提高，为全省农业主导产业稳步发展、农业增效和农民增收做出了重要贡献。形成了一批抗旱增粮的重大技术，是全省粮食生产稳定发展、抗旱增产和防灾减灾的重要保障，为全省粮食实现"十二连丰"提供了有效支撑；农业高效节水与装备研发取得新进展，构建了河西绿洲和沿黄灌区节水灌溉技术体系和管理模式，累计推广高效节水技术面积276.47万公顷，实现节水43亿立方米，农业灌溉水利用率提高到了55%。集成了一批资源节约和环境友好型生产技术，农业生产环境显著改善，有效促进了全省农业的可持续发展。熟化了一批农业机械和特色农产品精深加工技术，研发了先进适用农机具120余种，设施农业技术、特色农产品深加工关键技术也不断取得突破，延伸了产业链，增加了产品附加值，提高了农业的比较效益，有力地推动了全省现代农业跨越式发展。

2. 农业良种化

农作物良种化是农业现代化的基本特征之一，甘肃省作为农业大省和种子生产大省，长期以来在农作物新品种选育、种子生产和良种推广等方面做了大量行之有效的工作，保障了粮食和重要农产品的有效供给，为甘肃省粮食生产多年连续增产做出了巨大贡献。目前，甘肃省主要农作物良种覆盖率在90%以上，统供率在80%以上。玉米、杂交油菜和蔬菜种子的良种覆盖率与统供率达到100%。未来，甘肃省农业良种化发展将着眼于解决理念创新不足、资源储备不足、育种针对性不强以及种业基础建设滞后等突出问题，力争为甘肃省农业现代化发展做出更大贡献。

3. 农业机械化

农业机械化对于提高劳动生产率、减轻劳动强度、提高农业综合效率都具有重要作用。得益于农机购置补贴政策规范的实施，2005~2017年，甘肃省共落实农机购置补贴资金40.04亿元，补贴农户和农业生产经营组织购置各类农业机械118.97万台（套），为促进和推动甘肃省农业机械化发挥了重要作用。在此背景下，甘肃省农机装备总量持续增长，2017年，甘肃省农作物耕种收综合机械化率达到53.89%，农机总动力达到2018.59万千瓦；拖拉机达到81.9万台、联合收获机达到1.02万台、配套农机具达到180.66万台（套）。甘肃省也在积极开展主要农作物生产全程机械化示范，目前，全省建立玉米、马铃薯、中药材、林果、蔬菜、牧草生产机械化示范点203个，示范面积达到7000公顷，辐射带动面积4万多公顷，形成分作物、分区域全程机械化模式54个。同时，农机社会化服务能力在不断提升，农机合作社建设成效明显，2017年，全省农机化作业服务组织达到4112

个，全省农机合作社达到1843个。甘肃省农机制造企业发展势头良好，"十二五"期间，甘肃省农机企业达到130多家，截至2017年底，全省农机经营总收入、纯收入分别达到89.86亿元、29.96亿元。

4. 农业信息化

近年来，甘肃省狠抓农业信息化工作，农村信息基础设施建设、农村电子商务、农业信息化应用、农业信息服务体系建设、网络扶贫等方面快速发展。通过各方努力，到2018年，甘肃省农村行政村光纤网络实现了99.9%的覆盖，全省移动电话基站数达到14.07万个，为全省农村农业信息应用推广工作提供了基础保障。涉农网站和涉农信息系统建设工作不断加强，建立了以甘肃农业信息网为代表的农业信息站群体系；建立了多个农业信息系统及数据库，全省基层信息服务组织延伸到所有乡镇和80%以上的行政村，初步形成农业农情监测预警体系。在农业大数据应用和物联网方面，建立了"甘肃马铃薯专家系统"、"农业远程视频专家诊断系统"等多个物联网系统，实现了农作物生长环境监测、生产过程管理、产品质量安全监控等智能化管理。农村电商蓬勃发展，模式不断创新，探索出了政府主导型、龙头企业带动型、快递邮政供销社合作型三种主要模式及多种地方模式，截至2017年，甘肃全省已建成75个县级电商服务中心、1159个乡（镇）电商服务站、5360个行政村级电商服务点，全省电子商务交易额达2760亿元。农业信息化服务体系建设也在不断完善，"12316三农服务热线"和益农服务平台为农民和新型经营主体提供了便捷、优质、高效的生产和生活信息服务。

5. 农产品优质化

通过走质量兴农之路，在保证农产品质量安全的基础上，实现农业由增产导向转向提质导向。近年来，甘肃省坚持源头控制，推行标准化生产，实施全程管控技术，提升监管能力，农产品质量安全有了很大提升，全省农产品质量安全例行监测平均合格率稳定在98%以上，高于96%的全国平均水平。从农业标准化生产现状来看，甘肃省标准制（修）订进程明显，截至2017年，全省累计发布农业地方标准1800余项，其中"三品一标"标准634项，农业机械类27项；标准化生产规模不断扩大；与此同时，全省已建成省级农业标准化基地80个,苹果标准化示范园265个,高原夏菜和设施蔬菜标准化示范小区1350个,畜禽标准化养殖场9314个;"三品一标"总量稳步提高。从农产品品牌培育现状来看,甘肃省认真实施品牌化战略,着力打造和提升陇牛、陇羊、陇果、陇药、陇薯、高原夏菜等一批"陇"字号品牌。从农产品质量安全监管体系建设现状来看,监管能力逐渐增强,追溯体系建设进程加快。

6. 农业绿色化发展

绿色应当是现代农业的底色。甘肃省委、省政府高度重视农业绿色发展,多方面出台意见办法及政策法规为农业绿色发展保驾护航。中低产田改良、农药化肥减量增效、作物病虫绿色防控、农作物资源高效利用、草食家畜无公害集约化饲养、无公害农产品加工,以及"农—牧"结合、"种—养—加"结合等绿色农业新技术、新模式的推广使用,大力推进了甘肃农业绿色发展。与"十二五"末的2015年相比,2017年全省农业用水量减少3.7亿立方米,农业耗水量减少2.68亿立方米,耕地灌溉面积增加2.5万公顷;2016年,农药施用强度降低2.21千克/公顷,化肥施用强度降低11.9千克/公顷,规模化畜禽养殖废弃物利用率达到85%,废旧地膜回收利用率达78.6%,秸秆综合利用率约80%,尾菜综合处理利用率为34.5%;农产品质量安全监管、检测制度体系基本建立,近5年来,全省蔬菜检测平均合格率稳定在98%以上,畜禽产品和水产品检测平均合格率保持在100%,甘肃省农业绿色生产格局和发展优势已初具规模。

7. 一二三产业融合

农村一二三产业融合发展是以农业为基本依托,通过产业链延伸和组织制度创新,促进农业生产、产品加工、贮运销售和休闲旅游等服务业有机整合、紧密相连。甘肃省积极推进农村产业融合发展,通过强化规划引领和制度保障、完善农业农村基础设施等方式为农村一二三产业融合发展打下了基础。通过纵向延伸产业链(推动农业产业化和农产品精深加工)、横向拓宽产业链(大力发展休闲观光农业和乡村旅游)、促进产业价值链向高端环节拓展(大力发展农业生产性服务业)等方式,使农业产业内涵日益丰富,促进了多业态蓬勃发展。同时积极探索构建与农业产业融合发展相适应的公共服务体系，强化农村信息化服务支撑，加强金融服务，畅通融资渠道，不断创新完善农业科技创新推广体系，为农村一二三产业融合发展提供强有力的支撑。目前，甘肃省组织创建了张掖市民乐县、临夏州临夏县、武威市凉州区、定西市安定区、白银市靖远县、陇南市武都区6个国家农村产业融合发展示范园；创建了张掖市甘州区、白银市靖远县、定西市安定区和陇南市康县4个全国农村产业融合发展"百县千乡万村"试点示范县；创建了天水市秦州区、武威市凉州区2个全国休闲农业和乡村旅游示范县；创建了天水市麦积区、张掖市高台县、武威市国际陆港、酒泉市肃州区4个全国农村产业融合发展先导区。农村产业融合发展总体水平明显提升，农业与加工流通、电子商务、科技教育、休闲旅游、健康养生等产业进一步融合，为农业农村经济发展提供了新动能。

（三）经营体系

1. 农业人力资源

农业出路在现代化，而农业现代化关键在人才支撑。有关资料显示，目前全省劳动年龄人口平均受教育年限与全国水平存在一定差距，农业劳动力整体素质亟待提高，有以下较为突出的问题。第一，人力资源总体文化素质偏低，甘肃省人力资源的基本特征是供给总量规模很大，但是人口总体文化程度偏低，以中低教育程度人口为主。以甘肃省基层农技推广人员为例，人员普遍年龄偏大、学历状况偏低，基层一线农技推广人员中大专以下的学历占比很高，达到95.29%；同时，大量青壮年农民外出务工，在短期内对当地的农业经济发展造成不利影响。第二，农业科技创新型人才普遍缺乏，特别是高学历、高层次人才短缺，2015年甘肃省所有行业的专业技术人员总数是73127人，其中农业行业的专业技术人员数量仅为3435人，占比为4.7%。第三，人力资源向省外的迁移比较严重，2005~2010五年间，甘肃共调出高级职称专业技术人才999人，调入30人，人才外流相当严重。第四，人力资源产生的经济效益不高，甘肃省2017年人均GDP为27643元，

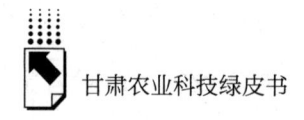

是全国31个省区市中唯一一个人均GDP不足3万元的省份，已远落后于同处西部地区的其他省区。

2. 新型农业经营主体

发展新型农业经营主体可有效解决现代农业发展过程中一家一户办不了、办不好或办起来不经济的问题，是现代农业发展的迫切需要。近年来，甘肃省农业企业、家庭农场和农民合作社不断发育成长，呈现出旺盛的生命力和蓬勃发展的良好势头，农业产业化龙头企业已成为引领甘肃省农业供给侧结构性改革、促进乡村振兴战略实施、推进农业农村现代化进程的重要力量。截至2017年：甘肃省拥有农业产业化龙头企业2227家，提供的农产品占农产品市场供应量的1/3，占主要城市"菜篮子"产品供给量的2/3以上；甘肃省农业产业化龙头企业在农业领域内各行业均有分布，2017年全省农业产业化龙头企业固定资产净值达到655.9亿元，销售收入823.5亿元，其中有5家龙头企业的销售收入达10亿元以上。近4年来，甘肃省家庭农场发展较快，目前已有认定注册的家庭农场8585家，家庭农场经营的耕地总面积也在不断扩大，从2015年的5.65万公顷增长到2018年的8.55万公顷，随着家庭农场的快速发展，其辐射带动作用逐步增强，吸收了部分农村富余劳动力，有效推动了农业规模化、集约化、商品化发展。近10年，甘肃省农民专业合作社发展迅速，从2009年的2421家发展到2018年上半年的89850家，9年间增长了约36倍，带动农户数量263万户，已经覆盖了甘肃省所有农户的一半以上。

3. 农业品牌化

农产品品牌不仅是优化农业产业结构、提升农产品质量、满足消费需求、增强市场竞争力的重要基础，也是发展优质高效农业、实现农业增效和农民增收的主要途径。甘肃省品牌农业发展有以下特点：一是"三品一标"发展迅速，但与全国相比差距较大，截至2017年底，全省"三品一标"获证单位1051家，获证产品1759个，但与全国其他地区相比，排名较为靠后。二是品牌意识增强，但发展不平衡，由于受到传统小农经济思想的禁锢，从行政主管部门、新型经营主体到广大农户，普遍缺乏农产品品牌化发展的新思维、新办法、新手段，缺乏把握现代农业发展趋势的能力，也没有意识到品牌在现代农业发展中的战略地位和作用。三是农业品牌知名度有提升，但市场影响力不高，由于甘肃农产品品牌建设基础差、起步晚，除了极少部分名牌外，绝大多数品牌影响力还只局限在省内，跨省跨区域的品牌不多，国内知名品牌更少。四是市场营销方式丰富，但品牌培育保护制度不健全，近年来甘肃省通过举办农博会等活动，提高了品牌影响力，放大了品牌效应；但由于缺乏促进农产品品牌化发展的针对性政策和配套专项资金，农产品品牌在与工商服务业品牌竞争中处于劣势。五是政策环境利好，但机制尚不健全，甘肃省政府及农业主管部门制定出台了一系列促进农产品品牌发展的相关政策，为农产品品牌的成长提供了有利的政策环境，但是依然存在品牌推广缺乏连续性和整体性、农产品品牌建设的指导和扶持缺乏长久的规划、管理上存在多头领导、分工不明等问题。

4. 农地制度改革与集体经济

土地作为基础性资源对农业现代化发展产生着深刻影响，在新时代背景下，国家将"三权分置"作为农地制度改革的大方向，是推进乡村振兴战略顺利实施的重要制度原动力。甘肃省农地制度改革工作共涉及86个县市区、1232个乡镇、15878个村、7699.67万亩耕地，截至2017年3月底，全省共有13000多个村完成了审核公示，7000多个村完成了承包合同签订工作，占全省总村数的48%。从土地确权完成面积来看，甘肃省所有乡镇和村均开展了土地确权工作，基本完成了权属调查阶段任务，其中承包地面积380多万公顷，占全省集体耕地面积的75%。从土地流转交易平台与经营主体来看，建成农村产权流转交易市场25个，土地流转面积达80万公顷，各类家庭农场6455个，合作社超7万家，成员总数达到150万人，带动非成员农户260余万户。与农地制度改革相适应，壮大农村集体经济，是巩固和完善农村基本经营制度的基础保证，也是乡村振兴战略内涵中制度优势的现实体现，2017年甘肃省农牧厅、甘肃省扶贫开发办公室发布《甘肃省发展壮大贫困村村级集体经济示范工程实施方案》，统筹安排财政扶贫资金5000万元，在全省选择了100个建档立卡贫困村作为示

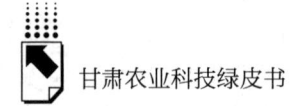

范村，每个示范村安排财政扶贫资金50万元，用于发展村级集体经济项目。

5. 农业社会化服务

农业社会化服务是社会分工在农业和农村不断深化的必然结果，也是农业现代化发展程度的重要特征。甘肃省农业社会化服务体系经过多年发展，取得了长足进步，形成了包括政府职能部门、涉农企事业单位、民间组织等在内比较完整的社会化服务组织体系，内在调控机制日益优化、服务能力与水平不断提升，为区域农业持续健康发展提供了坚实支撑。特别是在农业基础设施配套服务方面，目前全省农村公路总里程超过12万公里，2016年全省通公路村15879个，通汽车村16030个；有效灌溉面积1175千公顷，有效灌溉率为27.62%；农村动力电覆盖率接近90%，有线电视入村7845个。

（四）全省各市州农业现代化发展水平测算

为了科学评价甘肃省各市州农业现代化发展水平，参照全国农业现代化监测评价指标体系，并本着前瞻性、导向性、可比性和规范化原则，从产业体系、生产体系、经营体系、质量效益、绿色发展、支持保护等6个维度，构建了包括口粮生产稳定度、养殖业产值在农业总产值中的占比、农林牧渔服务业增加值在农林牧渔业增加值中的占比、主要农作物耕种收综合机械化水平、农业科技进步贡献率、农业信息化率、土地适度规模经营比重、畜禽养殖规模化水平、初中及以上农业劳动力比例、农业劳动生产率、农业土地产出率、农民人均可支配收入、农产品质量安全例行监测合格率、有效灌溉率、万元农业GDP耗能、化肥减量化、秸秆综合利用率、农林水事务支出占农林牧渔业增加值的比重等18个测算指标的甘肃省及市州农业现代化发展水平评价指标体系。采用多指标综合测度法对农业现代化发展水平进行了评价。

评价结果表明：农业产业体系发育迟缓是制约甘肃市州农业现代化发展的首要因子，其中农业产业融合度低，农业产业链环节薄弱，加工、物流、农旅休闲等服务业发展滞后,产业带动乏力,资金、人员和信息流动受制,制约了服务业产值的增加,限制了地区经济总量的增长,产业结构优化、供给侧结构性改革任重道远。其次是质量效益体系,土地适度规模化经营比重低,是制约经营体系现代化发展的关键因素。另外,甘肃各市州在资源综合利用、化肥减量化等农业绿色发展方面已经取得了成效,且未来大有作为;甘肃各市州在农业机械化、农业信息化提升等方面取得了长足发展,对农业保护及支持政策的高度重视促进了农业现代化发展进程。

总体来看,甘肃农业现代化发展状况在全国处于较低水平,大致处于转型跨越阶段和发展阶段。省内各市州间的发展也不平衡,其中嘉峪关、白银2市发展情况较好,金昌、张掖、酒泉、武威、兰州5市居中,定西、临夏、甘南、庆阳、陇南、平凉、天水7市州发展较滞后。

四 甘肃省农业现代化发展态势分析

(一)发展优势

1. 自然优势

甘肃位于西北内陆,生态类型多样,农业资源禀赋的区域特征鲜明。河西地区日照充足,土地辽阔,灌溉水质好,具备发展戈壁设施农业、节水商品农业的条件,也是种子生产的独一无二优势区。黄河流经甘肃,沿岸河谷土壤肥沃,气候凉爽,产业发育良好,是发展城郊型农业和高附加值农业的理想区域。中部和东部地区黄土深厚,具有发展优质马铃薯、特色林果业和中药材的独特优势。陇南和天水南部地区物种多样,气候温和,水资源充沛,具有发展山地农业的潜力,加上区域农产品电商的快速发展,这些都为培育特色农产品品牌集群奠定了良好基础。甘南青藏高原地区总体发展水平较低,基本保持了原有的生态环境和生产生活方式,区域内水、土、气相对清洁,加上保存良好的藏文化资源,为现代高原农牧业和生态旅游业的发展提供了良好的条件。

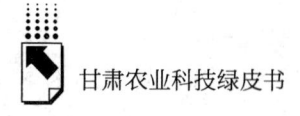

2. 区位优势

随着电子商务和物流的快速发展，全国统一市场正在形成，这对甘肃依靠特殊资源产出的特色优质农产品，如薯类、杂粮、蔬菜、药材、牛羊肉在更大的市场空间流通提供了新的机遇。特别是宝兰客运专线和兰渝铁路的开通，与兰新高速铁路衔接贯通，以及日益密集的高速公路网和省内支线机场的相继运营，使甘肃省农产品的外运更快捷，信息更畅通，成本更低廉，陇货农产品的影响力和覆盖面可以更迅速地提高；在扁平化信息渠道和多元化交通方式的作用下，全省独特的农牧区生态景观及厚重的农牧文化资源也吸引了国内外的客源，在旅游市场上脱颖而出，由此带来了观光农业的崛起。与此同时，作为古丝绸之路的重要通道，甘肃在"一带一路"倡议的催化下也逐步恢复了昔日的活力，成为中国对外开放的重要节点，进一步拓宽了外向型农业发展的渠道。毋庸置疑，甘肃农业的独特优势将被进一步"激活"。

3. 科技资源优势

甘肃省拥有众多的农业高等院校和科研机构，农业科技成果转化的势能蕴藏丰富。近年来，甘肃省通过优化科技资源布局，促进创新能力提高，不断完善科技服务和成果推广体系，加快了农科创新和成果转化能力，农业科技进步贡献率显著提升。可以说，农业科技已成为全省农业现代化发展的重要支撑。

（二）发展劣势

甘肃发展现代农业的劣势直观地表现为农业生态环境脆弱、资源禀赋不足、农产品市场竞争力不强，农业人力素质和经营水平不高。此外，全省现代农业发展还面临着基础性、长期性的"短板"，主要表现在以下几个方面。

第一，农业经营规模普遍较小。目前，除为数不多的国有农场和少数农业合作组织外，全省大部分地区的农业经营规模都很小，生产的市场化特征不明显，这些小规模的以家庭经营为特征的土地基本上承担着农民的社会福利，起到了一定的生活保障功能。一些没有条件外出工作的农业劳动者靠此维持生计，他们对新的经营方法和现代农业技术不敏感。

第二，农业劳动者的素质普遍较低。主要表现为：从业人员一般年龄较大，受教育程度较低，普遍缺乏农业科技知识，创新能力和创业精神不足。总体而言，当前全省的农村人力资源不适应现代农业发展的需求和趋势。

第三，农业基础设施普遍落后。调查发现，甘肃省农业基础设施薄弱的问题比较突出。目前，甘肃省的设施农业、高标准农田及农田水利建设总体滞后，支撑现代农业发展的物质基础不牢固，后劲不足。

第四，农业科研供给侧结构不优，开发和推广体系不健全。虽然全省基本具备了农业科研的基础性条件，研发实力尚可，但由于科研管理体制中存在诸多问题，科研推广的衔接互动关系不够密切，激励机制不够完善，科研人员的创新及服务热情没有得到充分激励。

最后，普遍存在的制度性障碍，这是最重要的限制因素。特别是农地制度方面，长期形成且相对固化的复杂权利结构关系使得土地资源实现有效流转和配置的交易成本较高，难以形成合理的经济规模，制约着现代农业的发展与扩张。同时，与此相关联的农业金融、农业保险等发育不良，尚不足以有效满足现代农业发展对融资和风险管控的基本要求。

（三）挑战与机遇

经过40年的改革开放，甘肃农业经历了产业结构的逐步升级，应对自然和市场风险的能力显著提升，但是也面临着农业市场需求和农业技术发展的重大变化。

首先，农业人口格局发生了重大变化。目前，全省农村户籍人口比例不到53%，直接从事农业的人口比例更低。从劳动力的年龄结构来看，农业从业人员的年龄普遍较高。我们在调查中发现，甘肃省大部分农村劳动力的年龄在45岁以上，青年人口从事农业的很少，可以看出农业已经失去了对新一代劳动力的吸引力。从表面上看，"谁来耕地"的问题迫在眉睫。但是，国际发展的经验表明，直接从事农业的人口减少是大势所趋，农业的未来是"小行业，大产业"。因此，城乡人口格局的重大变化是挑战，但

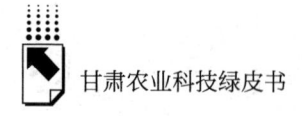

也是机遇。

其次，小农经济正在失去竞争力。随着现代农业技术的迅速变革与推广，以及市场开放度的提高，目前全省小农经济为主导的经营方式和管理方法已经不足以应对国内外日益激烈的竞争压力，小农获得平均社会利润的难度越来越大，依靠经营小规模土地实现脱贫致富的可能性越来越低。也就是说，延续了多年的"碎片化"的小农户如何与大市场相衔接的问题和挑战已经迫在眉睫。

再次，市场对农业和农产品的需求也发生了巨大变化。随着人民的生活水平迅速向小康阶段发展，人们对食品和其他农产品的需求已从追求简单的"满足"转变为"满意"，进一步过渡到追求营养健康阶段。同时，农业功能的多样性也得到迅速的认知，农业的休闲、娱乐、旅游、教育和其他新功能、新模式的开发方兴未艾。这就要求传统的农业模式要积极应对上述变化，及时做出调整。

最后，农业环境资源的利用已接近"临界点"。农业是自然资源的使用大户，长期以来，农民在用水、用肥和用药及农业废弃物（秸秆、尾菜、废旧农膜等）处理方面缺乏必要的知识和能力，与"资源节约型，环境友好型"生态农业和绿色发展要求差距很大。特别在水资源的紧约束下实现农业的持续高质量发展，是甘肃农业面临的紧迫问题。

综合分析认为，甘肃农业发展已经走到了从传统农业向现代农业转型的关键时期。历经数千年的农耕文明面临着深刻的革命，农业发展的"分水岭"已经出现。可以预见，未来10~20年将成为甘肃农业现代化的关键转折期。

五　甘肃省农业现代化发展展望

（一）用"新思维"谋划甘肃农业现代化发展

在中国发展进入新时代的背景下，国家提出了实施乡村振兴战略的宏伟愿景，甘肃省应当抢抓机遇，迎难而上，充分调动各级各方面的力量，把推进农业现代化作为实现区域协调发展和全面实现小康的重要组成部分，以农业基本盘的兴旺助力省域经济增长，增加农民收入，促进扶贫开发，实现甘肃农业农村经济的高质量发展。只有在更宽的视野和更广的背景中考察区域农业现代化发展问题，准确把握问题的实质，才能形成既具有理论性、又具有实践性的甘肃农业现代化发展对策。甘肃省应利用难得的机遇，充分发挥资源优势，用产业化、绿色化、差异化、创新性、非平衡发展、后发赶超等新思维，以大视野、高站位来谋划全省农业现代化发展道路。

1. 产业化思维

摒弃计划经济的管理方法和经营模式，充分发挥市场在农业资源配置中的"决定性"作用，用市场化理念促进土地、资金、劳动力、技术等资源的高效配置。通过要素重组，实现劳动专业化、服务社会化、资本多元化、经营规模化的现代农业发展模式，延伸产业链，提升价值链，用现代产业发展模式和经营理念，重视农产品营销，打造农产品知名品牌，通过构建现代农业产业体系、生产体系和管理体系，实现农业增效、农民增收，使农业真正成为一个"赚钱"的产业。

2. 绿色化思维

通过绿色化技术革新和制度体系构建，注重产前、产中和产后管理，规范和监督从"农田"到"餐桌"全过程，瞄准安全农产品的目标，多措并举，从源头做起，促进农业生产经营者节约资源、善待环境、保护生态，使农业产业链以绿色可持续的方式安全健康运行，回归农业作为食物来源和生命养分的"初心"。

3. 差异化思维

利用甘肃省多样化的自然生态条件和资源禀赋，尊重现有区域开发水平、局地生产条件和本土特色资源的差异，探索和培育区域农产品品牌，在特色化、优质化和品牌化方面努力，参照"一村一品"的策略，着力开发"独一份""特别特""好中优""错峰头"的特色农产品，积极发展区域性特色产业和地方性土特产品，做到"人无我有，人有我优，人有我变"。探

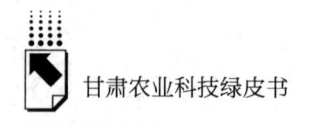

索农业发展新模式，在有条件的地区发展体现"乡愁"的休闲观光农业。

4. 创新性思维

加大技术创新和制度创新力度，在技术创新方面持续培育和引进农牧业新品种，在土壤养分管理、灌溉、植保、农机、加工等技术领域充分运用现代农业技术新成果；加大"互联网＋"及智慧农业示范，充分应用电子商务和大数据技术升级创新农业的经营管理方式。

5. 非均衡发展思维

充分照顾到各地发展水平的差异，不追求全省农业现代化同步推进，鼓励有条件的地方优先发展。例如，中心城市、河西走廊和沿黄地区等基础条件良好的地方和行业可以先行先试，率先在农业产业体系、技术和管理方面进行探索，如在"戈壁农业""规模农业""都市农业""观光旅游农业"等方面应用现代农业发展的思路和模式；欠发达的地区可以通过产业扶贫模式逐步向现代化迈进。

6. 后发赶超思维

与发达地区相比，甘肃省农业发展水平相对落后，差距较大。但正是由于甘肃农业发展的低强度，农田持久性污染程度普遍较低；未利用地面积大，后备耕地资源丰富；一些地区人迹罕至，农业和游牧文化的元素保存完好，成为稀缺的人文和景观资源。这些"后发优势"为甘肃省绿色优质农牧产品的产出和休闲观光农业的发展提供了无可比拟的条件，可以借此实现全省农业"变道超车"和跨越式发展。

（二）主要举措

全面贯彻十九大精神，深入落实中央针对甘肃发展提出的"八个着力"的总要求，以乡村振兴战略的实施为契机，发挥市场在资源配置中的决定性作用，通过深化农村产权制度改革，实现资源高效配置、产品优质优价，从品种、品质、品牌和标准化等入手，探索甘肃农业现代化发展道路。

1. 完善市场经济体系，奠定制度基础

没有完善的制度环境，就难以引导农业生产要素的优化聚集。甘肃应当用新思维来谋划全省农业发展的新途径，稳步推进资源变资产、资金变股金、农民变股东的"三变改革"试点示范，推动农业要素有序流转。在农地制度的核心政策方面，可以允许有条件的地区在土地持股、土地储备、土地托管等方面试点，加快新型现代农业管理实体的培育，切实提高农业规模经营水平；通过区域普惠制保险和财政补贴，探索农业保险路径，以分解农业自然风险，使现代农业发展建立在稳定可预测的制度基础之上。

2. 增加农业支持，改善农业基础设施

利用好乡村振兴战略实施的有利时机，按照"规划先行"的思路，进一步完善与农业相关的基础设施；整合资金，进一步加大农田道路、农村电力、水利、网络等建设和改造；提高基础设施管理和运营服务水平，探索行之有效的管理模式，提高使用效率，使现代农业发展立足于坚实的物质基础之上。

3. 拓展人力资源，培养新型职业农民

现代农业发展离不开掌握现代科学技术的专业化管理者、劳动者。培养和引进熟悉现代企业管理的"农业经理人"，激发"企业家精神"；通过社会待遇提升、户籍管理政策优惠、灵活的人事制度设计等措施支持农业企业实体引进农业科技和管理人才。同时，鼓励大学和科研机构培养"一懂两爱"的三农人才，特别是适合现代农业需求的应用型和技能型人才；加大力度培养高素质"新型专业农民"，让农民成为一个体面的职业，使甘肃现代农业发展建立在坚实的人才保障基础上。

4. 进一步完善农业科研推广服务体系

优化农业科技成果转化的扶持与鼓励政策，促进现实成果尽快应用；建立农业技术研发人员、推广人员和农业企业之间的有效联结关系，实现农业技术人员和农业经营者平等合作，互利共赢；在全省农业科技创新联盟的框架下，培育本土化的公益性农业技术推广体系和营利性技术服务机构，使现代农业发展建立在可靠的技术支撑基础上。

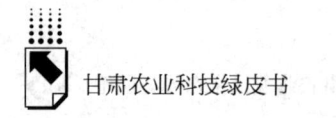

5. 加快两个"三品一标"建设

广泛推行无公害农产品、绿色食品、有机农产品和农产品地理标志开发认证（三品一标）；与此同时，抓好农产品品种、品质、品牌和标准化生产（新三品一标），用先进的标准体系倒逼农业供给侧结构性改革，打造"陇字号"知名农产品品牌。将标准化作为重要手段，用先进的标准体系促进农业结构优化升级。进一步培育和壮大区域性公用品牌，鼓励和支持农业龙头企业创建名、优、特农产品品牌，用品牌化战略带动全省农业标准化水平的提升。

六 结语

农业的根本出路在于现代化，农业农村现代化是国家现代化的基础和支撑，是农业发展的基本方向。甘肃省应充分发挥好自身优势，利用好难得的发展战略机遇期，摒弃传统思维模式和发展理念的束缚，用新思维谋划全省农业现代化发展路径及策略，通过构建现代农业的产业体系、生产体系和经营体系，实现小农户与现代农业发展有机衔接，从而大力推进甘肃农业现代化进程，助力乡村振兴。大力推进农业供给侧结构性改革，推动全省农业高质量发展，为甘肃省乡村全面振兴奠定坚实的基础。也只有如此，才能从根本上治理发展不平衡不充分的痼疾，保障甘肃省与全国一道进入小康，化解新时代的社会主要矛盾，破解协调发展的世纪难题。

（执笔人：张东伟。甘肃省农业科学院农业经济与信息研究所农经室的王建连、刘锦晖等在资料汇总、稿件校核等方面做了大量工作，特此致谢。）

参考文献

甘肃省统计局：《甘肃发展年鉴》，中国统计出版社，2018。

柯炳生：《关于加快推进现代农业建设的若干思考》，《农业经济问题》2007年第2期。

吕文广：《西部特色农业产业化经营中的组织模式选择》，《理论研究》2009年第3期。

沈贵银、张雯丽：《新常态、新趋势与我国现代农业发展》，《现代经济探讨》2016年第2期。

魏胜文、乔德华、张东伟主编《甘肃农业科技发展研究报告》，社会科学文献出版社，2016。

魏胜文、乔德华、张东伟主编《甘肃农业绿色发展研究报告》，社会科学文献出版社，2018。

叶金波：《甘肃农业现代化对策研究》，《生产力研究》2018年第6期。

张东伟：《新时代甘肃省现代农业发展探析》，《甘肃农业科技》2017年第12期。

张东伟、刘锦晖：《以"三变"改革推进甘肃农业现代化发展》，《甘肃农村工作》2018年第4期。

产业体系篇

Industrial System Topics

G.2
甘肃省特色农业产业化发展研究报告

白贺兰　张　继　马小黎　任　慧*

摘　要： 特色农业产业化是现代农业的主要内容和发展趋势，也是新时期农村扶贫开发、减贫惠农，落实乡村振兴战略的重大举措。甘肃特色农业产业布局逐步优化，新型经营主体发展迅速，特色优势农产品加工业稳步推进，农超对接、电子商务等新型流通模式快速发展，但也存在产业规模小、同质化明显，标准化程度低，农业合作组织管理成效不明显，龙头企

---

* 白贺兰，硕士，甘肃省农业科学院农业经济与信息研究所助理研究员，主要从事农业经济研究；张继，博士，教授，博士研究生导师，西北师范大学新农村发展研究院副院长，主要从事植物资源的开发与利用、特色农业产业化发展研究；马小黎，甘肃省农业科学院农业经济与信息研究所助理研究员，主要从事农村区域发展研究与农业工程项目咨询；任慧，硕士，甘肃省农业科学院农业经济与信息研究所研究实习员，主要从事农业经济研究。

业可持续发展和带动辐射能力弱，特色农产品的深加工开发不足，流通体系建设滞后，集成化信息服务程度不高，质量标准与监管体系不健全，生态农业发展亟待加强等问题。针对以上问题，本研究提出加强农业基础设施建设、完善农业产业组织体系、构建现代农业产业技术体系、健全土地流转、金融投资、保险及农民培训服务体系、完善质量标准与监管体系等加快甘肃省特色农业产业化发展的对策与建议。

关键词： 特色农业　产业化　产业布局　甘肃省

农业产业化是现代农业的主要内容和发展趋势，是指以经济效益为中心，以市场为导向，优化组合各种生产要素，重点发展主导产业、产品。与传统农业相比，具有布局区域化，生产规模化、专业化、标准化，经营一体化，管理企业化，服务社会化等特征。发展具有地理、传统优势的特色农业是农业市场细分的必然结果，也是农业产业化的内在要求。我国地理、气候环境差别大，农产品种植区域化明显，发展特色农业产业化是现代农业发展的必然选择，是带动农民增收的重要途径，也是新时期农村扶贫开发、减贫惠农，落实乡村振兴战略的重大举措。

一　特色农业产业化发展动态

（一）国外特色农业产业化发展动态

农业产业化最早产生于20世纪50年代的美国，经过近70年的发展，国外发达国家在产业化经营模式、社会服务保障、农业科技转化、教育推广等方面形成了很多可供参考借鉴的制度经验。

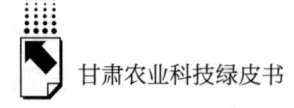

1. 产业化经营模式

目前国外主要有四种模式。一是合同制。采取与企业签订供销合同的方式，形成完整的产供销一体化链条，利益分配机制更加完善。二是企业集团一体化经营。企业集团将农业生产资料的生产和供应，农产品的生产、加工、销售和科研、技术转化等各个环节联结起来，实行完全垂直一体经营。三是农业合作社。农户或农场主自愿联合组成合作社，对社员开展生产资料供应、农产品储加销、信息咨询以及信贷保险等服务。四是农业协同组织。主要通过对农业经营进行宏观和微观上指导，为农业生产者提供生产资料购买，资金存贷，农产品储运、加工、销售、保险，农业教育，技术推广等服务支持，这种模式帮助以一家一户家庭经营为主的日本成功实现农业现代化。

2. 社会化服务保障

一是法律保障。西方发达国家非常重视农业法律的制定，依据农业法律制定农业政策，使得政策有法可依，执行性较强，基本走上了依法治农的轨道。二是信贷保障。各国政府通常都对企业和农户提供广泛的农业信贷支持。三是财政补贴。目前，世界各国对农业的财政补贴大体上有价格补贴、收入补贴、生产补贴、保险补贴等几种形式。比如，日本政府为农户提供50%～80%的农作物保费补贴。

3. 农业科技转化

发达国家都十分重视农业科技转化，采取的措施主要有：一是制定促进科技成果转化政策，如法国对技术转让项目提供无息贷款，待项目成功时偿还。二是鼓励企业投资科研，实行科研、生产、销售一体化。如荷兰各大花卉企业自办的研究所有60多个，科研人员超过6000人，研究成果可立即用于生产，转化成为商业成果。三是兴建农业科技园区，促进科研成果转化的示范和引领。如，以色列非常注重兴建农业科技园区，其农业科技贡献率达96%，这表明科技就是生产力，农业的未来和希望就在于科技。

4. 教育推广体系

发达国家高度重视农业教育，注重通过提高农民素质，促进农业产业化快速发展。具体措施主要有：一是通过制定农业教育法律法规的形式，增加教育投入、提供优惠待遇，提升农业职业教育的地位作用；二是加强技能培养，比如美国农业职业教育所用教材以实际操作为主，且非常注重生产需要和季节性；三是普遍推行"证书制"，要求从事农业生产和经营的人员必须接受农业职业教育，并取得合格证书；四是完善教育培训体系，如法国农业教育由高等院校、农业高中、农业初中和半工半读四个层次组成，较好地为法国农业培养了大批农业实用人才。

（二）国内特色农业及其产业化发展动态

我国自20世纪90年代开始对区域特色农业产业化进行探索与实践，比较成功的典型有山东寿光蔬菜、云南花卉、内蒙古奶业等。

1. 山东寿光蔬菜

目前，寿光市蔬菜种植面积达4万多公顷，年产量450多万吨，产值约48亿元，约占全市农业总产值的30%，已成为寿光市的重要产业。在产业化发展过程中逐渐形成了韭菜、彩椒、胡萝卜、山药等优势产区，在此基础上，各乡镇进一步确定优势品种，形成了"一村一品"经营新格局。寿光市注重制定相应政策制度扶持产业发展，先后从资金补贴、人员等多方面向蔬菜种植户、蔬菜企业、中介组织提供支持。组建了市、镇、村三级农业服务推广体系，定期组织农业专家深入农村对农民进行农业知识、种植技术方面的培训和指导；与国内外多所大中专院校和科研单位建立合作关系，引进高新技术成果430项，有力推动了蔬菜产业化发展。

2. 云南花卉

经过多年发展，云南花卉在产业化、规模化、优质特色花卉研发创新能力等方面得到了极大增强，创造了全国闻名的"云花"品牌，成为世界最大的花卉生产基地和重要的花卉进出口贸易地。2017年，云南省的花卉种植面积达10.4万公顷，总产值503.2亿元。全省从事鲜花种植、加工、运输、销售的企业达2000余家，拥有100多万从业人员。种植区域产业布局明显，已初步形成以鲜切花、盆花等观赏花卉，灯盏花、石斛等药用花卉等种植区

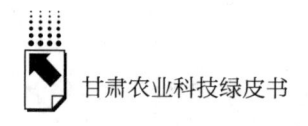

域布局。产业经营组织上，形成"公司+基地+科研院校"、"公司+花农（花农经济合作组织）+市场"等产业经营模式，有效地提高了花卉产业种植与市场契合度。产业链不断延伸并向多领域发展，衍生出花卉旅游业、花卉文化、花卉养生等产业，一二三产业融合发展，生产存量、活力得到进一步提升。

3. 内蒙古奶业

2017年，内蒙古奶牛存栏210万头，牛奶产量693万吨，均居全国第一位，产能约占全国行业总水平的1/5。形成了以呼和浩特、包头、呼伦贝尔地区为核心，以乌兰察布、锡林郭勒、兴安盟等地区为基础，横跨东西、覆盖全区的优势加工企业聚集带和生产加工基地。打造了伊利、蒙牛中国驰名商标和上市企业，分别列全球乳业20强榜单第8位和第10位，行业优势明显，在引领带动国内企业的同时，不断向国际市场开拓延伸。产业经营模式多样，互为补充，成效显著。"公司—奶站—奶户"经营模式采取"分散饲养、集中挤奶"和"定期结算、按时付款"的管理模式，具备分散饲养低成本和集中挤奶优质高产的两大优势。"奶联社"经营模式实行封闭式、集约化、规模化的生态养殖，提高了奶牛生产效率。公司制奶场经营模式集牧场产奶、加工制造、销售营销为一体，便于奶牛的规模化、标准化养殖，提高了奶牛单产及奶质，抵御市场风险和疾病风险能力相对较强。

二 甘肃特色农业产业化发展现状

甘肃省地域狭长，东西跨越千里，生态气候类型多样，各地发挥独特的气候、物种、生态等资源优势，着力发展特色农业，形成了马铃薯、蔬菜、草食畜牧业、中药材、优质林果、制种六大特色产业。

（一）甘肃特色农业产业化发展概况

甘肃特色农业布局逐步优化，建成了以定西为主的马铃薯种薯及商品薯生产基地，陇东、陇南优质苹果生产基地，河西走廊灌区等蔬菜生产基地，临夏、甘南畜牧养殖基地，定西、陇南中药材生产基地和河西走廊杂交玉米、瓜菜制种基地。新型经营主体发展迅速，2017年，全省农业产业化经营组织总数超过1万个，龙头企业达到3104家，国家重点龙头企业27家，省级重点龙头企业432家，带动农户总数300多万户，已形成"企业+基地+农户（家庭农场、合作社）"的产业化经营模式。特色优势农产品加工业稳步推进，农产品加工企业达2003家，加工能力2317万吨，实际加工1041万吨，加工率超过48.5%。农超对接、电子商务等新型流通模式快速发展，形成了集农产品统一收购、初深加工、物流配送于一体的农产品大市场和公益性市场、农产品产地批发市场、县乡便民市场等商贸流通三级市场服务体系。

（二）马铃薯产业化发展现状

2017年甘肃省马铃薯种植面积72.2万公顷，产量260万吨，面积与产量均列全国第二位，是全国马铃薯脱毒种薯繁育、商品薯生产及加工的重要基地。生产布局上，初步形成中部与东部高淀粉型及鲜食型马铃薯基地、河西及沿黄灌区休闲食品与全粉加工型马铃薯基地、陇南与天水早熟鲜食型马铃薯基地和高海拔冷凉区脱毒种薯生产基地四大优势生产区域。营销能力持续提升，目前，全省有马铃薯交易市场60多个、购销网点3000多个、运销大户4000多户、营销从业人员10万多人。全省每年销往北京、上海、广东、福建、河南等20多个省市的鲜薯达350万吨，稳定占领了中原市场，在华南、西南市场占据主导地位。在马铃薯加工方面，甘肃省已建成规模以上马铃薯加工企业100多家，每年加工马铃薯鲜薯400多万吨，形成精淀粉、全粉、速冻薯条、变性淀粉4类加工链条。品牌优势凸显，全省共注册马铃薯品牌商标近40个，获国家原产地地理标记注册产品5个，获得国家A级绿色食品证书的有临洮"腾胜"牌、安定"鲁家沟"牌、陇西"清吉"牌马铃薯，通渭粉丝、安定超兴精淀粉等。

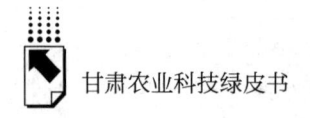

（三）蔬菜产业化发展现状

甘肃蔬菜产业经过多年发展优化，基本形成河西走廊灌区、沿黄灌区、泾河流域、渭河流域和"两江一水"流域五大优势产区。2017年，蔬菜种植面积56.98万公顷，总产量2106.47万吨，面积和产量分别居全国第18位和第17位；其中设施蔬菜生产净面积达10.93万公顷，产量579.71万吨，占全省蔬菜总面积和总产量的19.18%和27.52%。全省蔬菜加工企业485家，其中国家重点龙头企业3个、省级重点龙头企业43个，年加工能力达840.7万吨，实际加工量618.49万吨。农产品产地初加工果品烘干房0.2万座，烘干能力0.4万吨。有各类蔬菜专业合作社104家，蔬菜保鲜库82家，规模较大的蔬菜专业批发市场30多个，年蔬菜交易量480万吨，交易额达58.5亿元，形成了以定远为中心的冷链集散中心，实行"子母商标"管理，采用"统一品牌、统一包装、统一标准、统一监管"的管理模式。

（四）草食畜牧业产业化发展现状

目前，全省已初步形成了以陇东地区、河西走廊为主的肉牛生产基地，年出栏肉牛占全省62%；以河西走廊、中部（白银、兰州、定西）、南部（临夏、甘南）为主要产区的肉羊产业带，年出栏肉羊占全省87%。各类畜牧产业化经营组织达到721个，带动农户80万户，畜牧产品加工企业330余家，其中国家重点龙头企业6家、省级重点龙头企业82家，涉及肉类加工企业42家，乳品加工企业30个，草产品加工企业74家，饲料加工企业60家，紫花苜蓿加工厂20多家、皮革加工业3家。在全省各地分布着"靖远羊羔肉"餐馆800余家，"德赛"、"首曲"加工羊肉成为甘肃品牌产品。

（五）中药材产业化发展现状

2017年，甘肃中药材播种面积30.10万公顷，总产量123.26万吨，面积和产量均居全国第一位。有重点药材品种267种，占全国比重为75%，其中当归、党参、红（黄）芪、大黄产量分别占国内的95%、60%、50%、

60%，居全国前列。药材的生产地主要集中在陇南和定西地区，包括当归、党参、黄芪、红芪、大黄等地道药材，以及冬虫夏草、鹿茸、牛黄等珍稀药材。目前甘肃省中药材年交易量达到180万吨，出口量约占全国的3/4以上。驰名中外的当归种植面积近1.33万公顷，年产2万多吨，党参1.1万公顷，年产1.5万多吨，红（黄）芪面积将近1300公顷，年产达600吨。冬花、贝母、柴胡、防风、甘草、杏仁等也都是省内重要的出口创汇药品。在国际、国内享有盛誉的岷县、陇西、渭源、漳县中药市场的购销网点遍布全国各地。中药制成品也正向精细化、品牌化方向发展。全省中药材加工企业574家，其中国家重点龙头企业2个、省级重点龙头企业44个；已通过GMP认证的中药材饮片加工企业104家，通过GSP认证的中药材标准化营销企业470家。

（六）优质林果产业化发展现状

截至2017年底，全省林果总面积157.7万公顷，总产量680万吨，总产值267.7亿元。形成了以苹果、花椒、核桃、葡萄、枸杞、枣、杏、桃、梨、油橄榄、甜樱桃、银杏等12个经济林树种为主的天水、陇南优质元帅系苹果基地、陇东优质富士系苹果基地、陇南大红袍系花椒基地、陇南优质核桃基地、河西走廊无公害葡萄基地、沿黄灌区无公害枸杞基地、陇南优质油橄榄基地等22个特色鲜明的优质林果生产基地。其中，苹果产业优势最为显著，全省有18个国家级苹果优势区域重点县，主要分布于陇东、陇南和中部地区。建有6个省级苹果良种苗木繁育基地，扭转了苗木依赖外调格局，7家苹果浓缩果汁加工企业，产品90%以上出口，效益显著。成立了果树研究所，积极开展良种果品技术研究和试验，促进苹果产业的可持续发展。"静宁苹果"、"平凉金果"获中国驰名商标，"花牛苹果"、"庆阳苹果"、"礼县苹果"、"秦安苹果"等10余个品牌获国家地理标志产品保护认证。

（七）制种产业化发展现状

甘肃省是我国最大的杂交玉米种子、马铃薯脱毒种薯生产基地。建成了以河西走廊为主的全国最大、产业化水平最高、最具优势的玉米制种基地。2016年，制种玉米面积10.8万公顷，年产种约60万吨，分别占全国玉米制种面积和产量的49.5%和40.7%，均居全国第一位。目前，全省有种子生产经营企业390家，其中杂交玉米种子企业116家，杂交油菜种子企业5家，马铃薯脱毒基础种薯企业18家，全国种业50强中从事杂交玉米种子生产的企业均在甘肃省建立了种子生产基地和现代化种子加工中心。全省种子加工企业150余家，其中国家重点龙头企业2家、省级重点龙头企业43家，玉米种子加工中心113个，玉米果穗及籽粒烘干线217条，成套生产线96条，种子年加工能力60多万吨，形成了制种优势产业集群。

三 甘肃特色农业产业化发展存在的问题

（一）产业规模小、同质化明显，标准化程度低

近年来，甘肃特色农业发展较快，经济效益不断提高，但在产业规模、优化布局、标准建设上还存在如下问题。一是农村要素市场发育相对滞后。主要是农村资金、劳动力、技术、土地、企业产权等要素市场的建设比较落后。小农经营还比较普遍，生产经营没有形成规模，导致专业化标准化生产推进速度较慢。导致农产品产量低、质量差，缺乏市场竞争力和自我保护力，进而不利于特色产业加工及国际贸易，也影响农业特色产业的持续健康发展。二是产业同质化明显，没有形成区域优势。部分地区规划发展特色农业产业结合当地人文、地理资源不紧密，简单复制外地成功经验，重点不突出，布局不合理，难以形成竞争性强的优势产业。三是生产经营方式落后。2017年，全省开展农民科技培训117万人次，培育新型职业农民数量2.3万人，仅占农业从业人数的0.2%。普通个体种植户或养殖户大多没有经过专业的技术培训，科学的种植观念尤为欠缺。

（二）农业合作组织管理简单粗放，成效不明显

农业合作组织是发展农业产业化的重要途径，对解决小农生产与大市场的对接矛盾，进而保护和改善农民经济利益有重要意义。同国内发达地区相比，甘肃省农业合作组织多数还处于起步发育阶段，具有一定生产经营规模的综合性合作组织还比较少，导致辐射带动能力还比较有限。据统计，甘肃省务农农民中，小学、初中文化程度占到70%以上。而大多数农业合作组织主要由农民组成，文化程度普遍不高，经营管理知识缺乏，导致合作社运作机制不顺畅，制度规定不健全，发展后劲不足，短时间难以盈利。部分农业合作组织成立时情绪高涨，但成立后经营不善，无法实施利润返还或按股分红，对农户的吸引力和带动作用显著下降，没有真正把农户组织起来，难以有效为农民服务。

（三）龙头企业可持续发展和带动辐射能力不足

近几年，甘肃省也涌现出一批技术领先、成长较快的农业产业化龙头企业，但除国家级重点龙头企业外，省内的大部分农业企业实力弱，缺乏精深加工技术和产品，以及知名品牌，在激烈的市场竞争中处于劣势地位。一是甘肃地处内陆，经济欠发达，人才基础薄弱，企业的大部分劳动力从农村剩余劳动力中转移过来，缺少高层次的科技人才、管理人才和营销人才，不管是技术创新还是组织运营管理，能力都较弱，导致市场竞争力不强。二是龙头企业市场开拓、营销渠道建设等方面能力不足，大大限制了对基地和农户的辐射带动效应。三是融资渠道狭窄，抗风险能力低。由于农业生产经营投入大，见效慢，受自然灾害影响较大，无论是地方游资还是银行放贷都不愿进入农业领域，导致部分企业资金短缺，无力引进高技术人才和设备，农产品的加工技术难以提高，产品质量难以改善，产业升级较慢。

（四）产业链简短，特色农产品的深加工有待开发

甘肃省大多数农产品以初级产品加工为主进入流通领域，产品附加值高

的精深加工比重较低，同类小型加工企业数目多、低水平重复建设多，特色农业的高效益特征并未充分体现。使其呈现生产工艺简单、附加值低、资金周转周期长等弊端，降低了特色农产品的竞争力，导致特色渐失，市场萎缩。如生产的马铃薯70%～75%直接用来食用，粗加工成粉、粉条及淀粉或者饲料加工，很难实现其转化增值的能力。苹果仍主要以水果形式出售，奶业也只有"庄园"一枝独秀，而且仅占据省内市场，其他产业加工转化能力更低。农产品加工转化率低，仅为40%～50%，而发达国家农产品加工转化率已达到90%左右。

（五）流通体系建设滞后，难以适应现代市场要求

目前，甘肃省农产品流通体系建设滞后，集成化信息服务程度不高。农产品产地普遍缺少储藏、保鲜等加工设施，农产品流通体系不完善，小生产与大市场的矛盾突出，农产品流通成本高、信息不灵和产销衔接不畅，冷链建设、加工配送、产销对接和信息引导等环节衔接不够，导致产后损耗大、品质难保障。在信息流通上，缺乏及时、有效、全面的信息集成共享平台，市场供求信息不能快速、准确传递，导致农产品加工企业对市场需求的变化趋势不敏感，造成部分农产品生产规模盲目扩张或产品集中上市。

（六）质量标准与监管体系不健全，生态农业发展亟待加强

农产品质量安全关系公众身体健康和农业产业发展，是农业现代化建设的重要内容。甘肃省农产品质量安全工作起步晚，监管体系和制度机制还不完善。尤其是农产品质量管理的法律法规不健全，已有法规规定不明确，操作性差，其难以推广实施，并且对质量安全不合格农产品处罚力度过轻，生产者违法成本过低，导致农兽药残留超标等农产品质量安全问题和隐患仍然存在。省内大部分经济类特色农产品缺乏反映自身特色的质量标准，技术要求偏低，不利于高标准、规模化拳头产品的培育，影响国内外市场竞争力，制约龙头企业乃至整个特色产业的发展。另外，还存在经费投入不足，基层监管缺人员、缺经费、缺手段，部分地区监管责任没有完全落实到位等问题。

四 甘肃特色农业产业化发展对策建议

（一）加强农业基础设施建设，夯实农业发展根基

甘肃地处黄土高原，山高沟深，土地分散破碎且贫瘠，生态脆弱，经济落后，交通条件差，降雨量少、自然灾害多，制约了特色农业的规模化经营及产业化发展。因此，一要争取国家资金和项目支持，以高效节水灌溉为重点，加大水利设施建设，改善生产条件；加强耕地整理修复、促进集中连片种植，提高土地产出率和农业综合生产能力；加大交通网络基础建设，降低物流成本，促进内外交流。二要提升农业设施装备，增加蔬菜、林果、养殖等现代农业设施装备投入，支持日光温室、钢架大棚、智能温室、防雹防虫网棚、棚圈等设施装备的提升改造，推进园艺作物标准园、畜禽养殖标准化示范场（小区）建设。三要实施农业机械化推进工程，加大省级农机具购置补贴投入，加强先进适用农机具研发推广，优化农机装备结构，积极推进养殖业、园艺业、农产品初加工机械化。

（二）完善农业产业组织体系，催生内在发展动力

大力发展农业公共服务机构，有效衔接农业合作组织与龙头企业，基本构成以农民合作组织为基础、龙头企业为骨干、其他社会力量为补充的特色农业产业组织体系。适当向本地龙头企业政策倾斜，帮助龙头企业整合特色农业资源，构建起纵向一体化的规模种植、技术研发、加工销售，横向一体化不同产业链间的产供销、贸工农横向交织和有机互动的立体网络，培育品牌效应强、产业链条长、市场份额足、辐射带动强的龙头企业集群。利用各个区域优势资源，因地制宜，大力发展特色农业产业基地，加大对基地资金和技术投入，提高基地农产品的产量和质量，促进农业标准化发展，实现特色农业的产业化发展。

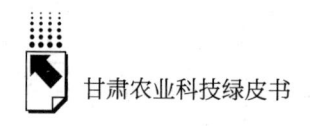

（三）构建现代农业产业技术体系，促进成果转化应用

实行科技创新首席专家负责制，整合农业科研院所、龙头企业、科技示范基地等科技资源，选择20个左右主导、优势和特色产业，以产业为主线、产品为单元，组建专家梯队，形成需求拉动科研、专家团队服务产业的技术创新模式，构建首席专家—功能研究室—综合试验站—科技示范推广基地和农户参与的产学研推有机结合的现代农业产业技术体系，形成首席专家和功能研究室协作开展新品种、新技术、新材料等关键技术研发，综合试验站开展试验示范集成配套，科技示范推广基地开展大规模推广的科技创新协同机制。解决好基层推广人员的工作地位、经济待遇等问题，把各类农业院校愿意从事农业推广工作的人才和优秀农民吸引到推广队伍中，进一步建强农业科技推广人才队伍。充分利用示范基地这一有效载体，搭建农业新品种、新技术展示平台，定期组织各类培训观摩会，并通过电视、广播、微信公众号等传播媒介全方位宣传、传播、推广现代农业新技术、新成果，扩大新技术应用范围，缩短新技术、新产品更新周期。

（四）健全土地流转、金融投资、保险服务体系，保障农业经营需求

建立健全县有中心、乡有站、村有点的土地流转服务体系。由政府牵头，探索建立农业合作社与龙头企业相互持股的新型合作机制，通过利益共享、风险共担使合作更加紧密，达到共同发展、合作共赢的目的。进一步健全金融、保险服务体系，引导信贷、工商、民间资本和外资投资农业，创新抵质押担保机制，扩大农村有效担保物范围，依法开展农村土地承包经营权、大型农机具、经济作物收益权等抵押贷款和应收账款、可转让股权、专利权、注册商标专用权等权利质押贷款。继续推进政策性农业保险试点，扩大试点范围，增加险种，下调保险费率，提高补贴和赔付标准，发挥农业保险对农村经济的补偿作用。

（五）完善质量标准与监管体系，打造过硬品牌优势

特色农业的核心在于特色，立足点则是"生态、安全"。构建完善的农产品全产业链质量标准体系，是提高企业及产品核心竞争力的重要途径。质量标准的制定，应广泛吸收农业生产者和企业的意见建议，并赋予法律的内涵，给予法律的保证，确保农产品生产有标可依、产品有标可检、执法有标可判。全面推进标准化生产，加强标准宣传推广和使用指导，规范生产流程，加大检查督导力度，督促经营主体严格按照农产品的生产技术标准和操作规范进行生产和加工，逐步完善农产品加工业质量标准体系。建立有关标准动态跟踪制度，优先将龙头企业以及各类示范基地纳入追溯管理，逐步将规模化农产品生产经营企业、农民专业合作社、家庭农场等生产经营主体纳入追溯平台，促进农业生产标准化、绿色化。加强完善到区级、镇街级的检测体系建设，运用大数据、云平台等信息技术手段开展监测分析，实行企业产品质量监督检查结果公开制度，健全质量安全事故强制报告、缺陷产品强制召回、严重失信企业强制退出机制等。

参考文献

陈名：《云南花卉产业发展优势研究》，西南财经大学硕士学位论文，2016。

甘肃省人民政府：《小土豆做出大文章——全省马铃薯产业发展回顾》，http：//www.gansu.gov.cn/art/2017/11/3/art_35_325583.html。

甘肃省统计局：《2017年甘肃省国民经济和社会发展统计公报》，http：//www.gstj.gov.cn/HdApp/HdBas/HdClsContentDisp.asp？Id=12846。

郭生河：《国外农业产业化发展经验及启示》，《福建农业科技》2012年第1期。

李晓蕾：《寿光市蔬菜专业合作社可持续发展的对策研究》，西北农林科技大学硕士学位论文，2013。

刘娜：《内蒙古奶业发展研究》，内蒙古农业大学硕士学位论文，2016。

盛军峰、贺建峰：《国内花卉产业化经营模式的区域比较研究》，《云南科技管理》2002年第6期。

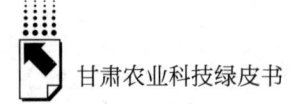

唐邦勤：《国外农业产业化支撑体系建构及其对中国的启示》，《世界农业》2008年第5期。

王娜：《寿光市蔬菜产业发展对策研究》，西北农林科技大学硕士学位论文，2014。

王娜、孙帮俊：《国外财政支农发展状况及对我国的启示》，《经济研究导刊》2013年第20期。

魏建美、李庆、卢慧、万余花：《特色农业发展背景分析及经验启示——基于赣南等原中央苏区视角》，《农业与技术》2015年第7期。

魏胜文、乔德华、张东伟主编《甘肃农业绿色发展研究报告》，社会科学文献出版社，2018。

徐雪高、张照新、武文：《农业产业化发展与农村减贫案例研究》，中国农业出版社，2015。

张杰：《内蒙古乳产业发展进程中的金融支持问题研究》，西南财经大学硕士学位论文，2012。

赵保佑、张成智：《农业产业化经营理论与实践》，黄河水利出版社，1999。

郑江波、崔和瑞：《中外农业科技成果转化的推广模式比较及借鉴》，《科技进步与对策》2009年第1期。

《2014中国定西马铃薯博览会10月10日举办》，《兰州日报》，http：//rb.lzbs.com.cn/html/2014-09/27/content_1354320.htm。

《甘肃打造10家育繁推一体化种业集团提高企业创新能力》，中国三农网，https：//www.zg3n.com.cn/article-53693-1.html。

《甘肃启动林业科技扶贫促多领域产业"开花结果"》，搜狐网，http：//www.sohu.com/a/151657930_119689。

《内蒙古做强乳业正当时》，中国食品报网，http：//www.cnfood.cn/difangxinwen125487.html。

《云南：擦亮"云花"品牌鲜切花产值全球第二》，人民网，http：//yn.people.com.cn/n2/2018/0719/c378439-31832717.html。

《中国·定西马铃薯大会将于9月16至17日举行》，中国中小企业天水网，http：//www.smets.gov.cn/news/qxbd/2010/913/1091382045H35F4H3FCF4BHG6H8F61_2.html。

G.3
甘肃省农产品加工业发展研究报告

张辉元 闫沛峰 马宝斌 康三江*

摘　要： 农产品加工业是为耕者谋利、为食者造福的重要民生产业。本文系统回顾了我国农产品加工业现状，分析了甘肃省农产品加工业发展动态及存在问题，并针对甘肃省农产品加工行业探讨明确发展思路，提出缩短与国内发展水平的差距；推进农产品加工业转型升级，促进农产品加工业健康有序发展；强化创新驱动，优化发展重点及布局，提升科技创新能力；引导绿色加工生产，提高加工副产物综合利用水平；实施品牌战略，逐步将农产品加工业做大做强等对策建议。

关键词： 农产品加工　产业融合　品牌建设　甘肃省

农产品加工业产业关联度高、带动农民就业增收作用强，已经成为农业现代化的重要标志、国民经济的重要支柱、建设健康中国保障人民群众营养健康的重要民生产业，是产业融合的必然选择，也是实现农产品转化增值、推进农业产业化进程、加快农业经济结构调整、加快解决"三农"问题的重要措施。大力发展现代农产品加工业，对于解决部分农产品产能过剩，满

---

* 张辉元，研究员，甘肃省农业科学院农产品贮藏加工研究所所长，主要研究方向为果树栽培及农产品加工；闫沛峰，甘肃省农产品加工管理办公室主任，主要从事甘肃省农产品加工行业管理工作；马宝斌，甘肃省农产品加工管理办公室副调研员，主要从事甘肃省农产品加工行业管理工作；康三江，研究员，甘肃省农业科学院农产品贮藏加工研究所果蔬加工研究室主任，主要从事农产品加工科研工作。

足逐步扩大的农产品市场需求,促进传统农业向现代农业转变,提高农产品的市场竞争力,增加城乡群众收入和培育新的经济增长点,实现农村工业化、城镇化、现代化,推进城乡经济、社会协调发展,建设新时期社会主义新农村,具有重要的现实意义。

一 我国农产品加工业现状及发展动态

(一)农产品加工业整体快速发展,呈现持续稳中向好态势

据农业农村部统计,我国农产品加工业在"十二五"期间年均增长超过10%,农产品加工与农业产值之比提高到2.2∶1,农产品加工转化率达到65%。规模以上农产品加工业2017年实现主营业务收入19.4万亿元。行业供给结构持续优化,食用类农产品加工业各子行业主营业务收入增速明显,新兴和传统特色农产品加工产业继续追赶式发展,其中蛋品价格、中药制造和精制茶加工继续较快增长,增速均超过10%。饲料加工、植物油加工、乳品加工、粮食加工与制造、肉类加工、水产加工、果蔬加工等保持中高速增长。

表1 2016年全国农产品加工业主要产品产量

产品名称	单位	累计	同比增减(%)
小麦粉	万吨	15265.33	4.73
大米	万吨	13887.59	1.40
饲料	万吨	29051.57	3.80
其中:配合饲料	万吨	16350.21	3.20
混合饲料	万吨	6397.33	0.30
精制食用植物油	万吨	6907.54	3.35
成品糖	万吨	1433.18	-1.97
鲜、冷藏肉	万吨	3637.06	-1.13
冷冻水产品	万吨	860.23	2.73
糖果	万吨	351.85	0.16
速冻米面制品	万吨	566.05	6.96
方便面	万吨	1103.89	4.32

续表

产品名称	单位	累计	同比增减(%)
乳制品	万吨	2993.23	7.68
其中:液体乳	万吨	2737.17	8.53
乳粉	万吨	139.02	-0.34
罐头	万吨	1281.99	7.17
酱油	万吨	991.43	4.00
冷冻饮品	万吨	331.51	6.90
食品添加剂	万吨	851.75	9.53
发酵酒精(折96度,商品量)	万千升	952.10	0.41
饮料酒	万千升	6274.20	0.80
其中:白酒(折65度,商品量)	万千升	1358.36	3.23
啤酒	万千升	4506.44	-0.071
葡萄酒	万千升	113.74	-2.04
软饮料	万吨	18345.24	1.90
其中:碳酸饮料类(汽水)	万吨	1752.24	-3.71
包装饮用水类	万吨	9458.52	4.42
果汁和蔬菜汁饮料类	万吨	2404.88	1.02
精制茶	万吨	258.76	9.80
卷烟	亿支	23826	-8.00

资料来源:《中国农业统计资料(2016)》。

以农副食品加工业、食品制造业与酒、饮料和精制茶制造业等子行业为主的食品工业为例:2016年,41494家规模以上食品工业企业实现主营业务收入11.1万亿元,同比增长6.5%(见表2);实现利润总额7247.8亿元,同比增长6.1%;规模以上食品工业企业百元主营业务收入的成本为85.2元,主营业务利润率为6.5%。

(二)食品工业领域各地区发展极不平衡

以2015年统计数据为例,就区域来看,食品工业主营业务收入排在前10位的地区依次是:山东、河南、湖北、江苏、四川、广东、福建、湖南、安徽和吉林,累计实现主营业务收入7.01万亿元,占全国食品工业主营业务收入总数的67.3%。各省份食品工业主营业务收入情况如表3所示。

表2 2016年食品工业经济效益指标情况

经济效益指标	农副食品加工业	食品制造业	酒、饮料和精制茶制造业	食品工业总计
主营业务收入（亿元）	68952.2	23619.2	18414.8	110986.2
同比增长（%）	6.0	8.0	6.3	6.5
利润总额（亿元）	3422.8	2000.7	1824.2	7247.8
同比增长（%）	5.5	8.2	5.0	6.1
主营业务利润率（%）	5.0	8.5	9.9	6.5
成本费用利润率（%）	5.5	10.6	13.1	7.7
完成投资（亿元）	11786.0	5825.0	4106.0	21717.0
同比增长（%）	9.5	14.5	0.4	8.9

资料来源：食品工业发展报告（2016）

表3 2015年全国各省（自治区、直辖市）食品工业主营业务收入及占比情况

序号	省份	运营业务收入	占比（%）	序号	省份	运营业务收入	占比（%）
1	山东省	16796.38	16	17	天津市	2422.46	2
2	河南省	10137.68	10	18	浙江省	1993.92	2
3	湖北省	7327.13	7	19	陕西省	1863.5	2
4	江苏省	6569.71	6	20	重庆市	1291.95	1
5	四川省	6326.05	6	21	上海市	1217.67	1
6	广东省	5770.43	6	22	贵州省	1130.28	1
7	福建省	4699.75	5	23	北京市	1098.26	1
8	湖南省	4476.17	4	24	云南省	1006.69	1
9	安徽省	4070.84	4	25	新疆维吾尔自治区	791.56	1
10	吉林省	3935.16	4	26	山西省	601.12	1
11	辽宁省	3934.92	4	27	甘肃省	455.58	0
12	河北省	3668.95	4	28	宁夏回族自治区	287.82	0
13	黑龙江省	3563.77	3	29	海南省	178.07	0
14	广西壮族自治区	2805.89	3	30	青海省	113.03	0
15	江西省	2803.44	3	31	西藏自治区	28.16	0
16	内蒙古自治区	2754.99	3				

资料来源：《食品工业发展报告（2015）》。

（三）食品行业进出口贸易持续稳定增长

2016年，我国进出口食品额10633.9亿元人民币，同比增长7.2%。其中出口4231.6亿元，增长11.2%；进口6402.3亿元，增长4.7%。从产品种类来看，肉、乳制品、酒等进口量明显增加，粮食进口量减少。水产品仍是我国最大的出口食品种类，共409.5万吨，同比增长4.6%，价值1320.9亿元，同比增长8.5%。其次，出口蔬菜818万吨，同比减少0.9%；价值804.9亿元，同比增长22.3%。进口方面，粮食进口11467.6万吨，同比减少8.1%，肉及肉制品、乳制品、酒类进口量分别大幅增加63.9%、21.4%和20.2%。我国食品行业最大的贸易伙伴依次为东盟国家、美国和巴西。

（四）国家农产品产地初加工设施建设成效显著

为改善农产品产地初加工条件，减少产后损失，均衡市场供应，稳定市场价格，促进农民增收，提高农产品质量安全水平，农业农村部、财政部于2012年启动实施了国家农产品产地初加工补助项目。农业农村部农产品加工局提供的资料显示：2012~2017年，中央财政共安排补助资金46亿元（其中2015、2016、2017年分别含马铃薯主食化资金1亿元），扶持7万多农户、1.3万家合作社、210个家庭农场、800多家企业，新建马铃薯贮藏窖、果蔬贮藏库和烘干房等初加工设施14万多座，新增贮藏能力570万多吨、烘干能力290多万吨。以2017年为例，全国各省实际安排初加工资金12.2亿元，中央下拨资金9亿元，新建初加工设施1.2万座，新增贮藏能力107.6万吨、农产品烘干能力21.1万吨，显著带动了农产品产地初加工行业发展，有效促进了农民增收。

（五）农产品加工业与农村一二三产业相互融合发展

为了认真落实党中央国务院决策部署，按照"基在农业、利在农民、惠在农村"的要求，农业农村部制订的《全国农产品加工业与农村一二三产业融合发展规划（2016~2020）》明确提出了"做优农村第一产业，夯实产业融合发展基础；做强农产品加工业，提升产业融合发展带动能力；做活农村第三产业，拓宽产业融合发展途径；创新融合机制，激发产业融合发展内生动力"的主要任务。

有关学者认为，我国农业当前遇到三大背景：一是57%的城镇化率；二是80后、90后成为消费主体；三是恩格尔系数下降到30%。我国农业的1.0版是规模农业，农业2.0版是加工农业，农业3.0版是信息农业，农业4.0版就是融合农业。促进农业转化升级，出路在融合，重点在加工，亮点在休闲旅游和电子商务，增长点在农村创业创新。2017年，国家农产品产地初加工政策整合进入农村一二三产业融合发展项目，目的就是让农民分享二三产业的增值收益。

（六）农产品加工行业研发投入力度持续加大，科技创新能力进一步增强

国务院办公厅于2016年印发了《关于进一步促进农产品加工业发展的意见》，科技部于2017年印发了《"十三五"食品科技创新专项规划》这些纲领性规划文件为农产品加工行业科技创新提供了宏观政策依据。近几年来，通过建设一批国家工程技术研究中心、重点实验室、产业技术创新战略联盟和企业博士后工作站等，形成了一支高水平的科技创新队伍，显著增强了农产品加工行业的科技创新能力。在食品非热加工、工业化连续高效分离提取、低能耗组合干燥等食品绿色制造技术装备上取得了重大突破。

2017年，国家重点研发计划"现代食品加工及粮食收储运技术与装备"重点专项中有"食品风味特征与品质形成机理及加工适用性研究"、"食品营养及生物活性物质的健康功能作用研究"、"益生菌健康功能与基于肠道微生物组学的食品营养代谢机理研究"、"食品绿色节能制造关键技术及装备研发"、"特殊保障食品制造关键技术研究及新产品创制"、"基于我国母乳组分的特需乳制品创制及共性关键技术研究"、"新型果蔬汁加工关键技术及装备研发"、"现代茶制品加工与贮藏品质控制关键技术及装备研发"、

"果蔬干燥减损关键技术与装备研发"、"大宗米制品适度加工关键技术装备研发及示范"、"传统杂粮加工关键新技术装备研究及示范"、"果蔬产地商品化处理技术及装备研发示范"和粮食产后"全程不落地"技术模式示范工程等14个项目获立项资助，中央财政支持经费达3.3亿元。

在2017年度国家科学技术奖获奖成果中，食品及相关领域项目成果有8项获奖。其中"生鲜肉品质无损高通量实时光学检测关键技术及应用"、"优质蜂产品安全生产加工及质量控制技术"和"黄酒绿色酿造关键技术与智能化装备的创制及应用"等3个项目获得国家技术发明奖二等奖；"干坚果贮藏与加工保质关键技术及产业化"、"食品和饮水安全快速检测、评估和控制技术创新及应用"、"鱿鱼贮藏加工与质量安全控制关键技术及应用"、"两百种重要危害因子单克隆抗体制备及食品安全快速检测技术与应用"和"番茄加工产业化关键技术创新与应用"等5个项目获得国家科学技术进步奖二等奖。科技创新加快了农产品加工领域诸多先进适用技术的推广和应用，有力助推了农业产业结构调整和转型升级。

二 甘肃省农产品加工业发展现状及存在问题

（一）甘肃省农产品加工行业现状

1. 生产企业数量和规模不断增加，加工转化能力稳步提升

2017年甘肃省农业产业化发展公报显示，甘肃省农业产业化龙头企业已达2227家，其中国家重点龙头企业27家，省重点龙头企业427家，市州重点龙头企业1187家，县重点龙头企业592家。农产品加工体系基本形成，基本覆盖了甘肃省特色优势产业，由以粮食加工为主向畜产品、果蔬、中药材、玉米淀粉及地方区域性特色农产品加工等领域扩展。已建成规模以上马铃薯加工企业100多家，淀粉加工能力近70万吨；牛羊肉加工企业36家，年屠宰能力67万头；浓缩果汁加工企业7家，年生产能力12万吨；玉米制种企业37家，加工能力60多万吨；啤酒麦芽加工企业42家，设计生产能

力88万吨；紫花苜蓿加工厂20多家，年加工能力88万吨。农产品初加工转化率达50.5%。

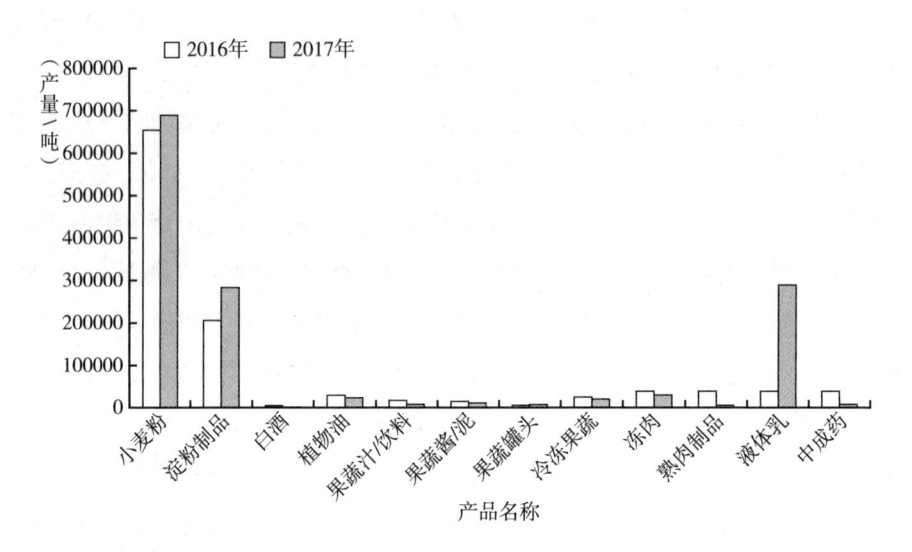

图1 2016～2017年甘肃省农产品加工业主要产品产量

资料来源：《全国农产品加工业监测分析系统（甘肃省）》，http://jc.ncpjg.org.cn/Main.aspx#。

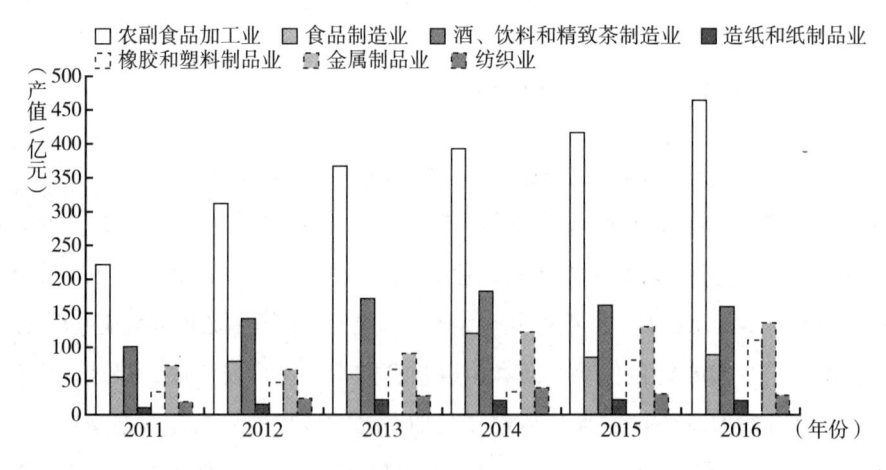

图2 2011～2016年甘肃省规模以上消费品工业主要行业产值

资料来源：《甘肃发展年鉴（2011～2016）》。

甘肃省农产品加工管理办公室的最新统计资料显示：2017年，甘肃省已建成农业产业化龙头企业2227个，建设种植基地1168.7千公顷、饲养牲畜2410万头、饲养禽类7371万只，覆盖了牛、羊、果、蔬、薯、药等优势特色产业。从业人数48.5万人，带动农户从事产业化经营增收总额达到81.3亿元，产业扶贫作用进一步凸显。甘肃省各类农产品加工企业已发展到2300多家，农产品加工能力2500多万吨，农产品加工率达52.5%。加工领域由以粮食加工为主向中药材、马铃薯淀粉及地方区域性特色农产品加工等方面扩展，加工产品由初级为主向精深加工延伸，销售方式向以区域专业批发市场为骨干，以直销店、连锁超市、电子商务等窗口式终端市场为补充的多元化营销网络发展。

2. 农产品产地初加工补助项目实施效果显著

2012年国家启动实施农产品产地初加工设施补助政策以来，在甘肃省共建成马铃薯、苹果贮藏设施1.6万座，新增贮藏能力51.7万吨。目前，甘肃省马铃薯贮藏能力达300多万吨，果蔬保鲜库储藏能力近400万吨。农民因错季销售和贮藏增值，每年可增收100亿元。2017年，甘肃省共整合中央和省级财政资金1.48亿元，在定西等7市州的16个县区继续实施农业农村部农产品产地初加工设施建设项目，共建成马铃薯、苹果、蔬菜产后贮藏和烘干设施1797个，新增贮藏、烘干能力7万余吨，当年项目实施减少马铃薯、果品、蔬菜产后损失近1.5万吨，仅贮藏一个环节就减少损失4000万元，在"减损增供、均衡市场、稳定价格、保证加工、促进增收"等方面发挥了明显成效。

3. 农产品加工产业集群已初具雏形

产业集聚是经济发展过程中所表现出的一种空间聚集和地方专业化的经济现象，由于产业集聚具有实现规模收益递增的正的外部效应等优势，会对区域和产业布局产生重要的影响。甘肃省在"十二五"期间，以定西为核心区域，辐射周边地区形成了马铃薯种植、脱毒种薯繁育和生产加工基地；以武威为核心，辐射张掖、嘉峪关形成了河西走廊葡萄酒产业带，建成葡萄酒庄9个，莫高、威龙、皇台、祁连、国风、紫轩等万吨以上葡萄酒生产企业在全行业具有一定影响力；以陇南武都为核心，形成了油橄榄等特色林果产业加工基地；以临夏为核心，辐射带动甘南形成了清真食品和民族用品产业基地等，省内农产品加工产业集群已初具雏形。

4. 农产品精深加工技术水平和科技创新能力持续不断增强

近两年，甘肃省政府及行业主管部门陆续出台了《进一步促进农产品加工业发展的实施意见》、《甘肃省"十三五"农产品加工业发展规划》、《甘肃省"十三五"消费品产业发展规划》、《甘肃省"十三五"循环经济发展规划》、《甘肃省"十三五"农业现代化规划》、《甘肃省循环农业产业发展专项行动计划》和《甘肃省农副产品加工业精准扶贫专项行动计划（2018～2020）》等一系列规划或实施办法，政府部门对农产品加工方面的支持力度逐步加大，对促进甘肃省农产品加工业发展奠定了坚实的基础。2018年2月，甘肃省出台了"1+9"产业扶贫政策，即围绕《甘肃省培育壮大特色农业产业助推脱贫攻坚实施意见》，实施牛、羊、菜、果、薯、药六大特色产业三年行动，开展果蔬保鲜库助推精准扶贫、贫困村农民合作社全覆盖三年行动及助推产业扶贫培训和助推产业扶贫村干部培训活动。

在科技创新方面，涉及牛羊肉、中药材、兰州百合等特色农产品加工领域的一些科技项目获准立项，"苹果高值化加工关键技术创新集成研究与应用"、"西北高原牛羊肉加工创新及全值利用研究与产业化"、"替代硫磺熏蒸中药材党参的养护方法系统研究"、"食品安全快速检测技术研究与应用"、"规模化玉米种子精细加工关键技术装备集成研究与示范"、"青贮圆草捆缠网打捆、裹膜联合作业机组的研发"和"葡萄酒工业固体废弃物综合利用关键技术研究与应用"等一些涉及农产品加工领域的科技成果获得2017年度甘肃省科学技术奖。2017年在科技创新研究方面，"发酵苹果醋优势醋酸菌群的筛选、驯化及应用研究"、"100%花牛苹果汁在学生营养餐中的研发及应用"、"粮食及农产品干燥技术装备研究与应用"、"牛羊瘤胃健康营养调控和饲料配制技术研究与应用"、"尾菜饲料化、基质化利用技术研究与示范推广"、"中草药渣饲料化利用及特色肉羊生产技术研究与示范"、"甘肃道地中药材产地初加工关键技术研究与集成"、"基于甘肃省道地中药材抗肝损伤活性成分的筛选集成"等一批创新性突出的科研成果获得省级成果登记，农产品精深加工技术水平和科技创新能力在持续不断增强。

（二）甘肃省农产品加工业存在的主要问题

1. 农产品初加工仍占主导地位，高值化加工产品比重偏低

目前，甘肃省具有优势的特色农产品加工业以苹果、兰州百合及高原夏菜冷藏、脱水蔬菜、中药材制干、制种、冷鲜肉、果干、果脯等初级加工产品为主，精深加工的产品种类和规模偏小。适应现代消费结构升级的方便、营养健康、益生保健类食用产品加工不足。伴随着国务院出台的《"健康中国2030"规划纲要》的全面实施，大健康产业市场潜力巨大。市场对营养、安全、健康的食用农产品高值化加工产品的需求会越来越大。

2. 生产企业规模普遍偏小，食品工业产值与其他省份相比差距悬殊

甘肃省农产品加工企业的规模小、整体水平还比较低，尤其缺乏具有较强竞争力的大型骨干龙头企业和知名品牌。小规模、多品牌的分散经营难以在国内外大市场的竞争中占有优势，高档产品生产能力不足，低档产品生产能力过剩。从工信部《食品工业发展报告（2015）》数据来看，以农副食品加工业、食品制造业、酒、饮料和精制茶制造业为主的食品工业比较，甘肃省2015年食品工业主营业务收入455.58亿元，排全国倒数第5位。虽然甘肃省在2016年食品工业主营业务收入已稳步增长至714亿元，但与其他省份相比差距仍十分巨大。

3. 新技术研发投入和创新能力不足，生产技术装备水平较低

有关资料报道，美国、日本把70%的农业行业资金投入农产品产后环节，意大利、荷兰为60%。在食品工业转化率中，世界发达国家粮食在80%以上，果菜超过50%，农产品产值的70%以上是通过产后的贮藏加工环节来实现的。在甘肃省各级行业主管部门每年支持的涉农科技计划中，农产品加工类的项目凤毛麟角，科研单位对该领域的投入也极不均衡，只作为辅助性投入。近几年部分农产品加工企业虽然建立了企业技术研发中心，但

其现状不是仪器设备缺乏，就是技术人才缺乏，企业自身"造血"功能不足。技术研发投入主要依靠政府，企业自身投入积极性不高。

由于甘肃省为西部欠发达省份，受农产品加工技术研发投入低、研发平台条件建设滞后、高端人才引进困难等制约，生产企业技术装备和加工水平与国内同行相比有较大差距。新工艺、新产品、新材料、新技术的应用程度低，技术创新能力明显不足。国家"万人计划"、"国家杰出青年科学基金"、国家重点研发计划"现代食品加工及粮食收储运技术与装备"重点专项、农业部国家农产品加工技术集成基地和近几年的国家科学技术奖励等，鲜有甘肃省农产品加工领域的身影。

4. 农产品加工业集聚程度不高，辐射带动能力不强

按照经济学专家的观点，集聚是指产业在空间上的集中过程。国内农产品加工产业集群的形成路径按发展阶段和专业化分工可大致分为"公司＋农户型"、"龙头企业互补带动型"、"市场中心型"、"纵向一体化型"和"同心多元化型"等产业模式。根据企业间竞合程度和集群对知识的依存度，又可分为资源型、链条型和循环型。

甘肃省在近些年依靠国家及省上主管部门、地方各级政府扶持，已在各地建设了一些农业科技园区、农产品加工示范园区等，受资金投入的限制，加工业示范园区配套设施和服务体系建设步伐跟不上，影响了农产品加工企业入园发展的积极性，减缓了集群集聚的进程，进而也降低了辐射带动的能力。

5. 加工原料基地建设滞后，特色农产品品牌优势尚不明显

实施专用原料基地建设工程是《全国农产品加工业与农村一二三产业融合发展规划（2016~2020）》提出的四项重大工程之一。规划提出要加强基础设施条件建设，开展农产品加工特性研究，推进科研联合攻关，培育和推广一批适合精深加工的新品种。加大投入力度，支持企业和农户多种形式合作，鼓励社会资本发展适合企业化经营的现代种养业，建设一批专用原料基地。实现农产品生产专业化、标准化、规模化，为农产品加工及流通提供质量安全的原料来源。

甘肃省优势特色农产品基地目前还不能适应加工企业的需求，特别是生产标准化、加工专用型的原料基地建设相对滞后，企业不能满负荷生产，直接影响效益发挥。部分农产品加工企业品牌意识不强，带动农产品规模化、集约化优势不足。加工原料基地建设方面虽然各级政府都出台了相关扶持政策，但发展过程中还面临诸多困难。

三 甘肃省农产品加工业发展对策探讨

（一）进一步明确发展思路，缩短与国内发展水平的差距

依据《国务院办公厅关于进一步促进农产品加工业发展的意见》、《甘肃省人民政府办公厅关于进一步促进农产品加工业发展的实施意见》、《甘肃省"十三五"农产品加工业发展规划》、《农业农村部关于实施农产品加工业提升行动的通知》等政策精神，进一步明确行业发展思路，大力促进甘肃省农产品长足发展。

《全国农产品加工业与农村一二三产业融合发展规划（2016~2020）》提出，到2020年，全国主要农产品加工转化率达到68%左右，《甘肃省"十三五"农产品加工业发展规划》提出到"十三五"末，甘肃省主要农产品加工转化率达到55%，甘肃省与国内平均发展水平相差13~15个百分点。甘肃省在农产品加工领域缩小与国内发展水平的差距，尚需各级主管部门、科研单位和生产企业的共同努力。

（二）积极推进农产品加工业转型升级，促进农产品加工行业健康有序发展

农业农村部在"十三五"初提出了："组织实施农产品加工业转型升级工程，促进农产品加工业与农村产业交叉融合发展"的总方向，明确要求以转变发展方式、调整优化结构、提高质量效益为主线，有力推动要素驱动向创新驱动、规模扩张向质量提升、分散布局向集聚发展转变，更加注重发

展质量和效益、促进绿色生产方式、供给侧结构性改革、消费方式、资源环境和集约发展，构建政策扶持、公共服务、科技创新、人才支撑、组织管理等体系，在农产品产地初加工设施建设、主食加工业能力建设、农产品加工综合利用试点示范、农产品加工技术集成基地建设、加工园区建设等重点领域取得新突破新进展新成效。结合甘肃省农产品加工业实际，要积极落实好国家和省上扶持农产品加工业发展的一系列优惠政策，进一步加大扶持力度，并不断向国家有关部门争取项目和经费支持，促进全省农产品加工业健康有序快速发展。

（三）强化创新驱动，优化发展重点及布局，提升科技创新能力

《甘肃省"十三五"农产品加工业发展规划》提出："十三五"期间，将加快科技创新，不断提高农产品加工业的科技含量，实现农产品加工业由粗加工向精加工、由初加工向深加工的转变。鼓励企业设立科技开发中心，提高企业技术改造和创新能力，开发出具有自主知识产权的先进技术和产品。支持和鼓励相关科研院所、高校加大对农产品加工新产品开发和新技术的研究力度，加强现代新材料、新技术在农产品加工业中的应用研究。

同时，建议根据甘肃省实际情况，探索应用农业农村部农产品加工局提出的"产学研推用"新模式，建立企业主导、科研单位参与、政府协助管理的协同创新机制和以企业为主体、市场为导向、产学研推深度融合的技术创新体系，促使全省农产品加工业产业集群有效提升，结构布局进一步得到优化，科技创新能力不断增强。支持乡村振兴、促进就业创业、带动农民增收的作用更加突出。进一步加强技术集成、促进成果转化、建设人才队伍，提升产业科技创新能力和企业技术装备水平，不断优化创新适合甘肃省农产品加工业发展的新模式。

（四）引导绿色加工生产，提高加工副产物综合利用水平

绿色加工生产已成为包含农产品加工业在内的各行业发展的必然，工信部2016年出台的《工业绿色发展规划（2016~2020）》对各行业绿色生产

提出了明确的要求。对农产品加工业园区系统实施节能改造，对加工生产环节实施节水制污改造，加快传统加工绿色化改造核心关键技术研发，促进农产品加工业清洁生产和节能减排。鼓励科研院所研发、生产企业采用先进的提取、分离与制备技术和装备，挖掘农产品副产物、粮油薯加工副产物、果蔬加工副产物、畜禽加工副产物、水产品加工副产物等领域的综合利用新模式。积极开展农业农村部在全国实施的副产物综合利用试点项目，总结出适合甘肃省发展的轻简化技术模式，不断提高副产物综合利用水平。

（五）实施品牌战略，逐步将农产品加工业做大做强

按照甘肃省农产品加工业"十三五"规划总体要求，鼓励各类农产品加工企业把品牌建设放在首要位置，充分认识产品质量和创品牌对提升企业经济效益的重要性。积极推进优质食品认证，完善各项体系认证。推行农产品质量标准与科技产业示范园区和建设各类农产品加工基地相结合，逐步建立标明产品的产地、标准、质量的等级标识溯源制度。加大力度培育和挖掘名牌优势农产品加工业，形成用品牌保质量、靠品牌拓市场、向品牌要效益的良好局面。努力提升农产品加工业各级各类品牌形象，大力推动产业化经营，开展品牌化运作，做强做大一批知名度和影响力较高的农产品加工产品品牌。

参考文献

程玉桂：《农产品加工产业集群的识别及实现路径研究——基于江西省农产品加工产业发展》，经济科学出版社，2012。

程郁、刘明国、周群力：《农产品产地初加工补助政策的效果及完善措施》，《经济纵横》2017年第4期。

甘肃省工业和信息化委员会：《甘肃省"十三五"消费品产业发展规划》，2016。

甘肃省人民政府：《甘肃省"十三五"农产品加工业发展规划》，2017。

甘肃省人民政府：《甘肃省"十三五"农业现代化规划》，2016。

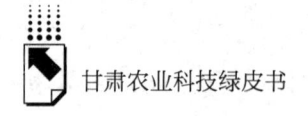

甘肃省人民政府：《关于 2017 年度甘肃省科学技术奖励的决定》，2018。

甘肃省人民政府：《关于进一步促进农产品加工业发展的实施意见》，2017。

工业和信息化部消费品工业司：《食品工业发展报告（2015）》，中国轻工业出版社，2016。

工业和信息化部消费品工业司：《食品工业发展报告（2016）》，中国轻工业出版社，2017。

国务院：《关于进一步促进农产品加工业发展的意见》，2016。

胡晓宇、吴迪、钱贵霞：《中国农产品加工业的空间集聚——基于上市公司的分析》2018 年第 3 期。

科学技术部农村科技司：《中国农产品加工业年鉴（2016）》，中国农业出版社，2017。

李含琳：《甘肃省农产品加工业发展现状和对策探讨》，《甘肃农业》2014 年第 22 期。

农村农业部农产品加工局：《关于我国农产品加工业发展情况的调研报告（2015）》，农业部网站，2015 - 05 - 14。

农业部：《全国农产品加工业与农村一二三产业融合发展规划（2016～2020）》，2016。

农业部：《中国农业统计资料（2016）》，中国农业出版社，2017。

农业农村部农产品加工局：《中国农产品加工业运行报告》，《中国信息报》2018 年 5 月 21 日第 007 版。

青石：《2017 年农产品加工业发展持续稳中向好》，《农机市场》2018 年第 3 期。

魏国强：《河南省农产品加工业转型升级发展的思考》，《种业导刊》2018 年第 1 期。

吴云青：《农产品加工业与农村一二三产业融合发展》，《时代农机》2018 年第 1 期。

许为鲸：《农产品贮藏加工现状和发展趋势》，《食品安全导刊》2018 年第 1 期。

G.4 甘肃戈壁生态农业发展研究报告

王晓巍 张玉鑫 马彦霞 康恩祥 蒯佳琳*

摘 要： 戈壁农业是指在戈壁滩、沙化地、砂石地、滩涂地及盐碱地等不适合农作物生长的闲置土地上，在符合国家有关生态保护法律法规政策的前提下，以高效节能日光温室为载体，发展设施蔬菜及瓜果等特色农产品的新型农业发展业态，是甘肃省广大科技工作者和基层技术人员集体智慧的结晶，是农业生产方式的革命性创举。本文以近年的相关研究工作为基础，对戈壁农业的概念、发展基础、优势和现状等方面进行了较为全面的总结，并对戈壁农业发展需要解决的设施、品种、栽培袋型、水肥供给等技术问题进行了深入分析，最后从戈壁农业可持续发展的角度提出了对策建议，以期实现戈壁农业产业生态、健康、高效发展的目的。

关键词： 戈壁农业 生态农业 甘肃省

戈壁（Gobi）亦称戈壁沙漠（Gobi Desert），指地面几乎被粗沙、砾石所覆盖，植物稀少的荒漠地带，是全球陆地上面积巨大的荒漠与半荒漠地区之一。中国的戈壁主要分布在内蒙古温都尔庙、百灵庙、鄂托克旗及宁夏盐

---

* 王晓巍，博士，研究员，硕士生导师，甘肃省农业科学院蔬菜研究所所长，长期从事蔬菜栽培与植物营养等方面的技术研究与示范推广工作；张玉鑫，硕士，甘肃省农业科学院蔬菜研究所副研究员；马彦霞，博士，甘肃省农业科学院蔬菜研究所副研究员；康恩祥，硕士，甘肃省农业科学院蔬菜研究所副研究员；蒯佳琳，硕士，甘肃省农业科学院蔬菜研究所助理研究员。

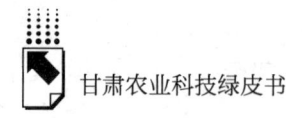

池一线以西以北的广大荒漠和半荒漠平地,总面积约0.46亿公顷。甘肃是中国几个主要大的沙漠和沙地之一,非耕地面积1934.8万公顷,具有发展戈壁生态农业广袤的土地资源。

一 戈壁农业的概念

(一)概念的提出

2017年4月27日,甘肃省省长唐仁健在酒泉市肃州区调研非耕地生态循环产业园设施蔬菜生产时首次提出"戈壁农业"概念。同年6月26日,在甘肃省委理论中心组学习会上正式提出"戈壁农业"是甘肃省广大科技工作者和基层技术人员集体智慧的结晶,是农业生产方式的革命性创举。甘肃河西走廊地区要把发展"戈壁农业(包括沙漠、盐碱地)"作为重要抓手,推动区域产业和经济快速发展。

(二)概念的内涵

戈壁农业是指在戈壁滩、沙化地、砂石地、滩涂地及盐碱地等不适合农作物生长的闲置土地上,在符合国家有关生态保护法律法规政策的前提下,以高效节能日光温室为载体,发展设施蔬菜及瓜果等特色农产品的新型农业发展业态。戈壁农业发展要结合戈壁荒滩与祁连山冰雪融水、光伏优势资源及有机生态型无土栽培、设施栽培、高效节水节肥等先进技术,发展生态循环农业。

(三)概念的进一步完善

2018年1月,甘肃省委书记林铎谈到甘肃乡村振兴时,再次明确提出探索发展"戈壁农业",构建山川秀美绿色生态体系。大力发展绿色有机高效"戈壁农业",充分利用河西地区可开发利用的100万公顷戈壁、荒滩、盐碱地和废弃地等资源,集合光照充足、温差大、病虫害少等独特优势,集成有机营养枕、水肥一体化、保护地栽培及光伏新能源等系列先进技术,在不打一口井、不新增用水量、不改变地表结构的前提下,着力发展绿色有机蔬菜、瓜果等优质绿色农产品,用5年左右时间,先建设2万公顷,把河西走廊广阔的戈壁滩逐步打造成西北乃至中西亚、中东欧"菜篮子"生产供应基地。

(四)科学界的预判

1984年5月,时任国防科工委副主任钱学森预言,由于生物工程和技术的发展,21世纪将会引发人类历史上第六次产业革命,而沙产业作为农业型知识密集型产业类型赫然在列。1991年3月钱学森在北京香山明确了沙产业的概念:"沙产业是一项尖端技术,是在不毛之地上搞大农业生产",也就是"利用现代生物科学的研究成果,再加上计算机自动控制、水利工程、材料技术等前沿高新技术,在戈壁和沙漠上建成历史上从未有过的大农业,即农、工、贸一体化的产业生产基地,创造上千亿的产值"。

二 戈壁生态农业发展的基础

(一)有机生态型无土栽培技术的引进

2007年以前,有机生态型无土栽培技术利用农作物秸秆、畜禽粪污等物料发酵,添加无机物料炉渣、沙子、蛭石等,按一定比例混合,在不适宜种植的盐碱地、连作障碍和土壤次生盐渍化等问题严重的温室内开挖种植槽、畦内填充基质,进行蔬菜作物种植。其研发可追溯到"八五"末期,中国农科院蔬菜花卉所无土栽培课题组成功研发出一种无土栽培高新技术,该技术以玉米秸秆、菇渣、锯木屑、棉籽壳等农业生产废弃物为主要原料,经过完全腐熟,再添加适量无机肥料,配置成适宜于不同作物的生态型无土栽培基质。农业生产废弃物的利用,大大降低了蔬菜栽培成本,也减少了环境污染。

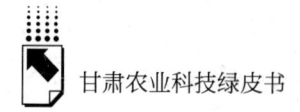

甘肃省酒泉市于1992年起开展无土栽培技术研究，1999年从中国农科院引进了有机生态型无土栽培技术，用来生产甜瓜、黄瓜、番茄等瓜菜，经过当地农技部门4年的试验研究，开发出了适宜酒泉地区生产应用的有机生态型无土栽培技术。2005年酒泉市肃州区依托该技术，在非耕地上修建日光温室，经过近5年的探索，总结提出了适宜中国西部地区戈壁和沙滩等非耕地应用的日光温室结构及其配套栽培技术体系。目前，这项技术已在甘肃河西走廊地区大面积推广应用，并取得了一系列成果。

（二）有机无土栽培技术的示范

2007～2010年，甘肃省农业科学院蔬菜研究所依托甘肃省农业综合开发办两期技术示范项目，经过多次实地考察、座谈讨论、方案论证等基础工作，联合肃州区蔬菜中心技术力量，选择酒泉肃州区总寨镇沙河村进行了甘肃省非耕地有机无土栽培技术的整体示范。该阶段项目组技术人员开展了实施区域规划、不同墙体建造技术集成、玉米秸秆及牛羊粪污等基质的发酵技术试验、研发出适宜的茄果类蔬菜栽培技术配方、蔬菜育苗基质配方、温室栽培蔬菜苗期及生长发育期水分管理技术等，示范了戈壁荒漠区石头墙体温室建造及空心砖墙体建造技术，建立示范温室56座。使有机无土栽培技术由原来的零星种植试验，发展到了集中连片的规模效应，发挥了积极引领示范作用，得到了地方政府以及业界的广泛认同。

（三）非耕地概念的提出与集成示范

2010年农业部科技教育司提出了整体规划，农业部公益性行业专项拟进行沿边境地区、沿海地区、荒漠戈壁等区域农业利用技术的集成与示范，重点解决这类地区难利用土地的开发利用，集成一批适宜技术进行应用，确保我国1.2亿公顷耕地红线。甘肃省农业科学院组织技术力量编写了戈壁荒漠等非耕地设施农业技术研究与示范项目建议书，向农业部科技教育司进行了汇报。农业部于2011年组织技术力量进行了多次现场考察，2012年启动实施了"非耕地农业利用技术的集成与应用"项目。项目组织了6个专项（温室建造技术、基质研发与利用、新品种筛选与选育、水肥一体化、蔬菜等作物高效栽培技术集成、示范基地建设），投入资金1.2亿元。由中国农科院蔬菜所牵头，组织甘肃、新疆、宁夏、内蒙古、青海等省（区）开展技术研发与示范推广。参与单位包括高校、科研院所和农技推广部门等40多家，涉及4个国家现代农业产业技术体系（大宗蔬菜、食用菌、葡萄和桃）岗位专家、技术人员150余名。

经过2012~2016年五年的试验研究，"非耕地农业利用技术的集成与应用"项目组在综合评价我国西北地区农业可再生基质资源的基础上，建立了小规模基质发酵与复配技术体系，实现了农业废弃物的就地转化利用，降低了有机生态型无土栽培基质成本；通过设备选型配套、技术改造与自主研发相结合，建立了农业废弃物基质化高效利用技术体系；围绕西北非耕地不同区域类型特点，研制开发出25种主动蓄热固化土、装配式复合、混凝土空心砌块、卵石等新型温室墙体结构，12种卡槽式、鱼腹式、"几"形钢等抗风温室骨架，集成设计出了35种标准化日光温室结构，研制出了32项轻简化、信息化环境调控等方面的技术装备。此外，项目组通过组合集成关键技术，构建出了适宜于西北地区非耕地设施园艺产业的节水集成和配套技术模式；研究提出了30项主推的农业技术；明确了中国西北地区非耕地的类型、面积及其分布，提出了发展战略；集成提出了盐碱地、荒坡丘陵地等非耕地日光温室蔬菜栽培有机基质和生产技术规程。

三 戈壁农业发展优势及现状

（一）耕地资源利用现状

土地是农业生产最重要的物质基础，土地资源是保障农业和国民经济实现可持续发展不可替代的基础性资源。随着我国人口的不断增长、经济的飞速发展和城市化进程的进一步加快，必然会有相当部分的农用耕地被转化为非农用地。土地资源的大量消耗和过度占用，使我国作为人口大国和土地资源小国的矛盾日益突出。21世纪，中国进入了全面建设小康社会、大力推进社会主义现代化建设的发展阶段，城市化建设不断推进，建设用地需求持续旺盛，基础设施用地量不断增加，2001~2011年我国耕地面积平均每年减少54万公顷，目前已直逼1.2亿公顷耕地红线。此外，随着我国人口的不断增加、农村人口向城镇的加速转移及人们饮食结构的改善，蔬菜需求量将呈现刚性增长趋势，菜粮争地的矛盾日益突出。据权威部门估算，2020年我国新增人口近1亿人，蔬菜占有量在现有基础上将人均增加30千克，蔬菜加工品需求量增加1000万吨。因此，日臻突出的"粮菜争地"矛盾成了当前我国广大科研人员亟待解决的一项重要课题。如何既能守住1.2亿公顷耕地红线，又不影响设施农业可持续发展尚需相关部门和专家仔细斟酌、认真研究。

（二）戈壁荒漠等非耕地现状

中国目前的耕地面积为1.33亿公顷，人均耕地面积不足世界平均水平的一半，但我国未利用或未合理利用的戈壁、沙地、滩涂、盐碱地等非耕地资源却相对丰富，占全国土地资源的85%以上，其中沙漠和戈壁滩面积已占到陆地面积的1/7。如何合理开发利用非耕地进行农业生产，从而满足当今社会发展的需求，是现阶段急需解决的重要问题。

我国非耕地资源面积广阔、开发难度较大，主要分布在西北地区，该地区幅员辽阔，地形复杂，其中甘肃省、宁夏回族自治区、内蒙古自治区、新疆维吾尔自治区和青海省的面积就占全国国土总面积的55.4%。甘肃省非耕地面积1934.8万公顷，主要集中在河西走廊地区。河西走廊是中国内地通往新疆乃至中东亚的咽喉要道，东起乌鞘岭，西至古玉门关，走廊内地势平坦，沿河冲积平原形成大片绿洲，其余广大地区以风力和干燥剥蚀作用形成的戈壁和沙漠为主，广袤的戈壁滩以砾石为主，夹有粗砂，很少开发利用。随着甘肃综合经济和科技实力的逐步增强，开发非耕地资源，拓展甘肃省国土的农业可利用空间,已成为缓解人口快速增长与农业用地不断减少矛盾的必然选择。

(三)设施农业具备先期发展的条件

设施农业是我国现代农业发展的重要标志,是推动农业科技与传统农业结合、带动农业转型升级的最直接表现形式。2008年,农业部连续发布了《关于促进设施农业发展的意见》、《关于创建国家现代农业示范区的意见》,并支持建立了一批国家现代农业示范区,作为推进全国农业现代化建设的战略举措,有效推动了全国农业现代化发展进程。我国《"十二五"规划纲要》中明确提出,将"加快发展设施农业"作为发展现代农业的重要措施。近年来,随着农业产业结构调整的不断深入,我国设施园艺产业发展势头强劲。30年前,全国设施园艺面积不到0.7万公顷,目前已发展为370万公顷,居世界首位;栽培品种也不断丰富,由单一的蔬菜延伸至特色瓜果、花卉、食用菌、中药材等多种经济作物。农业部农机化司统计显示:2008年,我国设施园艺栽培总面积81.3万公顷,经过8年的发展,截至2016年底,全国设施园艺栽培总面积增加到131.5万公顷,其中温室占地面积33.4万公顷、塑料大棚占地面积98.1万公顷。据统计,中国人均设施蔬菜占有量达180千克以上,农民人均纯收入中有1142元来自设施农业的贡献,设施农业逐渐成为各地农民增收致富的"引擎"产业。2014年国土资源部、农业部重新修订发布了《关于进一步支持设施农业健康发展的通知》,要求全国各地要严格按照土地利用总体规划和农业发展规划,注重保护耕地,合理利用土地,尽量利用闲置、低效土地及未利用地,不占或少占用耕地,积极引导设施农业发展。非耕地设施农业不占用耕地,在不适宜耕作的闲置非耕地上建造温室大棚,种植瓜果及蔬菜等特色农产品,是一种新型农业发展业态。非耕地设施农业是现代农业的有机组成部分,是用现代物质条件装备农业,用现代科学技术改造农业,用现代组织管理及经营方式进行生产,使原本不适宜于耕作的土地产生较好效益的一种农业产业发展方式,是解决果菜与粮争地、有效增加耕地的有效途径之一。

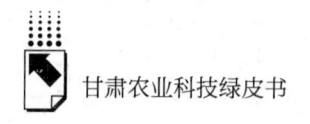

（四）甘肃省戈壁农业发展现状

2006年，甘肃省酒泉市以中国农科院蔬菜花卉研究所的科技力量为依托，研究开发了有机生态型无土栽培技术，率先发展非耕地日光温室蔬菜产业。经过多年的探索，成功开发出适合酒泉市气候和地势特点的砂石地和盐碱地类型的日光温室新型结构和种植技术。酒泉市总寨非耕地农业产业园是肃州国家级现代农业示范区的核心园之一，也是西北地区首个示范应用非耕地无土栽培技术的科技园区，成为孵化现代设施农业的大基地。2018年，酒泉市非耕地日光温室达9000多座，受益农户人数达5.6万余人，人均年增加纯收入2.7万元，比传统日光温室高18%。截至2018年5月，张掖市临泽县发展戈壁农业210.5公顷，其中钢架拱棚设施蔬菜示范点13个31.1公顷，日光温室示范点16个179.4公顷。在非耕地上发展大棚蔬菜，不仅收入高于普通大棚，而且生产成本低，棚均生产成本仅8860元，比传统日光温室低7%，比普通大棚节肥30%、节约农药67%以上。近年来，依托甘肃省农业科学院、甘肃农业大学、甘肃省经作站等科研推广机构技术力量，辐射带动全省发展非耕地日光温室蔬菜瓜果，2018年底全省戈壁农业建设面积已超4866.7公顷，戈壁生态农业发展前景广阔。

四 甘肃省戈壁生态农业发展需要解决的技术问题

（一）设计建造不同生态区适用的低成本温室

甘肃省非耕地面积大、类型多，设计适宜不同生态区域和环境条件的温室结构是广大科技工作者长期的梦想。目前，虽有许多已被实践证明性能优良的温室结构，但随着戈壁农业的快速发展及发展区域的不断扩大，已有温室结构无法满足不同生态区域的需求。戈壁农业设施建设中选用的温室结构主要有砖墙无立柱通用型、沙袋墙体结构、块石砌建墙体结构、新型组装式结构等。砖墙无立柱通用型结构温室造价较高；沙袋墙体结构的温室造价较低，但建造难度大，墙体易倒塌；块石砌建墙体结构温室虽可就地取材，但建造难度和成本均较高；新型组装式结构温室建造简单，但成本太高。研究设计适宜不同生态区可就地取材的低成本温室结构，可有效推进戈壁农业发展。

（二）槽式栽培的水肥供给方式与基质后期营养衰减

有机栽培基质虽然是一种养分齐全、肥效持久的蔬菜生长媒介，但其肥效释放缓慢，无法满足蔬菜养分需求高峰期的供应，尤其在果菜类蔬菜的结果期，植株对养分的需求量大大增加，单独依靠基质本身释放的养分无法保证供应，戈壁温室槽式栽培蔬菜应适当追施化肥作为补充。水和肥是影响蔬菜生长发育的主要因素，也是有效调控蔬菜产量和品质的主要手段，只有水肥协调才能节约水肥资源、获得高产优质产品。结合蔬菜水肥需求特点以及栽培方式，以"膜下滴灌、水肥耦合、智能控制"为关键点，研究基质-蔬菜系统水养循环特征、灌溉施肥制度以及水肥智能化管理技术，实现平衡（大、中、微量元素平衡）施肥与精准（施肥量、施肥时期、施肥方式）调控目标，提高基质水肥利用效率，实现水肥协同增效。槽式栽培一次性投入大，填充的基质可重复利用8~10年，但蔬菜是需肥量较大的作物，随着栽培茬次的增多，基质的营养衰减加重，严重影响蔬菜的产量和品质。种植蔬菜后基质营养的衰减程度及适宜的营养补充方式，种植茬次与基质营养衰减的关系等问题均是槽式栽培亟待解决的问题。

（三）袋式栽培的适宜袋型选择

有机基质袋式栽培是将蔬菜种植在栽培袋中的新型种植模式。戈壁农业袋式栽培中采用的栽培袋类型多样，有枕头型、提篮型、筒形等。枕头型（营养枕）栽培袋的水分和养分全被作物吸收，基本不浪费、不流失，且轻便简单，省工、省时、省力，但不利于根系透气，种植几茬后袋内残留根系多，基质补充难度大；提篮型和筒形栽培袋呈敞口状，利于根系透气，方便补充基质和养分，但水分蒸发大，导致生长环境湿度大，植株易发病。此

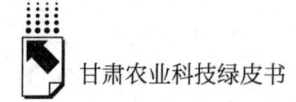

外，不同蔬菜作物对生长环境的要求也不同。因此，筛选适合特定作物袋培的适宜袋型是戈壁生态农业健康可持续发展急需解决的一大技术难题。

（四）适宜不同蔬菜栽培的袋式规格及养分供给

不同蔬菜及不同生长发育阶段所需要的生长环境及养分均存在较大差异。番茄生育期长，根系发达，结果较集中，需要规格较大的营养枕，而辣椒相比番茄来说，根系较小，营养枕规格可适当减小。蔬菜生长初期，植株小，吸收养分少，较小的营养枕更适合根系生长；进入结果期，植株生长速度加快，对养分的需求量也增大，需要更大的根系营养面积。今后，应根据不同蔬菜作物的营养需求规律和不同营养枕的养分供给能力，开展基于目标产量的蔬菜种类（茄果类、瓜类）基质枕类型筛选，提出主要栽培蔬菜种类的袋培高效栽培方式，提高基质的利用效率，降低基质成本投入。

（五）适宜不同市场需求的新品种引进与选育

目前河西走廊戈壁设施栽培主要以茄果类蔬菜为主，主要满足西北区域市场消费需求，产品定位低端，花色品种较少，持续供给能力弱。戈壁农业示范基地生产的蔬菜产品需满足东南沿海高端市场需求，符合中西亚、中东欧地区消费习惯。因此，引进筛选适宜目标市场需求的高端蔬菜品种，可丰富戈壁设施蔬菜产品种类，为区域生产选种用种提供科学参考依据。

五　甘肃省戈壁生态农业推进措施

（一）组建戈壁农业创新团队及产业联盟

依托甘肃省农科院戈壁农业创新团队，广纳贤才，面向全国聚集戈壁农业、设施农业及其相关专业人才，打造一批在戈壁农业领域具有明确主攻方向、团结协作、创新拼搏、优势互补、竞争有力的科研团队。基于戈壁农业产业发展的初衷，成立由甘肃省农业科学院牵头，联合甘肃农业大学及省内各市州农业主管部门、科研机构、企业及合作社等人才互相协作和资源整合的研发合作联盟，形成技术共研、成果共享、市场共荣和风险共担的利益综合体。

（二）健全戈壁农业产业技术创新体系

针对甘肃省戈壁农业发展中存在的瓶颈，利用创新团队和产业联盟的技术专家平台，重点开展温室结构、品种筛选、基质研发、水肥精准供给、高效栽培模式等关键技术的协作攻关，积极开展戈壁农业产业配套技术的开发研究，因地制宜地研发设计具有自主知识产权的温室结构及其配套设备，建成戈壁农业技术创新基地、推广应用平台和互联网信息化"大本营"，健全戈壁农业产业技术创新体系。

（三）提升队伍素质，健全戈壁农业推广服务体系

加强培训，提升戈壁农业创新团队成员素质，提升科技人员实际操作的技能和服务农民的本领。引导带动广大青年积极投身于戈壁农业建设，为戈壁农业发展和乡村振兴培养造就一批懂技术、会经营、善管理、能创新、觉悟高的新型职业农民和乡土专家。在戈壁农业发展优势区，建设一定规模的培训基地，配备一定数量的专业技术人员，建立一支戈壁农业专业化服务队伍，推进戈壁农业生产服务体系建设。

（四）建立和完善有利于戈壁农业发展的体制机制

建立稳定的投入增长机制，统筹整合资金，采取先建后补、以奖代补、政府与社会资本合作、政府引导基金等方式扶持戈壁农业发展，形成以财政资金为引导，农业企业、种植大户和合作社等生产经营主体为支撑，加强戈壁农业基础设施建设水平，对戈壁农业基地实施基础设施综合配套建设，为戈壁生态农业创造良好发展环境。完善利益机制，采取闲置土地入股、闲散资金入股、扶贫资金入股、技术入股、劳务入股等多种方式，使农民能够在戈壁农业发展中获得租金、挣得薪金、分得股金，让农民群众富起来。

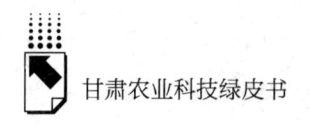

参考文献

柴再生、张国森、余宏军：《西北戈壁日光温室茄果类蔬菜有机生态型无土栽培技术》，《甘肃农业科技》2011年第3期。

陈城：《钱学森构想沙产业》，http：//www.wwmm.cn/showpost.asp?action=next&id=1252。

国家统计局：《第三次全国农业普查主要数据公报（第二号）》，http://www.stats.gov.cn/tjsj/tjgb/nypcgb/qgnypcgb/201712/t20171215_1563539.html。

国土资源部：《关于进一步支持设施农业健康发展的通知》，http://www.mlr.gov.cn/zwgk/zytz/201410/t20141017_1332632.htm。

何成军：《砂石地上绘出循环经济新画卷》，https://www.toutiao.com/i6446938843680604685/。

黄利：《宁夏非耕地日光温室结构与建造现状及对策探讨》，宁夏大学硕士论文，2013。

蒋卫杰、邓杰、余宏军：《设施园艺发展概况、存在问题与产业发展建议》，《中国农业科学》2015年第17期。

刘凤之：《加快我国非耕地高效农业发展》，《中国产经》2011年第8期。

马寿鹏：《肃州区非耕地设施农业发展现状与对策研究》，西北农林科技大学硕士论文，2016。

马彦霞：《日光温室番茄栽培基质的根际环境及化感作用研究》，甘肃农业大学博士论文，2013。

蒲兴秀：《番茄有机生态型无土栽培技术试验研究》，甘肃农业大学硕士论文，2005。

宋洪远：《推进农业高质量发展》，《中国发展观察》2018年12月5日。

王晓巍、张玉鑫、马彦霞、蒯佳琳、张俊峰：《甘肃省设施蔬菜产业绿色发展现状及对策》，《中国蔬菜》2018年第9期。

张革文：《酒泉非耕地设施农业成农民增收新途径》，《甘肃日报》2017年2月23日。

张万宏：《文化旅游业居全省十大生态产业首位》，《兰州日报》2019年1月5日。

张瑜：《"西部非耕地农业利用技术及产业化"项目取得重大突破》，《农业工程技术（温室园艺）》2017年第16期。

张震、刘学瑜：《我国设施农业发展现状与对策》，《农业经济问题》2015年第5期。

左可贵：《西北六省非耕地农业开发制约因素及市场战略研究》，华中农业大学硕士论文，2014。

《甘肃省人民政府办公厅关于河西戈壁农业发展的意见》，http://www.gansu.gov.cn/art/2017/8/17/art_ 4827_ 319513.html。

《河西走廊》，https://baike.so.com/doc/332047-351628.html。

《全国蔬菜产业发展规划（2011～2020年）》，http://www.ndrc.gov.cn/fzgggz/ncjj/zhdt/201202/W020120227409093975808.pdf。

G.5
甘肃省农业新业态发展研究报告

窦学诚　耿小娟*

摘　要： 在回顾总结农业新业态发展特征、类型的基础上，分析了甘肃省农业新业态发展现状；通过典型案例分析，指出了农业新业态发展中新型专业经营主体发展不足、经营方式粗放、投入机制不完善、专业人才严重缺乏等主要问题；并从积极扶持培育新型农业经营主体、促进农业发展方式转变、积极培育农业新业态发展专业人才等方面提出了对策建议。

关键词： 农业新业态　产业融合创新　农业现代化　甘肃省

一　发展背景及意义

（一）发展背景

农业新业态是农业功能由单一产品生产供给向非产品服务目标拓展的必然结果。2015年，农业部、国家发改委等11部门联合印发《关于积极开发农业多种功能大力促进休闲农业发展的通知》，明确了拓展农业多种功能、发展休闲农业的总体要求、主要任务和政策措施。2016年农业部等9部门

---

* 窦学诚，博士，博士研究生导师，甘肃农业大学财经学院教授，主要从事农业经济与区域发展研究；耿小娟，硕士，国家中级统计师，甘肃农业大学财经学院副教授，主要从事农业与农村经济问题研究。

联合印发的《贫困地区发展特色产业促进精准脱贫指导意见》指出：要按照全产业链理念打造产业，拓展产业多种功能，大力发展休闲农业、乡村旅游、森林旅游和休闲康养，促进一二三产业融合发展，拓宽贫困户就业增收渠道。国家"十三五"规划纲要明确提出："推进农村一二三产业融合发展"、"拓展农业多种功能，推进农业与旅游休闲、教育文化、健康养生等深度融合。"党的十九大报告指出：要"构建现代农业产业体系、生产体系、经营体系"、"促进农村一二三产业融合发展"。《中共中央国务院关于实施乡村振兴战略的意见》明确指出"以农业供给侧结构性改革为主线"、"构建农村一二三产业融合发展体系"、"创新发展基于互联网的新型农业产业模式"、"扶持小农户发展生态农业、设施农业、体验农业、定制农业"。可见，推进农村一二三产业深度融合，促进农业与二三产业联动发展，培育农业新业态，是农业功能由单一产品目标向非产品服务目标拓展的必然结果。

农业新业态是农业产业链延伸的客观结果。农业产业提质增效必须延伸农业产业链，这就要求改变过去单纯以小农模式、小块生产、分散经营等传统生产方式为主的小农经济形态，围绕农业产业链延伸和价值链拓展，着力培育壮大一批成长性好、带动力强的龙头企业和其他相关新型经营主体，大力发展农产品加工业，全力打造农业产业化发展的新模式、新业态。这也是推进农业供给侧结构性改革、破解农产品卖难价低、促进农民增收、加快脱贫攻坚的必然选择。

农业新业态是村域综合发展潜力挖掘的必然选择。村域发展活力增强，村民生产生活水准提升以及乡村生态环境改善等，都是村域综合发展潜力发现和开发的结果。挖掘村域综合发展潜力、提升村域发展水平，必须依靠农业现代化的发展，在农业"接二连三"的趋势越来越明显的情况下，三次产业融合创新形成多种多样的农业新业态，是村域综合发展潜力合理开发的必然选择。

农业新业态是"三农"融合创新发展的客观需求。经济全球化发展和产业之间的跨界融合使产业边界逐渐模糊和转化，农村三产融合、农业新业态产生，从宏观上看是农村社会转型发展的经济支撑，从中观看是建设农业

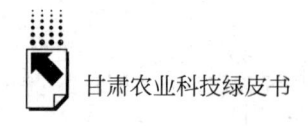

现代产业体系的必由之路，从微观市场主体发展看，是增加农民收入、壮大农业经营主体、满足市场和消费需求的必然选择。

（二）发展意义

1. 发展现代农业新业态是适应居民现代生活方式转变的重大举措

由于人民生活水平的持续提高、生活压力的不断增加、生态环境的无序破坏等一系列因素的影响，越来越多的城市居民在闲暇之余产生了亲近自然、呼吸新鲜空气、体验农村生活、品尝特色农产品、旅居农村院落、体验传统民俗等一系列农业多元功能开发的新认识、新需求、新行动。

2. 发展现代农业新业态是提高农业比较收益的有效途径

作为高度依赖自然环境条件状态的弱质产业，农业生产风险大，比较效益低。通过扩大农业经营的参与范围，打破产业界限，促进一、二、三产业融合发展，发展现代农业新业态，不仅可以把农业的生态效益和社会效益转化为合理的经济收入，大幅提高农业的经济效益，也可以成为现代农业发展的新型产业增长点。

3. 发展现代农业新业态是优化农业产业结构的重要措施

与传统农业相比，多功能的现代观光农业、共享经济、创意农业等农业新业态，强化了现代农业的新功能，使其产业结构和产业发展受市场导向影响更为明显，农业新业态的发展使农业产业结构和生产格局得到不断更新优化。

4. 发展现代农业新业态是吸纳和融合配置城乡多元劳动力与人才资源的有效方式

在城乡一体化进程推动下，农村剩余劳动力问题得到了较好的解决，农村居民的收入得到了较大程度的提高。但仍有部分农村劳动力无法离乡配置，城市优质劳动力和人才资源也没有参与乡村农业创新发展的渠道和机制，从而成为城乡劳动力和人才资源深度开发利用的阶段性障碍，这一方面制约农业和农村经济的提升发展，另一方面也制约城乡融合发展的进程。农业新业态的发展，越来越多属于创新性服务型产业链延伸与价值链拓展，尤其需要建设多样化优质服务设施，以及配备新型服务岗位从业人员，这样既提供更多的就业机会，也对人力资源配置和人才培养提出高广更高的要求。

5. 发展现代农业新业态是维护、建设乡村生态环境的有力保障

农业是大规模利用资源、广泛影响区域环境的产业。发展农业新业态，是转变农业发展模式路径、拓展农业产业增值空间、节约消耗性自然资源、高效利用可再生资源、系统保护生态环境的崭新途径，也是开发农业新功能的基本要求。以资源环境可持续发展为前提才能保证农业的可持续发展。因此，处在两者结合点的现代农业新业态必须遵循可持续发展和生态优美的发展原则，注重自然资源和生态环境保护，最大限度保护现有资源并维护生态平衡、环境优美。

二 甘肃省农业新业态发展情况

（一）甘肃省农业新业态发展特征

1. 发展潜力大、发展势头好

按照产业发展的生命周期理论，甘肃省大部分农业新业态尚处于"萌芽期"或"成长期"，虽然存在一系列新生产业都会面临的问题，但同时也具有新生产业共有的发展潜力大、发展势头好等显著特征，其市场扩张空间和增收潜力也往往好于传统产业，具有传统产业无法比拟的优势。

2. 产业关联性强、附加值高

一、二、三产业的融合发展是农业新业态形成的主要路径，这也决定了农业新业态与其他相关产业的关联性较强，产业融合特征明显，产业附加值高。

3. 产业引领作用大

通过理念创新、模式创新和技术革新，农业新业态创造了不可穷尽的新产品、新技术、新服务，突破了传统农业的产品经济框框，全新塑造了农业产业链群发展新机遇，对相关产业的引领作用大。

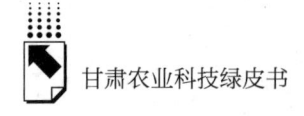

4. 服务化特征明显

作为传统第一产业，过去的农业主要以满足人们的物质产品需求为生产经营目标。农业新业态开发则主要通过非物质生产部门对传统农业领域的渗透、融合、创新，促使农业由单一提供农产品向提供多样化的农业相关服务转变，产业功能由"一产"向"二产、三产"拓展，尤其"三产化"特征明显，服务化特征增强。

（二）甘肃省农业新业态发展类型

为了加强农业与其他产业如旅游业等深度融合，甘肃省积极实施农村产业融合促进政策，引导城乡人才积极参与新业态创业，促进农村一二三产业融合发展，使农产品加工装备、加工能力、技术与管理水平明显提高。近年来先后扶持发展果蔬保鲜库1046座，发展马铃薯、苹果、蔬菜贮藏和烘干设施18623座；扶持建成各类加工企业750多个。2017年全省农产品加工转化率达到52.5%，较上年提高1个百分点。

同时，通过完善机制努力培育新型经营主体。各类家庭农场从无到有、从少到多蓬勃发展，2017年全省家庭农场达到8300家，增长近15%；农民专业合作社达到8.4万个，增长近11%；以保底收购、保底分红、股份制等为主要形式，引导农户和企业建立密切的利益联结机制，2017年全省龙头企业达到3104家，增长8.0%。有效推进农产品加工与流通、休闲旅游、电子商务等平台建设。整合有效资源，创新机制，发展"戈壁农业"。实施休闲农业和乡村旅游精品工程，大力发展以生态农业为基、村落民宅为形、田园风光为韵、农耕文化为魂的乡村旅游。深入实施电子商务进农村，用3年左右时间实现农村电商公共服务体系县乡全覆盖。积极发展创意农业、乡村共享经济，初步形成了业态形式丰富、发展能力强劲的农业新业态产业集群。

1. 戈壁农业

与传统绿洲农业相比，依托新技术、运用新机制发展戈壁农业新业态，具有资源节约、环境友好、产出高效等明显优势，对于培育农业农村发展新产业、新动能，深化农业供给侧结构性改革，培育壮大富民产业，打造农业新型增长点具有重要的现实意义。

戈壁农业的发展缘起于20世纪90年代，受戈壁自然条件与农业生产需求之间诸多天然的矛盾制约，其发展举步维艰。2012年，"西北非耕地农业利用技术集成"项目由农业部启动，甘肃省戈壁农业发展迎来了难得的发展机遇，河西五市运用现代发展理念与创新技术，积极探索戈壁农业发展新模式，取得显著成效。2017年，甘肃省政府印发《关于河西戈壁农业发展的意见》，更为戈壁农业的深度发展提供了有力推动。截至2017年底，河西五市利用戈壁等非耕地已建成以新型日光温室、钢架大棚为主的戈壁农业4240公顷，年均效益稳定在30万元/公顷以上，成为河西农民增收新渠道。正在开工建设1300多公顷，初步建成了多个戈壁农业集中产区。下一步将在河西走廊打造戈壁生态农业，使之成为西北乃至中亚、西亚、东南亚地区富有竞争力的"菜篮子"产品生产供应基地。

2. 乡村旅游

甘肃省乡村文化历史悠久，类型多样，有很多典型的乡村文化特色聚落，为乡村旅游提供了坚实的文化基础。近年来，甘肃省乡村旅游发展势头良好，发展方式多种多样，如企业主导、村民联合开发等。发展出景区带动型、康养休闲型等乡村旅游发展模式，通过不断探索，甘肃省乡村旅游得到了长足发展，旅游收入不断增加，致富脱贫人数稳步上升。2017年甘肃省乡村旅游从业人数达到18万人，带动2.92万建档立卡户、12.26万贫困人口脱贫。2018年上半年，甘肃省乡村旅游游客流量达到3250万人次，乡村旅游收入56亿元。

2016年，国家发放旅游扶贫贷款1亿元，省市投入7.6亿元，主要用于旅游设施建设，省内整合涉农资金用于精准扶贫，累计为97万户、417万贫困人口发放400亿元精准扶贫贷款。2018年甘肃省召开了全省乡村旅游和旅游扶贫大会，制定了《甘肃省文化旅游助推脱贫攻坚实施方案》，将全省1196个贫困村列入全国、全省文化旅游扶贫重点村计划，安排省级旅游扶贫资金、争取中央资金以及地方配套资金超过10亿元，着力改善文化旅游基础配套设施建设，高水平建成100个乡村旅游示范村，为"两州一县"50个村编制了乡村旅游扶贫公益规划，贫困地区乡村旅游扶贫培训实现了全覆盖。

3. 农村电商

近年来，甘肃省电子商务发展迅速，带动农民增收效果明显。如2015年，甘肃省商务厅在全省58个集中连片特困县和17个插花型贫困县开展电商扶贫试点工作；2016年初，省财政拨款4500万元，扶持48个县234个乡（镇）1641个村建设电商三级服务体系。

环县、会宁等28个县被评为国家电子商务进农村综合示范县，在示范县的带动下，省内建成了偏远乡村电商公共服务点和"O2O"电商体验馆，为当地群众进行日用品网上代购、物流快递代办、代缴话费、农资化肥销售等服务，并极大促进了农民增收致富。截至2017年，甘肃省已建成75个县级电商服务中心、1157个乡级服务站、5289个村级服务点，实现了贫困县县级电商服务中心全覆盖。通过实施国家和省级示范项目，甘肃省农村电商发展水平明显提高，交易规模迅速扩大，贫困人口的增收效果显著。

4. 农村养老服务

甘肃乡村家庭中65岁及以上老年人口占全省同年龄段人口比重为69.48%，远高于全国同期水平。加之甘肃农村经济发展水平滞后，老年人口收入水平低下，农村养老服务业发展乏力。为促进农村养老服务业健康运行，甘肃省加大养老服务业的投入力度，省民政厅筹资8.55亿元，用于建设农村五保供养服务设施，同时启动"霞光计划"，投入1亿多元建成农村敬老院336个、五保家园1026个；使全省80%的城市社区和46%的行政村养老设施建设得到集中解决。

5. 创意农业

创意农业是指借助创意产业的思维和理念，将科技和人文要素与传统农业深度融合成为生产、生活、生态一体化的现代农业。

近年来，甘肃省现代都市农业蓬勃发展，农业创意开始融入主导产品、核心技术、农耕文化等各个方面，创意形式多种多样、创意农业发展速度加快，拓展了农业的生产、生活、生态和服务功能。甘肃省创意农业发展的典型代表为兰州高原夏菜、富硒农产品、百合、玫瑰饮品、酒类、化妆品等，形成了一批创意农业品牌产品，发展生产基地7万多公顷，在创意农业发展中起到了带头作用，促进了农业的持续发展。

6. 乡村共享经济

乡村共享经济主要是共享农业，即利用互联网等现代信息技术整合分享农业资源，满足现代农业经济活动的总需求。甘肃省乡村共享经济的发展虽然只是崭露头角，但已经为当地农村经济注入了新的活力。在夏河县和合作市，通过土地共享、牛羊共享、人力资源共享、资金共享、销售渠道共享、分红共享等独具农牧区特色的"共享经济"改革，不仅让老百姓摆脱了贫困境遇，还满足了他们对美好生活的追求，更创造了专属于夏河县和合作市的农村特色经济 IP。为解决贫困村村民在脱贫致富过程中的"本钱"之困，位于深山林区之中的清水县推出的"扶贫互助资金项目"已覆盖该全县260个贫困村。该项目总投资逾1.9亿元，农户自愿"入会"后，可以共享库中不同额度的借款需求，目前已吸引1.7万余农户参与。该项目有效缓解了贫困户借款难、借款成本高等问题，极大地促进了村内主导产业的发展，增强了贫困户脱贫致富的内生动力。

三 甘肃省农业新业态的政策支持

（一）宏观指导性政策

乡村旅游业方面，2017年甘肃省16厅（局）联合下发《关于大力发展休闲农业的实施意见》，2018年2月甘肃省政府办公厅下发《关于加快乡村旅游发展的意见》，明确了组织领导、协调服务、政策支持、金融支持等政策措施。养老服务业方面，2014年初甘肃省政府出台了《关于加快发展养老服务业的实施意见》，2018年甘肃省人民政府办公厅下发《关于制定和实

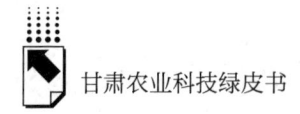

施老年人照顾服务项目的实施意见》，其中涵盖农村养老服务业的支持和补贴政策。文化创意产业方面，2014年甘肃省人民政府出台《关于推进文化创意和设计服务与相关产业融合发展的实施意见》中涉及特色农业和文旅融合方面的相关政策。

（二）项目资金投入

截至2018年底，甘肃省共建设乡村旅游项目1162个，实际完成投资538.6亿元。全省5A级景区全部实现高速联通，85家4A级景区中，已有58家景区与二级以上公路连通。全省规划建设了22个标准化自驾车（房车）基地（营地），完成旅游厕所建设投资3090万元，新建、改建旅游厕所1167座。农产品产地初加工业方面，2017年，在国家各部委的支持下，甘肃省利用农产品产地初加工补助政策奖补资金4828万元，在张掖、定西、天水等7市州的16个县区建成马铃薯、苹果、蔬菜产后贮藏和烘干设施1797个。补助项目建设区域覆盖了全省的100个乡镇，共有800个农户、300个合作社（家庭农场）从中受益。农村电子商务方面，环县、华池、宁县、庄浪、会宁、岷县、民勤、成县等8个县被列为国家电子商务进农村综合示范县，由商务部视年度评估情况每县每年给予约2000万元的资金支持。养老服务业方面，甘肃省财政支持民办养老机构建设城乡社区日间照料中心，筹资4.8亿元，资助了8482个城乡社区日间照料中心（互助老人幸福院）建设。

（三）行业规范制定

乡村旅游业方面，2014年，甘肃省旅游局出台了《甘肃省旅游业地方标准体系建设规划（2014~2020年）》，要求结合国内外旅游标准发展趋势，不仅要重视旅游标准的制（修）订工作，更要注重对旅游标准的贯彻实施，使该标准真正成为旅游业发展的规范，成为旅游企业提升服务质量的标尺，成为广大旅游工作者自觉遵循的行为准则。

农民增收新业态的支持政策，对于引领产业发展、加强行业管理和行业规范、支持新型经营主体发展，有十分重要的作用。但总体来说，支持政策还与引领新业态发展不适应，与支持新型经营主体壮大不适应，与实现农民群众充分受益不适应，与解决缺资金缺人才等突出问题不适应。有的业态还未引起有关行业和部门的足够重视，针对性扶持政策和项目缺乏。

四 典型案例及启示

（一）省外典型案例

1. 吉林省通榆县——农村电商

吉林省通榆县通过"互联网＋"营销模式和品牌效应，打造了"互联网＋农业"的新型县域电商模式，为我国农业新业态的发展夯实了基础。有关部门统计表明，当地农产品品牌"三千禾"在天猫旗舰店上线第一天，便成功交易1.3万单，交易金额高达40万元。但在此之前，吉林省通榆县大部分产品因没有产品分级而没有形成自主品牌，为改变这一现状，获取更大收益，经过当地创业者和政府部门积极沟通，采用"互联网＋"的销售方式，打造了"三千禾"品牌，利用品牌带动效应，对产品进行分级、包装，将优质产品与普通产品进行分离，从而使该地区优质农产品以更高的姿态走出国门、享誉国内。

2. 福建省——休闲农业

福建省休闲农业的发展起始于20世纪80年代末期，厦门、漳州等地起步较早，以体验农家生活和品尝农家美食为主要形式。为探索休闲农业新业态的形式，福建省积极建设农业主题休闲观光园，以三明市和龙岩市最为典型。三明市源丰葡萄休闲观光园经营形式灵活，内容多样，不仅有休闲农业采摘园可供人们观光旅游、进行农事采摘体验，还有各种供游客消遣的休闲娱乐项目。龙岩市上杭县古田镇的古田五龙农家乐也小有规模，因其地处古田会议会址东侧，每年游客络绎不绝，古田五龙农家乐以此发展起了客家乡村旅游小镇。

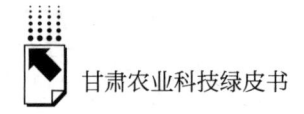

3. 山东寿光——智慧农业

山东寿光拥有全国最大的蔬菜生产和批发市场，是国务院命名的"中国蔬菜之乡"。当地农民虽然没有无处卖菜之忧，但曾经一度由于信息闭塞，往往成为菜价波动的风险承担者。为了给全国蔬菜产业建立一个预警和化解风险的平台，山东寿光蔬菜产业集团一改过去单纯依靠经验和感觉进行浇水、施肥、喷药的做法，应用物联网技术，引进高新技术"大棚管家"系统，借助智能系统对农作物生长所需的各项指标分析整合后通过网络传输，农户可以随时随地在手机或电脑上通过"大棚管家"智能管理系统查看蔬菜的生长状况和大棚环境信息，远程操控大棚内的基础设施，从而创造最佳的农作物生长环境，大大提高了蔬菜的产量和品质，实现了精准种植和智能操作，提供了新的农业业态类型。

（二）省内典型案例

1. 武威市凉州区——戈壁农业实践

位于武威市凉州区永丰镇的普康田园综合体，项目规划占地面积约457公顷，其中大部分是戈壁荒滩，还有一部分是流转自当地农户的土地。综合体以发展戈壁农业为突破口，以农民合作社为载体，以"重生态、重环保、重绿色、重健康、重可持续"为发展方向，通过对戈壁滩土地进行有效改良和科学综合利用，实施基础设施、产业支撑、公共服务、环境风貌多轮驱动建设，围绕农民增收、农村增绿，聚焦设施农业、休闲农业、观光农业、文化旅游业，开展一二三产业深度融合发展，实现农村生产生活生态"三生同步"、"三产融合"、农业文化旅游"三位一体"的发展目标。普康田园综合体开发戈壁农业的具体做法如下：首先，按照循环经济模式，以在荒滩地上建羊舍养羊作为突破口，在戈壁滩地和流转土地上施用羊粪等有机肥，在改良的土地上种植水果、有机蔬菜并发展特色餐饮业，同时种植酿酒原料，酿酒酒糟作为饲料发展戈壁养殖业。其次，推行五位一体的精准扶贫模式，根据贫困户的实际情况制定扶贫方案，引导和鼓励贫困户加入各种类型的专业合作社，积极参与园区生产经营活动，从而获得收益。

第三，积极聚合众多产业，利用丰富的旅游资源，通过"旅游+农业、工业、服务业"的模式，构建戈壁农业特色优势产业集群，实现一二三产业的融合发展。

2. 榆中县李家庄——国家级田园综合体试点

2014年9月，榆中县李家庄依托兴隆山景区，发掘村内资源，打造"榆兴农庄"品牌，成立了甘肃榆兴生态农业科技开发有限公司，并着手改造村内原有的设施农业，发展乡村旅游、生态观光、农产品采摘。国家"田园综合体"建设规划的提出，使李家庄迎来了新的重大发展机遇。榆中"田园综合体"试点项目指挥部在李家庄村委会成立，并由县委书记任总指挥，研究提出了田园综合体《发展规划》和《实施方案》。项目实施过程中，李家庄村充分利用国家土地增减挂钩政策，新调整出了13.3公顷集体建设用地，作为全村"田园综合体"建设的新空间。实现了"村民变股东、村民变居民、资源变股金"的三变改革，激发了村民参与田园综合体建设的积极性和主动性，构建起立足村域综合创新发展的多元主体参与、合作共赢的体制机制。

（三）未来农业新业态发展的路径启示

综合上述案例可以发现，通过传统农业与其他产业的紧密结合，不断创新农业发展业态，就能取得显著成效。甘肃省农业发展不乏土地资源，但长期靠天吃饭、小农经济的生产方式使农业在国民经济中劣势明显，必须创新农业发展模式、寻求农业发展的新路径。因此，借鉴农业新业态发展已取得显著成效的省区经验，对甘肃省未来农业新业态发展具有极其重要的意义。

一是以市场为导向，发展农业产业一体化经营。围绕甘肃省特色优势农业产业，调整农业生产结构，培育特色优势农业产业，积极推行农产品地产地销模式，减少中间流通环节，鼓励农产品直销，节约流通及运输成本，提高农民收益。

二是因势利导，促进一二三产业融合。可以借助区位优势、当地特色发展农业新业态；可将农业发展和农产品加工、社会服务等有机结合，构建绿色、环保、生态农业，培育创意农业发展模式，发展市民庄园、休闲农业和

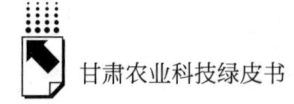

乡村博物馆等。注重乡村文化建设与宣传，使传统农耕文物、乡村历史文化得到传承发展。同时，重视打造特色农产品品牌，培育"打得响，叫得亮"的农产品品牌，为消费者提供新鲜、放心的特优农产品，提升农产品附加值。

三是加大政府扶持力度。上述案例中，各省区农业新业态的发展都得到了当地政府的大力支持，对于解决农业新业态起步阶段的项目策划、发展设计、模式建构、运营协调、政策扶持、人才培养、环境完善等问题至关重要。

四是加强农业教育和科技投入力度。重视农民教育问题，培养爱农业、懂技术、善经营的专业大户、家庭农场主、专业合作社带头人等新型职业农民。加大农业新业态的科技研发及投入力度，让科技服务三农，促进农业生产的精准化、智能化，提升农业生产质量和经济效益，提高农民收入。

五 农业新业态发展中的问题

目前，甘肃省多样化的农民增收新业态，大多尚处于低水平、低层次的初始阶段，不同程度地存在发展不足、质量不高、支撑薄弱等问题。共性问题主要如下。

（一）新型专业经营主体发展不足

各类新业态普遍缺乏新型经营主体的带动，农户主要还是以单打独斗的传统家庭经营为主。而新型农场、农庄、农民合作社、乡村酒店、农村电商等新型经营主体发展滞后，是新业态发展的短板。

（二）利益联结机制需要进一步完善

目前，农民主要靠土地租金和就地务工增收，新业态经营参与度不高，带动能力强的经营模式较少，如利益联结机制、"公司（合作社）＋农户"经营模式等。

（三）经营方式粗放

农业新业态发展普遍处于初级阶段，大多是低水平发展，低层次扩张、低档次服务、粗放式经营，在产业融合发展、资源有效整合、提高土地利用率、降低劳动生产成本、减少环境污染等方面还存在诸多问题。

（四）投入机制不完善

新业态发展主要还是以地方的"零敲碎打"和新型经营主体的"自弹自唱"为主。社会资本参与新业态发展不足、渠道不畅，造成新业态抵御风险能力较弱，影响其快速健康发展。

（五）专业人才严重缺乏

农业新业态的发展对专业人才的需求进一步提高，从业人员需具有相应的专业知识和技术水平才能参与农业新业态的经营、管理、服务，目前农村老龄化、空心化现象普遍存在，因而参与新业态的实用人才严重缺乏，乡村旅游、农村电子商务等人才严重短缺。

（六）扶持政策尚不到位

新业态的发展主要是市场主体自我发展，缺乏统筹协调、引领支持的载体和抓手。同时，各地对农村产业发展中呈现出的新变化、新趋势认识不够，培育新业态的意识不强，面上情况不清楚，缺乏有针对性的政策措施。

六 发展对策建议

（一）积极扶持培育新型农业经营主体

新型农业经营主体主要有家庭农场、农民合作社、农业产业化龙头企业等类型，加强新型农业经营主体的扶持并完善其体制机制，形成有基础有骨

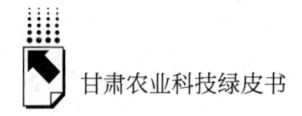

干的新型农业经营体系，以农业产业化龙头企业为骨干，家庭农场、农民合作社为基础，基本实现农业的集约型发展，农业劳动生产率和专业化程度提高，实现主要农产品基本供给、农业综合效益提高、农民收入明显增加的基本目标，推进现代农业又好又快发展。

（二）不断完善农业新业态发展利益联结机制

积极鼓励企业家到农村建立与农民之间稳定的、紧密的利益联结机制，鼓励新型农业经营主体通过"保护价收购+利润返还或二次结算"等方式与农户建立稳定的合作关系，带动农村资源开发与农民发展。引导农民以土地承包经营权等入股合作社，并保障农民土地入股收益稳步增加，或支持农户将承包土地经营权等产权入股参与农业产业化经营，实行"租金保底+股份分红"等方式的收益分配机制，使农民产业增值收益增加。

（三）促进农业发展方式转变

以新的发展理念引领现代农业发展步伐，加快转变农业发展方式，实现农业的转型升级，提高农业竞争力。要在政府的引领下因地制宜调整农业生产结构，将农产品种植选择权交给农业种植大户，由农户自主选择生产最适宜当地生长条件的、符合消费者需要的优质农产品。推广农产品地产地销的营销模式，降低储运成本，促进农民增收。发展培育农业专业合作组织等新型农业经营组织，充分发挥适度规模经营的示范引领作用，积极利用互联网电商平台，扩大销售渠道，延伸产业链条，优化新业态农产品结构，做到上下联动、产业升级。全面深化农村改革，加快农业科技创新和制度创新，激活各类农业生产要素。坚持农民主体地位，尊重农民意愿，保护和调动农民积极性，激发农业农村经济发展的内生活力。

（四）积极培育农业新业态发展专业人才

作为新型农业经营主体的主力军，新型职业农民教育水平的高低直接影响到农业新业态发展的成功与否。因此，新型职业农民自身首先要时刻保持学习意识，关注国家政策、农业发展趋势，及时做出生产规划调整。其次，政府及相关部门要高度重视职业农民的教育问题，要精确遴选培育对象，针对不同主体，在培训内容设置上有所区别，适当运用信息化、科技化手段，分层分类培训以提高不同层次新业态经营者的素质。同时，建设农民职业培训学校，定期邀请农业专家给农民授课，鼓励农业种植大户和养殖大户定期学习培训。

（五）加大政府扶持政策投入力度

政府要在金融、财政等方面大力支持农业新业态发展。首先加大政府资金投入，建设农村路网水电桥等基础设施；同时鼓励企业、社会组织出资进行农村基础设施建设，农民以农产品反馈给合作企业或社会组织，从而建立企业、社会组织与农民的长期合作关系。二是要加大政策、法律等支持力度；在农业新业态发展的建设用地方面，既要保证土地利用指标充足，也要设立耕地保护机制，促进土地良性流转，并充分维护土地流转中涉及的农民利益，为发展农业新型业态创造良好环境。三是要明确责任，做好服务，有效保障农户和农业新业态经营主体的利益，使真正符合相关条件和技术标准的新型农业经营主体得以顺利准入，因地制宜制定符合当地特点的农业新业态发展方案，实现技术领域的创新发展，提高农业新业态发展水平。

参考文献

艾琳：《我市创意农业发展势头强劲》，《兰州日报》2016年2月26日。
长云：《推进农村一二三产业融合发展新题应有新解法》，《中国发展观察》2015年第2期。
戴春：《农村一二三产业融合的动力机制、融合模式与实现路径研究——以安徽省合肥市为例》，《赤峰学院学报》2016年第6期。
戴天放：《农业业态概念和新业态类型及其形成机制初探》，《农业现代化研究》2014年第2期。

关宇、王先杰、王洪成：《观光农业发展初探》，《北方园艺》2014年第4期。

国家发展改革委宏观院和农经司课题组：《推进我国农村一二三产业融合发展问题研究》，《经济研究参考》2016年第4期。

韩长赋：《在2017年全国休闲农业和乡村旅游大会上的讲话》，《农民日报》2017年4月13日。

韩晓莹：《演进式视角下农村产业融合发展的中国式探索》，《商业经济研究》2017年第5期。

洪文泉、薛砚：《甘肃省实施农村一二三产业融合发展推进行动》，《甘肃日报》2018年8月21日。

黄祖辉：《在促进一二三产业融合发展中增加农民收益》，《农民日报》2015年8月14日。

姜长云：《日本的"六次产业化"与我国推进农村一二三产业融合发展》，《农业经济与管理》2015年第3期。

姜长云：《推进农村一二三产业融合发展的路径和着力点》，《中州学刊》2016年第5期。

景建军：《中国产业结构与就业结构的协调性研究》，《经济问题》2016年第1期。

李俊岭：《我国多功能农业发展研究——基于产业融合的研究》，《农业经济问题》2019年第3期。

李瑞芳：《现代农业视角下的创意农业发展对策》，《新疆农垦经济》2010年第4期。

李玉磊、李华、肖红波：《国外农村一二三产业融合发展研究》，《世界农业》2016年第6期。

厉无畏、王慧敏：《创意农业的发展理念与模式研究》，《农业经济问题》2019年第2期。

梁宝锋：《发展休闲农业 促进农民增收》，《河南农业》2011年第11期。

梁伟军：《产业融合视角下的中国农业与相关产业融合发展研究》，《科学经济社会》2011年第4期。

林茜：《产业融合背景下农业旅游发展新模式》，《农业经济》2015年第9期。

刘海洋：《农村一二三产业融合发展的案例研究》，《经济纵横》2016年第10期。

刘明国：《务实求解农村一二三产业融合发展》，《农民日报》2015年11月28日。

芦千文：《农村一二三产业融合发展研究述评》，《农业经济与管理》2016年第4期。

吕新海：《文化创意农业——新形势下的文化产业与创意农业的结合》，《现代交际》2012年第12期。

马健：《产业融合理论研究评述》，《经济学动态》2002年第5期。

马振晶：《从钱学森"沙产业"理论看戈壁农业发展前景——戈壁农业发展理论再

探》，《发展》2018 年第 4 期。

宋洪远：《关于农业供给侧结构性改革若干问题的思考和建议》，《中国农村经济》2016 年第 10 期。

苏毅清、游玉婷、王志刚：《农村一二三产业融合发展：理论探讨、现状分析与对策建议》，《中国软科学》2016 年第 8 期。

孙勇、张黎升、何峰：《农业也玩共享经济》，《甘肃农业》2018 年第 4 期。

唐园结、李炜等：《甘肃河西走廊创新发展戈壁农业观察》，《农民日报》2018 年 2 月 28 日。

田伟利、宁碧波、吴冠岑：《我国新型业态农业概念及发展路径的探讨》，《农业经济》2015 年第 1 期。

王斌：《甘肃：以农民分享产业链增值收益为核心 加紧推进一二三产业融合发展》，《中国经济导报》2018 年 8 月 28 日。

王生林、刘霞：《兰州市创意农业发展的主要对策建议》，《甘肃科技》2016 年第 15 期。

吴晓燕、鲁明：《甘肃榆中：西部乡村的"田园综合体"》，《农民日报》2017 年 11 月 2 日。

夏英：《农村产业融合发展的路径和对策分析》，《黑龙江粮食》2017 年第 4 期。

徐俊勇：《让更多老人老有所养》，《甘肃日报》2018 年 1 月 29 日。

徐绍史：《推进农村一二三产业融合发展》，《经济日报》2016 年 1 月 23 日。

严存义：《搭上电商致富的快车》，《甘肃日报》2016 年 11 月 1 日。

杨小亮、高志科、杨文元：《日本农业"一村一品"及产业化发展对甘肃省农业发展的启示》，《现代农业科技》2018 年第 20 期。

杨晓娜：《河南省农业新业态发展中存在的问题及对策研究》，河南工业大学硕士学位论文，2018。

俞海滨：《旅游业态创新发展研究进展》，《旅游论坛》2011 年第 6 期。

张陇堂：《甘肃走出特色旅游扶贫路》，《中国旅游报》2017 年 11 月 3 日。

张威：《旅游业态演化与商业模式创新》，知识产权出版社，2014。

赵霞、韩一军、姜楠：《农村三产融合：内涵界定、现实意义及驱动因素分析》，《农业经济问题》2017 年第 4 期。

郑明高：《产业融合：产业经济发展的新趋势》，中国经济出版社，2011。

G.6 甘肃省农业科技化发展研究报告

汤 莹*

摘　要： 农业是全面建成小康社会、实现现代化的基础。"十三五"时期，甘肃农业农村发展进入了新时代，农业生产能力持续提升，特色产业成为促农增收的重要支撑，农业基础条件和装备水平有了新提高。与此相应的是，农业科技已成为驱动甘肃农业发展的主要力量。近年来，甘肃农业科技以服务产业为抓手，突破资源和环境的双重制约，在一系列重大关键技术创新与应用上取得了新突破，为农业农村经济社会发展做出了贡献。但甘肃农业发展面临着转方式、调结构、增效益、提质量的迫切需求，农业产业大而不强，农民增收缓慢，科技供给不足的格局亟须改变。进入新时代，推进全省农业现代化，给乡村振兴插上科技的翅膀，必须顺应结构调整、产业融合、绿色发展的新要求，优化农业科技布局，提升科技创新效率，创新体制机制，贯通农业科技从研发到应用转化的运行体系，构建形成一批支撑乡村振兴和精准脱贫的关键技术和模式，走以科技为先导，绿色增效、高质量、可持续的发展道路。

关键词： 农业　科技化　甘肃省

---

* 汤莹，副研究员，现任甘肃省农业科学院科研管理处副处长，主要研究领域为农产品贮藏加工、农业产业化研究。

"十三五"时期，甘肃省农业农村发展的基础条件发生了深刻变化，农业发展的主要矛盾和外部环境发生了深刻变化，农业发展的动力和机制发生了深刻变化，农业农村经济发展已经到了加快新旧动能转换、更加依靠科技进步实现创新驱动的历史新阶段。推动农业供给侧结构性改革，克服资源环境的双重制约，破解农产品供需结构性矛盾，必须解决农业科技供给不平衡不充分的问题；完成全省脱贫攻坚重大任务，应对农民收入增速减缓的难题，提高农业的质量效益竞争力，对农业科技的职责任务、创新效率、应用转化能力提出了更高要求。认真分析甘肃农业发展现状，科学研判全省农业科技化发展的目标任务和具体路径，对制定全省农业科技政策、把握农业科技创新方向、推进农业主导产业发展壮大、服务乡村振兴和脱贫攻坚具有重要的现实意义。

一 甘肃农业发展概况

"十二五"以来，特别是党的十八大以来，甘肃省委、省政府始终坚持把解决好"三农"问题作为重中之重，认真贯彻党中央、国务院关于加强"三农"工作的决策部署，加大强农惠农富农工作力度，深入实施"365"现代农业发展行动计划，实现了农业连年丰收、优势特色产业快速发展，农业基础条件和装备持续改善，农村社会和谐稳定的良好局面，为新时期推进农业现代化和实施乡村振兴战略奠定了坚实基础。

（一）农业生产能力持续提升

截至2017年底，全省农业增加值达1060亿元，较"十一五"末增长84.4%；全省粮食面积278.25万公顷左右，粮食总产量达1128.3万吨，连续6年稳定在1000万吨以上，回答了一方水土能养一方人的历史性命题；肉蛋奶总产量182.3万吨，水产品产量1.51万吨，分别比2010年增长34.4%、22.8%，主要农产品均衡供应能力明显增强。

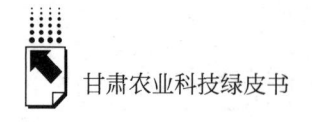

（二）特色产业成为促农增收的重要支撑

近年来，甘肃省主动适应市场需求，加大结构调整力度，着力构建具有甘肃特色的优势产业布局。草食畜牧业克服自然资源约束趋紧的限制加速发展，牛羊出栏量分别达203.54万头、1437.05万只，初步形成河西、陇东肉牛产业带和中部、临夏－甘南肉羊产业带。苹果面积和产量分别达32.81万公顷、365.8万吨，面积居全国第2位，市场竞争力和知名度逐年提升。蔬菜种植面积达到54.70万公顷，产量达到1951.48万吨，产业标准化程度明显提升。截至2017年，全省马铃薯种植面积72.2万公顷，产量稳定在1200万吨左右，分别比"十一五"末增长5.7%、24.5%，均位居全国前列。中药材种植面积和产量达29.05万公顷、115.45万吨，产业链不断延伸，正在从"量的扩张"向"质的提升"转变。玉米制种面积10.8万公顷，约占全国的一半，产量占全国总产量的40%左右；马铃薯脱毒种薯、蔬菜、花卉和牧草制种区位优势明显，现代种业核心地位进一步巩固。全省特色优势作物面积超过200万公顷，提供了60%左右的农民家庭经营性收入。

（三）农业农村基础条件和装备水平有了新提高

以水利基础设施为重点，推进农业生产条件持续改善，新增农田有效灌溉面积3.67万公顷，新增高效节水灌溉面积27.33万公顷，新修标准化梯田46.67万公顷。截至2016年末，全省农机总动力达到2778万千瓦，比"十一五"末增长40.5%，连续5年以100万千瓦以上的速度递增，主要农作物耕种收综合机械化水平达到50.16%，比2010年增长15.4个百分点。通过实施"十百千万"工程，全省共创建国家级现代农业示范区5个、省级示范区（园）104个，扎实推进蔬菜、林果、马铃薯、道地中药材等优势特色产业基地建设，建成大型果蔬保鲜贮藏库92座140多万立方米，建成马铃薯、苹果贮藏和烘干设施2200座，果蔬储藏能力达390多万吨。

(四)农村体制机制改革深入推进

以土地制度、经营制度为核心的农村改革深入推进,适度规模经营比重不断扩大。农村土地确权登记颁证工作稳步推进,土地流转面积达到79.88万公顷,流转率达24.6%。家庭农场、农民合作组织、集体经营、股份制企业等新型经营主体不断壮大,经营方式日益多元化。截至2017年,全省农业产业化组织达10100家,其中:农业产业化龙头企业2930家,家庭农场6455家,成立各类农民合作社69784家,参与产业化经营组织的农户超过300万户,农产品加工率达50%以上。农村公共服务持续改善,农民生活水平不断提升,全省农民人均纯收入由2010年的3424.7元增加到2016年的7456.9元,6年增加4032.2元,年均递增13.8%。

二 科技是全省农业加速发展的重要支撑

近五年来,甘肃农业科技工作紧紧围绕农业现代化建设目标任务,以服务产业为抓手,切实强化科技支撑,持续提升农业综合实力和科技装备水平,农业科技进步贡献率达到55.5%,比"十一五"末提高7.5个百分点,为农业农村经济发展、农民收入持续增长发挥了重要支撑作用。

(一)加强种质资源收集与创制利用

依托平台建设项目,建设了农作物、牧草、中药材、微生物等一批省级种质资源库,建立了西北果树、中药材、花卉等种质资源保存圃,各农业科教机构也从学科发展需求出发,建立了自己的种质保存库,初步形成了全省植物资源保存体系。种质资源收集及创制利用研究不断增强,从国内外引进了一批作物种质资源,鉴定评价出小麦抗锈、优质、抗旱资源及马铃薯高抗晚疫病等特色资源1.3万余份。在甘肃省农科院国家种质资源库保存有62种农作物的种质资源2万多份,建立马铃薯试管苗保存库1个,引进鉴定并收集保存道地中药材、蔬菜、油料、藜麦、绿肥和杂粮等特色种质资源6000余份。

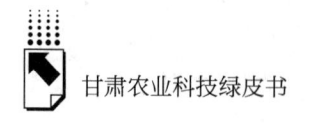

（二）选育了一批抗逆优质品种

"十二五"以来，全省选育审定（认定）农作物新品种980个，237个农作物新品种通过审定，其中小麦新品种61个、玉米105个、马铃薯14个、油菜25个、大豆11个、棉花13个、胡麻8个。认定登记杂粮杂豆、经济作物、蔬菜、瓜果、药材和花卉等56种作物的新品种743个，其中杂粮杂豆品种39个、经济作物品种86个、蔬菜品种489个、瓜类品种105个、果树品种10个、药材品种12个、花卉品种2个。

以兰天19、兰天26、陇鉴301为代表的冬小麦新品种，以及春小麦新品种陇春27，玉米新品种吉祥1号、金凯2号，油菜新品种陇油6号等，抗逆优质特性突出，累计应用面积达20万公顷以上。高淀粉和主食化马铃薯新品种选育取得新进展，陇薯7号、陇薯10号、庄薯3号等已作为主栽品种在生产中大面积应用。自主选育的鲑鳟鱼新品种"甘肃金鳟"通过全国水产原良种审定，成功培育高山美利奴羊并通过国家审定。甘肃省农科院先后育成胡麻新品种陇亚11号、抗除草剂谷子新品种陇谷11号、陇椒系列辣椒新品种，桃、葡萄、梨等果树新品种9个，形成了陇字牌农作物新品种优势品牌。截至2017年，全省农作物良种覆盖率达95%以上，为全省农业主导产业稳步发展、农业增效和农民增收做出了重要贡献。

（三）形成了一批抗旱增粮的重大技术

"十二五"期间，全省旱作农业在降水资源高效利用和粮果增产增效等方面取得了一大批理论和实践成果，形成了全膜双垄沟播、秋覆膜覆盖保墒、旱作玉米密植增产与全程机械化、全膜覆土穴播小麦、生物降解膜等一系列抗旱增粮的重大技术，构建了以"集水－保水－节水－用水"为主体的旱作高效用水体系，显著提高了粮食产量。结合国家级旱作农业示范区建设，全省累计推广以全膜双垄沟播技术为代表的旱作高效用水技术体系449.4万公顷，累计增产粮食超过800万吨，创造了同类型区旱地玉米单产和水分利用效率的世界纪录。旱农科技进步为全省粮食实现"十二连丰"提供了有效支撑，是全省粮食生产稳定发展、抗旱增产和防灾减灾的重要保障。

（四）农业高效节水与装备研发取得新进展

以全省灌区水资源合理配置和作物需水的精量灌溉为重点，进行精准化灌溉控制技术研究、作物精细地面灌溉技术集成、特色作物控水调质关键技术研究和干旱内陆河灌区节水农业综合技术集成研究，因地制宜形成了膜下滴灌、垄膜沟灌和水肥一体化等一批高效节水灌溉技术模式，研制出高均匀性灌水器、压力补偿式抗堵塞灌水器、低压压力调节器及滴灌系统配套设备等一系列关键产品和装备，性能与国际先进水平接轨。结合高效农业节水示范区建设，构建河西绿洲和沿黄灌区节水灌溉技术体系和管理模式，累计推广高效节水技术面积276.47万公顷，实现节水43亿立方米，增效达40多亿元，农业灌溉水利用率由2010年底的51%提高到2017年的55%。

（五）推广应用了一批产业提质增效关键技术

围绕全省六大特色优势产业发展需求，推进现代栽培（养殖）、病虫害防控、农机农艺融合等综合配套技术攻关与集成。针对马铃薯产业的瓶颈制约，开展高质量低成本脱毒种薯、高产高效栽培技术、贮藏保鲜关键技术研发及示范推广，马铃薯黑色地膜机械化种植和微型种薯雾培繁育技术取得突破，助推马铃薯产业跨越式发展。加强牛、羊、猪、鲑鳟鱼等畜禽水产新品种培育，实施牛羊品质育肥技术及玉米秸秆饲料化研究、饲草料加工及贮藏设施建设项目，引进示范甜高粱新品种及高产种植模式，通过健康养殖及疫病综合防控技术的应用，全面提升草食畜产业的养殖规模、技术水平，提高生产效率。以优质林果生产为重点，推进苗木繁育、品种更新与果园改造，开展苹果、桃、梨、葡萄等现代栽培模式研究，推广矮砧密植栽培、果园生草绿色覆盖、设施栽培等新技术，推进果品采后处理与贮藏设施建设，促进林果产业提质增效。研制出新型组装式日光温室和连栋塑料大棚，开展高原夏菜标准化栽培技术和非耕地蔬菜高效栽培技术研究，形成了垄作覆膜穴播栽培、工厂化育苗、设施辣椒单株定植与优化整枝，日光温室环境调控等一批新技术，促进了全省蔬菜产业技术水平提升。围绕玉米、瓜菜、马铃薯等主要制种作物研发种子质量提升、连作障碍、膜下滴管等技术的集成应用，实现了种子数控加工、精细化选别加工和智能化包衣，建立了种子加工、处理技术规程和质量控制体系，进一步巩固了甘肃省核心制种基地的竞争力。实施道地药材认证，选育推广优良品种及种苗繁育技术，集成创新当归黑膜覆盖垄作等先进实用技术，建设种子种苗繁育和无公害中药材生产基地，组织实施标准化、规范化种植，改造产地仓储、加工技术，推进中药材产业稳步发展。

（六）集成了一批资源节约和环境友好型生产技术

农作物秸秆还田、间套作绿肥与水肥一体化技术、可降解地膜的应用、戈壁设施农业基质栽培、植物源生物农药"植丰宁"、5%香芹酚水剂、红蓼系列化合物的研制、作物病虫害绿色防控技术等取得了显著成效，提高了土、肥、水等资源的利用效率。农业有机固体废弃物的资源化利用，玉米秸秆的饲料化利用、马铃薯淀粉加工废弃物的综合利用与污染控制、油橄榄叶有效成分的分离提取等取得新进展。农业生产环境显著改善，有效促进了全省农业的可持续发展。

（七）熟化了一批农业机械和特色农产品精深加工技术

研发了全膜双垄沟起垄铺膜机、旋耕起垄覆膜播种机、机引型覆膜穴播一体机、清膜整地作业机、葡萄埋藤机、装袋（分级）式马铃薯联合收获机、自走式青贮饲料联合收获机等先进适用农机具120余种，玉米生产全程机械化加快推进，全省农机合作社达到954个，小麦、玉米、马铃薯等主要农作物的机械化水平显著提升。设施农业技术、特色农产品深加工关键技术不断取得突破，果蔬、马铃薯、中药材、畜产品、乳品、酿酒原料、油橄榄等深加工关键技术研究及产业化开发均取得显著成效。截至2017年，全省农产品加工转化率达到52.5%，延伸了产业链，增加了产品附加值，提高了农业的比较效益，有力地推动了全省现代农业跨越式发展。

三 甘肃农业科技化发展面临的形势与挑战

（一）新时代甘肃农业面临的重大变化及挑战

在中国特色社会主义进入新时代的历史新阶段，甘肃农业农村发展的主要特征是：科技进步已成为发展的主要驱动力量，农业科技贡献率上升至55%以上，在农业现代化进程中，科技的支撑引领作用日益凸显；农业农村设施装备日益现代化，全省耕种收综合机械化水平超过50%，农业生产加速迈入以机械化为主的阶段；农业的集约化程度显著提升，土地流转步伐加快，种养大户、家庭农场和农业合作组织在产业精准扶贫中发挥出重要作用。

与上述这些重大变化相伴而生，甘肃粮食生产在实现"十二连丰"后，农业发展面临着农产品价格"天花板"封顶、生产成本"地板"抬升、资源环境"硬约束"加剧的重大挑战，有许多短板需要补齐。一是靠扩大种植面积提高产量潜力不大。在全省各地城镇化、工业化快速推进下，耕地面积逐年刚性减少，农业水土资源和环境约束力前所未有地加大。二是靠要素投入提高产量受到制约。甘肃省粮油、经济作物生产成本比较高，大量使用化肥和农药等不但边际效用递减，还推动农产品价格不断上涨。三是靠现有品种技术提高产量缺乏后劲。全膜双垄沟集水保水和增产潜力已到极限，特别缺乏突破性品种，现有品种难以适应大面积机械收获等。四是人工成本占比大让农业发展"很受伤"。如地膜玉米播种和收获机械化水平较低，人工点播和掰棒子占主导，农村从业劳动力出现老龄化、妇女化，劳动力紧缺，农业进入"高成本"时代。在农业国际化竞争加剧的大背景下，推动农业供给侧结构性改革，必须以提升机械化为核心，大力推进农机农艺融合，破解高成本低效益问题。五是中东部旱作玉米占全省粮食生产功能区的近半壁江山，是全省粮食安全的压舱石、畜牧业发展的重要支撑，但目前对如何提升以玉米为主的粮食安全战略发展水平、构建草畜产业农牧循环生态模式、有效提升现有资源利用效率重视不够。

（二）甘肃农业科技化发展存在的主要问题

农业农村发展的根本出路在科技进步。特别是对甘肃这样一个西北内陆省份，自然气候条件复杂多样，水资源限制和生态约束趋紧，农业农村发展对科技进步的需求明显增加，要求明显提高，依赖明显增强。但我们也应该清醒地认识到，科研与生产结合不紧、科技与农业发展脱节的问题依然突出，主要表现在以下方面。

一是科技供给不平衡不充足的问题日益凸显。农业科研机构能真正用于科技服务的突破性成果不多；许多成果要求技术精细，小面积示范效果明显，因技术配套性不足难以大面积应用；一些成果偏离生产需求，与市场脱节，能转化为现实生产力的成果较少，致使农业科技成果的有效供给不足。

二是科技资源配置不优，科技创新效率有待提升。中美贸易摩擦核心是科技的竞争，而科技竞争的背后是创新体制机制的竞争。相对于发达国家科技创新链条高度专业化、体系化的现状，我们的科研团队，许多工作都是重复的，追求大而全、小而全，科研碎片化问题突出。省、市、县三级农业科研与技术推广机构任务布局不科学，上、中、下游科研任务边界不清，各自为战，运行效率不高，针对生态区域差异的创新要素没有得到有效配置，科技创新的效率不高。

三是农业科技投入仍然不足。相比科技需求的迅猛增长，甘肃省农业科技投入总量不足，仍然以政府财政科研经费为主。近年来，虽然在数量上有所提升，但农业科技投入占全省科技总投入的比重仍较低。据统计，2016年甘肃省R&D总经费支出为87.0亿元，R&D经费与国内生产总值（GDP）之比为1.22%；其中：农林牧渔业R&D经费占R&D总经费的0.1%。

四是科技成果和人才评价机制不健全。成果评价没有将产业实际贡献和市场认可度作为主要评价指标，人才评价机制"一把尺子量到底"，没有充分体现分类指导的激励作用，从事技术推广、技术服务人员的职称待遇解决难。受区域收入水平和社会环境等综合因素影响，高层次人才流失加剧，农业科技面临着"人才断层"和"平台缺失"的双重困局。

五是创新活力激发不够,条件保障还需增强。农业科技基础条件薄弱,全省农业领域的国家重点实验室仅 2 个、国家工程技术中心 2 个,野外科学观测试验站、区域创新中心建设缺少稳定支持,创新平台有效整合与开放共享不够,与建设农业科技强省的要求还不相适应。农业科研院所缺乏人员进出、科研选题、研究经费等创新自主权,其制约了科研机构创新活力的释放和推进成果转化的积极性。

四 甘肃农业科技化发展展望

农业是全面建成小康社会、实现现代化的基础。农业的出路在现代化,农业现代化的关键在科技进步与创新。改革开放 40 年来,甘肃农业科技突破了资源环境的双重制约,在一系列重大关键技术创新与应用上取得了新突破,为农业农村经济及社会发展做出了贡献。但甘肃农业发展面临着转方式、调结构、增效益、提质量的迫切需求,农业产业大而不强,农民增收缓慢,科技供给不足的格局亟须改变。进入新时代,推进全省农业现代化,给乡村振兴插上科技的翅膀,必须顺应结构调整、产业融合、绿色发展的新要求,加快构建以"农业投入品的绿色化、生产过程的机械化、生产要素的集约化、产业模式的循环化"为主要特征的农业技术体系,逐步走向以科技为先导、绿色增效、高质量、可持续的发展道路上来。

(一)紧密结合省情,抓住一个根本问题

甘肃自然气候条件复杂多样,生态环境极度脆弱,干旱缺水、土地瘠薄,贫困面大而集中,农业发展面临诸多制约。在这样的环境下,加快农业科技创新与应用的成本要明显高于其他省份,但科技创新要始终坚持解决科技与经济"两张皮"这一核心问题,解决科研与生产、科技与经济脱节的问题,需要遵循科技创新规律和产业发展规律,重点从以下环节入手。

1. 坚持问题导向,优化农业科技创新方向和重点

根据甘肃省资源禀赋和发展阶段的变化适时调整农业技术进步路线,明

确全省农业"三大转变"形势下农业科技创新的方向和重点,即从注重数量为主,向数量质量并重转变,统筹提升土地产出率、劳动生产率和资源利用率,大力促进农业绿色发展;从注重粮食生产为主,向粮经饲统筹和大农业转变,实现农林牧渔结合,促进一二三产业融合发展;从注重农业种养为主,向"种养加"、资源环境等全过程全要素转变,协同促进粮食及主要农产品生产安全、质量安全和生态安全。

2. 打造科技产业联合体,推进科技成果落地见效

强化省内科研院所、高校、企业等涉农科技力量的横向联系,构建分工明确、联合攻关的新格局,打造科技产业联合体。合理布局产业链、创新链和资金链,让科研教学机构、农技推广机构、不同经营主体的人员都参与进来,强化产前、产中、产后各环节创新资源的集成,建立协同创新机制,解决科技与产业发展脱节的瓶颈问题,形成推进农业科技化的强大合力。

3. 落实绩效激励,明确科技评价标准

推进农业科研机构、农业科技人员分类评价,完善分类评价制度。重点评价科技活动的创新度、与产业的关联度,以及技术成果对产业发展的实际贡献等;人才评价要向一线科技人才倾斜,鼓励熟悉产业又能从事技术研发、成果推广和技术服务的人员做出贡献,评价结果作为加强有关支持的依据,为各类科技政策落地、形成良好创新环境创建条件平台。

(二)遵循科技创新规律,实现双轮驱动

实施创新驱动发展战略,必须依靠"双轮驱动"。一是科技创新的轮子,二是体制机制创新的轮子。两个轮子共同转动,才有利于推动农业发展方式根本转变。

1. 在科技创新方面,重点实现"三个跨越"

即面向国际前沿,在农业基础科学和前沿技术领域实现率先跨越,抢占科技创新制高点,增强科技竞争力;面向农业重大需求,集中力量在重大动植物品种、农业智能装备等关键领域开展联合攻关,在现代农业核心关键技术领域实现技术跨越,牢牢掌握发展主动权;面向区域发展重大问题,在现

代农业发展技术领域实现集成跨越，突破一批优势特色产业瓶颈制约，为区域性重大问题解决提供综合性技术方案。这"三个跨越"，体现了农业科技创新"顶天立地"的战略方向。

2. 在体制机制创新方面，重点调动"三个积极性"

持续加大农业科技的投入力度，确保财政对农业科研投入的增长速度不低于同期财政支出的增长速度，提高农业科技经费总投入在GDP中的比重，增加科研机构事业费，提高科研人员待遇水平，充分调动农业科技人员的积极性；开展科研院所和科技人员分类评价，扩大农业科研院所收入分配、人员聘用、岗位设置等自主权，充分调动农业科研单位的积极性；创建协作平台、创新联合机制，鼓励和吸引金融、企业等社会资本投入，充分调动社会力量参与农业科技创新和推广的积极性。

（三）围绕农业重大需求，紧紧把握三大战略重点

1. 围绕农业供给侧结构性改革优化农业科技布局

新形势下，围绕全省农业供给侧结构性改革这条主线，农业科技工作重点要做好"三个布局"：布局在以重大品种和产品创制的前沿技术领域实现跨越，研发颠覆性重大技术，培育适宜甘肃省主要农作区的革命性重大成果和突破性品种；布局在基础性、区域性、行业性重大共性关键技术领域实现跨越，加快农业产业技术体系、创新联盟和产业科技中心建设，面向"一带一路"战略成立区域创新中心，着力解决河西种业及特色农产品创汇性农业、临夏甘南民族食品加工、中东部旱作薯果畜有机农产品生产等区域性重大问题；布局在基础性长期性科技工作领域实现跨越，在全省典型生态区和优势农产品功能区建设一批农业科学试验站及科技数据中心，开展长期观测监测任务，搭建农业基础性长期性科技工作网络，支撑产业可持续发展。

2. 创新机制集中力量办大事

在不改变现有管理体制的前提下，探索协同攻关和转化应用的重大机制，重点打造上下协同、功能互补、配置高效的农业科技创新体系。首先，

围绕产业链构建创新链，打造紧密结合型创新团队，例如甘肃省现代农业产业技术体系，就是围绕产业链上中下游各个环节，覆盖从育种到栽培、植保、加工、设施机械、产业经济等创新链条的各个环节，构建起来的一支目标一致、任务关联、各有分工、相互配合的创新团队。第二，围绕解决行业性、基础性、区域性重大问题，建设全省农业科技创新联盟。就是瞄准产业、企业或区域发展中的重大关键科技问题，构建跨区域、跨单位、跨学科的协作团队，遵循"一个产业问题、一个科学命题、一个项目支撑、一个运行机制"的建设思路，按照"有任务、有目标、有团队、有资金、有考核"的基本要求，通过创新资源整合、创新主体融合、创新环节结合，深刻改变单个学科、单项技术、单兵作战的格局，改变孤立的、单一的、碎片化的科技创新和供给方式，形成一体化综合技术解决方案。第三，围绕解决区域特色支柱产业发展，启动建设现代农业协同创新中心。按照全省生态类型及区域农业产业布局，针对农业产业发展技术需求，在全省建设5个区域协同创新中心，推进农业科技同经济对接、创新成果同产业对接、创新项目同现实生产力对接，提高优势特色产业技术供给，打造深化农业供给侧结构性改革的新引擎。

3. 贯通"三大体系"实现"三级跳"

农业科技实现从科学研究、试验开发到推广应用的"三级跳"，关键在于实现科研创新、技术推广和职业农民培育"三大体系"之间的上下贯通和有效衔接。首先，要以提升农业的质量效益竞争力为目标来贯通，科研体系提供技术成果，推广体系进行试验示范和推广指导，职业农民培育体系承接新成果进行应用和生产。其次，要以综合性示范基地为平台来贯通。农业科研和成果转化应用，主战场在农村。要充分利用省、市科研院所在基层建立的永久性科研基地，集成科学家、农技推广人员、经营主体等力量，开展综合技术集成应用，形成具备技术先进性、经济可行性和应用可操作性的可复制模式，由此再进行更大范围的推广应用。再次，要以互利共赢为纽带来贯通。科学家、农技推广人员和新型经营主体要以互利共赢为纽带，围绕一致的目标和共同的工作平台，科学家可以获得一手的科学数据，农技推广人员可以通过技术集成、熟化和推广来获取合理绩效报酬，农民可以实现增产增收，从而真正获得三方共赢的结果。

（四）实施乡村振兴科技支撑行动，落实四项重大任务

实施乡村振兴战略是统领新时代"三农"工作的重大部署，是解决城乡发展不平衡、农村发展不充分矛盾的战略举措。新形势下，甘肃农业走以科技为支撑的内涵式发展道路，必须以乡村振兴战略为总抓手，准确把握全省农业发展"结构升级、方式转变、动力转换"的新态势，突出事关农业农村核心竞争力的重大科学问题、重大共性关键技术和产品，以服务农业产业为主线，加快形成一批重大关键技术和模式，促进科技创新能力整体跃升，打造新引擎培育新动能，着力增强甘肃农业科技化发展的质量和效率，助力打赢精准扶贫攻坚战，为全省乡村振兴提供技术支撑、政策供给和典型样板。根据全省粮食生产功能区和重要农产品生产保护区的实施意见，以"增产增效并重、良种良法配套、农机农艺结合、生产生态协调"为目标，按照"创新能力提升、农机研发配套、技术模式集成"三个方面逐次推进的思路，重点落实四大任务。

1. 加强科技创新引领，培育一批重大突破性新品种

加强动植物重要性状遗传基础研究，重点突破抗逆稳产种质资源创新、新品种创制、动植物制繁种、种子加工和质量保障等关键技术；推进育种由随机朝定向、可设计转变，品种向"按需定制"发展，提高新品种选育效率，构建动植物高效育种技术体系，创制一批抗逆优质适宜机械化收获的重大品种，加强良种繁育基地和河西制种基地建设，加快动植物良种示范应用，力争完成新一轮品种更新换代。

2. 建立主要农作物机械化生产技术与装备体系

围绕降低生产成本、实现提质增效，研发能够组装、调节、适应轻简化生产的农业机械，并针对不同区域特色优势产业发展，着力研制适合农业生产需要的农机装备，病虫害无人机防控、秸秆机械化粉碎还田等技术，提升农业生产机械化水平。重点研制一批先进、适用、高效的农业机械，强化农

机农艺技术结合，推进地膜玉米和马铃薯的全程机械化作业。围绕农业生产关键环节和瓶颈，研制配套农机具，构建产前、产中、产后全覆盖，自动化程度高、适应范围广的机械化生产技术与装备体系，实现藏粮于地和绿色生产。

3. 突破一批关键技术，强化农业绿色发展模式集成

瞄准农业绿色化、优质化、特色化、品牌化的需求，推动农业科研由增产导向转向提质导向，推进化学品减量、节水高效、秸秆综合利用、残膜污染控制、盐碱地治理和戈壁设施农业等重大技术创新，力争突破一批关键核心技术；围绕全省六大产业提质增效，重点在节水节肥节药、牛羊品质改善与健康养殖、果蔬优质高效、残膜污染控制、草畜农牧循环模式、绿色生态环保等领域开展技术集成与示范，组装集成一批增产增效、符合绿色发展和产业竞争力提升的技术模式，创建绿色高产高效农业升级版，加快转变生产方式，推动传统产业转型升级。

4. 加强农产品储运保鲜与精深加工技术及设备研发

针对甘肃省马铃薯、苹果、中药材、蔬菜、油橄榄、花椒、牛羊肉等特色优势产业和优质特色农产品，研发采后商品化处理、贮藏保鲜、冷链物流、精深加工等工艺及关键技术，有效应对农产品价格波动带来的市场风险，带动农民增收和地方二、三产业发展。重点推动马铃薯商品化主食化、新型果酒果醋制备工艺、高原夏菜冷链物流、牛羊肉加工与质量控制、中药材绿色贮藏与加工、特色粮油产地初加工与营养健康主食、副产物增值转化等关键技术与核心设备研发，提高农产品附加值和产业效益。

配合四大工作任务推进，启动种业自主创新及重大品种选育工程、农艺农机融合绿色增效集成生产模式、绿洲灌区节水高效农业重大技术提升、戈壁优质高效商品农业关键技术与模式、农业面源污染综合防控技术模式、粮改饲结构调整及适度规模种养精准扶贫模式、现代农业科技人才及新型职业农民培训等七大科技行动。

围绕农业农村发展实现质量发展、绿色发展、融合发展、创新发展，突破一批关键核心技术和产品，集成一批农业绿色发展模式，建设一支"一懂两爱"的农业科研队伍，在主产区和扶贫攻坚区打造一批科技引领示范

基地，加强重大科技成果的集成熟化与推广应用，重点转化一批绿色优质抗逆的重大新品种、科技含量高的新产品新装备、绿色提质增效与环境友好的新技术，培育壮大一批新品牌、做大做强一批新产业、培养一批新型农民和经营主体，构建形成以创新驱动全省富民支柱产业发展、助推精准扶贫的新模式，以科技引领支撑农业全面升级、农村全面进步、农民全面发展。

参考文献

陈诗波：《科技创新保障粮食安全的新思考——中美贸易摩擦背景下中国粮食增产增效的路径选择》，《中国农学通报》2018年第27期。

甘肃省人民政府办公厅：《甘肃省"十三五"农业现代化规划》，http：//www.gansu.gov.cn/art/2016/8/19/art_ 4827_ 283810.html，2016年8月19日。

甘肃省人民政府办公厅：《关于推进农业供给侧结构性改革的指导意见》，（甘政办发）〔2016〕110号），http：//www.gansu.gov.cn/art/2016/8/2/art_ 4786_ 281993.html，2016年8月2日。

李仕宝、孟洪、饶智宏：《农业供给侧结构性改革的科技需求分析与对策建议》，《江苏农业科学》2017年第14期。

李文卿：《2012年甘肃科技发展报告》，甘肃科学技术出版社，2012。

李文卿：《2013年甘肃科技发展报告》，甘肃科学技术出版社，2013。

李文卿：《2014年甘肃科技发展报告》，甘肃科学技术出版社，2014。

李文卿：《2015年甘肃科技发展报告》，甘肃科学技术出版社，2015。

李文卿：《2016年甘肃科技发展报告》，甘肃科学技术出版社，2016。

李文卿：《2017年甘肃科技发展报告》，甘肃科学技术出版社，2017。

廖西元：《支撑引领农业供给侧改革和现代农业发展》，《农民日报》2017年10月11日。

农业农村部：《关于大力实施乡村振兴战略加快推进农业转型升级的意见》，《农村工作通讯》2018年第4期。

信乃诠：《提高科技成果转化能力 持续增强农产品有效供给》，《农业科技管理》2012年第3期。

张红玉：《科技创新推进农业供给侧改革的路径思考》，《农业经济》2018年第8期。

中共中央国务院：《关于实施乡村振兴战略的意见》，《中华人民共和国国务院公报》2018年2月20日。

生产体系篇

Production System Topics

G.7
甘肃省农作物良种化发展研究报告

张正英*

摘　要： 国以农为本，农以种为先。农业的现代化，首先体现在农作物育种技术的现代化、农作物生产的良种化。作为农业大省和种子生产大省，甘肃省在农作物新品种选育、种子生产和良种推广等方面做了大量行之有效的工作，保障了粮食和主要农产品的有效供给。本文回顾了新中国成立以来甘肃省主要农作物良种化发展成效，利用增长率比值估算了良种贡献率，统计分析了主要农作物良种化程度，甘肃省玉米良种对生产量增长的贡献率达到66.9%，主要农作物良种覆盖率在90%以上，统供率在80%以上；分析了甘肃省农作物良种化过程中存在的3个方面的主要问题，提出了推进农业良种化

---

* 张正英，硕士，研究员，甘肃省农业科学院作物研究所，主要从事农作物遗传育种工作。

进程、加快实现农业现代化的5条具体建议。

关键词： 农作物　良种化　良种贡献率

农作物良种化是农业现代化的最基本特征。发达国家农业发展实践表明，农业的根本出路在于现代化，现代化是农业发展的根本方向。要实现农业现代化，必须发挥科技的引领和示范作用，必须依靠高科技含量的农业生产资料。农作物新品种是农业生产实现高产高效的基础和核心，是其他生产要素发挥作用的必然载体。

农作物新品种选育技术的进步，催生了农作物新品种的更新换代，贯穿于农业发展和繁荣的始终。历经一个多世纪的发展，以杂交育种为核心的农作物常规育种技术形成了较为完整的技术体系，取得了显著成效。但随着优势品种的大面积推广，生物多样性在减少、遗传基础在变窄、生物或非生物胁迫抵御能力在降低。育种家们开始感到仅靠品种间的遗传重组是远远不够的，还要把目光放在远缘杂交、诱变育种，更要借助现代生物技术提高育种效率，将杂交育种技术体系与分子育种技术有机结合起来，实现农作物品种选育的新突破。

农作物良种化还要求以现代化的种业企业为主，做好种子的供应和社会化服务工作，将现代农作物品种的潜在产量优势发挥出来，真正转化为现实生产力。

甘肃省作为农业大省和种子生产大省，长期以来在农作物新品种选育、种子生产和良种推广等方面做了大量行之有效的工作，取得了粮食生产连年丰收的不俗成绩，人均占有粮食连续七年超过400千克，保障了粮食和重要农产品的有效供给，为全省畜牧业乃至全省国民经济的持续健康发展奠定了坚实的物质基础。

一　甘肃省主要作物育种技术发展历程

甘肃省小麦品种选育始于1938年的甘肃省农业改进所，经历了地方品种和外引品种鉴选、杂交育种及杂交育种结合新技术育种（远缘杂交育种、杂种优势利用、辐射诱变育种、航天诱变育种和生物技术育种等）过程，实现了小麦生产中5~6次的品种更新，穗粒数由农家品种的20粒提高到育种品种的35粒以上；千粒重由农家品种的30克提高到育种品种40~50克；育成品种植株明显矮化，耐水肥能力明显提高，产量潜力增大。马铃薯育种始于1938年，经历了纯系育种、杂交育种及杂交育种结合新技术育种（生物技术育种等）过程，推动了马铃薯生产中4~5次的品种更新，高淀粉品种选育成效显著。2017年，陇薯系列马铃薯品种在省内外推广应用面积达650余万亩，约占甘肃省和西北马铃薯面积的1/2和1/3。玉米育种始于20世纪50年代初，经历了地方品种鉴选和引种、杂交种引种、三交种选育、单交种选育和利用单倍体技术选育自交纯系的过程，推动了玉米生产中4~5次的品种更新，在耐旱、耐密植和高淀粉含量品种选育等方面成效显著。糜谷育种始于1945年，经历了农家品种鉴选和引种、系统选育、杂交种及杂交育种结合新技术育种（辐射诱变育种、远缘杂交育种、品质育种等）过程，推动了生产中4~5次品种更新，在早熟复种品种、抗除草剂品种、高蛋白品种选育等方面取得显著成效，推动了全省小杂粮产业的提质升级。胡麻育种始于1955年，经历了引种、杂交育种及杂交育种结合新技术育种（杂种优势利用、品质育种等）过程，推动了生产中5~6次的品种更新换代，在抗枯萎病育种、杂交种选育等方面取得显著成效，选育多个品种成为国内胡麻主产区的主体品种。油菜育种始于20世纪70年代后期，经历了引进国外优质品种、系统选育、三系杂交种选育等过程，在双低品种、耐低温品种选育等方面成效显著，推动了生产中4~5次的品种更新换代。

二 甘肃省作物良种化对农业产量增长的贡献

进入21世纪以来，甘肃省粮食生产除个别年份遭遇严重干旱减产外，已实现15年增产。近年来连续8年粮食产量超过1000万吨，人均占有粮食连续 7 年超过 400 千克，最高年份达到 450 千克。粮食生产的增产得益于主要粮食作物单产的提高，其中以玉米单产提高最为显著，春小麦次之，之后为冬小麦和胡麻（见图1）。

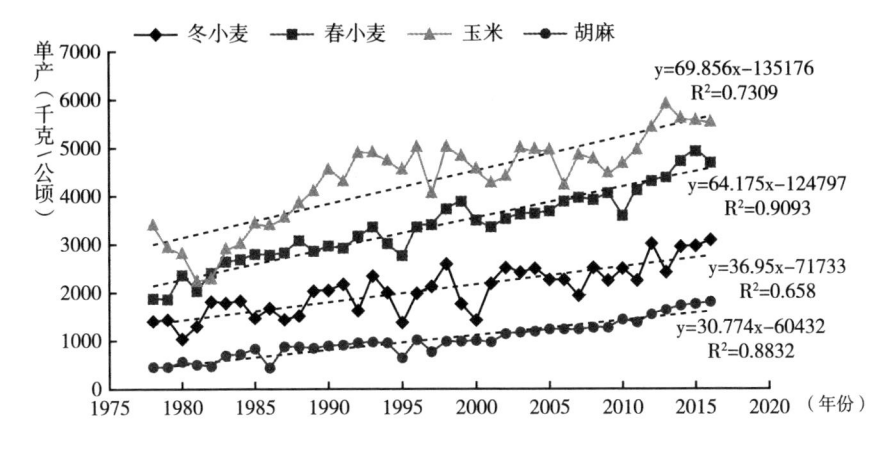

图1 甘肃省1978～2016年主要农作物单位产量增长趋势

资料来源：甘肃省农村年鉴编委会编《甘肃农村年鉴2017》，中国统计出版社，2018。

2007年以来，甘肃省粮食生产增长加快，单产提高明显。2007～2016年10年间粮食单产增长了29.04%，年均增长率达到3.24%。冬小麦单产增长35.22%，年均增长率为3.84%；春小麦单产增长22.98%，年均增长率为2.62%；玉米单产增长19.96%，年均增长率为2.30%。另外胡麻单产增长44.06%，年均增长率为4.67%（见表1）。

以玉米为例，估算品种对农业生产增长的贡献。中晚熟玉米品种是甘肃省玉米种植的主体品种，2007～2017年参加甘肃省玉米中晚熟组区域试验的新组合有上百个之多，从中鉴定出了一批适宜甘肃省种植的中晚熟新品种（参试组合各年份区域试验平均产量见表2）。用2007年区域试验籽粒产量平均值与2017年区域试验籽粒产量平均值相比较，以平均值的增长率估算10年间育种意义的遗传增益，结果单位面积产量的遗传增益为19.96%，即每10年试验平均单位面积遗传增益接近20%，年均增幅达到2.3%，充分反映了甘肃省近十年玉米育种工作是卓有成效的。

107

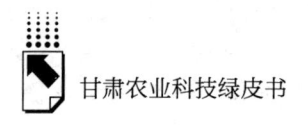

表1 甘肃省1907~2016年主要农作物单位产量及增加率

单位：千克/公顷

年份	粮食单产	冬小麦单产	春小麦单产	玉米单产	胡麻单产
2007	3068.18	1927.19	3973.05	4860.71	1229.92
2008	3311.60	2517.68	3919.04	4763.04	1271.07
2009	3307.26	2224.84	4057.84	4447.04	1276.10
2010	3422.77	2495.65	3591.64	4672.76	1436.65
2011	3580.54	2246.25	4189.61	4997.10	1370.21
2012	3908.27	3014.40	4326.73	5451.26	1558.87
2013	3983.97	2413.13	4387.53	5913.37	1649.53
2014	4076.28	2961.90	4767.77	5595.45	1733.08
2015	4109.78	2960.17	4966.94	5561.53	1767.25
2016	4053.36	3089.66	4699.67	5511.28	1806.61
2007~2016增长率%（平滑）	29.04	35.22	22.98	19.96	44.06
2007~2016年均增长率%（平滑）	3.24	3.84	2.62	2.30	4.67

资料来源：甘肃省农村年鉴编委会编《甘肃农村年鉴2017》，中国统计出版社，2018。经作者整理。

表2 2007~2017年甘肃省玉米中晚熟组区域试验不同年份单产平均值

单位：千克/公顷

2007年	2008年	2009年	2010年	2011年	2012年	2013年	2014年	2015年	2016年	2017年
12931.36	12804.00	11905.14	12746.43	11273.89	13567.56	13679.60	13729.71	14483.33	15270.68	14255.58
2007~2017 增长率（平滑）				14.73			2007~2017 年均增长率（平滑）			1.54

资料来源：2007~2017年甘肃省玉米中晚熟组区域试验年度汇总。经作者整理。

2007~2016年，按照年度统计玉米的单位面积年均增长率高于区域试验中各参试品种单位面积平均的年均增长率。用前面计算出的增长率占相应期间玉米生产上平均单产增长率的百分比估算遗传增益。玉米单位面积产量取甘肃省2007~2016年的统计产量，其中2007年产量用前后3年的平滑值，2016年产量用前后2年的平滑值替代计算得到单位产量总增益为19.96%，据此，杂交种平均单产的增益占相应年份玉米平均单产总增益的百分比为66.9%。这个数值在一定程度上说明了玉米育种对生产的贡献。

玉米杂交种产量性状的改良趋势，从单株产量的组成分析，不同品种的穗长、行粒数、穗粗、穗行数和百粒重5个产量组成性状都得到了改良，但普遍来说穗粗、穗行数的改良效应最为明显，行粒数、穗长及百粒重的变化相对较小。从单位面积产量构成因素分析，变化最大的是单位面积密度的大幅度提高，说明育成新品种的耐密性大大提高，群体调控能力得到加强。因而单位面积产量的遗传增益大于单株产量的遗传增益。也就是说，耐密性成为新品种高产高效稳产的主攻目标。

农业部在"关于加快新一轮农作物品种更新换代工作通知"中指出，品种对农业提质增效的贡献率超过50%。其中，水稻、小麦、玉米粮食生产功能区品种更换率超过60%。张泽民等估算了河南、河北和山东三省为代表的黄淮平原夏播区以及全国的玉米育种对玉米生产的贡献，结果分别为64.05%、63.81%和63.35%，估算值很接近。因此，可以初步认为，近年来玉米新杂交种的推广利用对玉米生产的增产作用占到60%以上。

三 甘肃省主要农作物良种化程度

农作物新品种的选育是良种化的基础，真正实现良种化还需要以现代化的种业企业为主，做好优良品种的种子生产、供应和社会化服务工作，在生产中得到恰当应用，才能将新品种的增产潜力优势发挥出来，将科研成果转化为现实生产力。农作物品种在生产中的应用情况通常用良种推广覆盖率、种子统供率、种子精选率和种子包衣率来反映。近年来，甘肃省主要农作物良种推广覆盖率均在90%以上，处于较高水平。受市场效益驱使，杂交种（玉米）的良种覆盖率要高于常规种（小麦）的良种覆盖率；受益于甘肃省政府大力发展马铃薯产业，给予政策性扶持，推动了马铃薯微型脱毒种薯繁殖和良繁体系的建设，甘肃省马铃薯良种推广覆盖率逐年得到提升，甚至高于常规作物（小麦）的良种推广覆盖率。种子的统供率体现了种子质量的保证程度和社会化服务程度，因为常规品种种子经营效益低下，加之长期以来农户自留种子或互相串换种子的生产习惯，甘肃省常规品种（小麦、马铃薯）

种子的统供率较低，多年来一直徘徊在50%~60%之间；种子精选率高于统供率，说明即使农户留种也会进行精选。统供种子和精选种子的比例低，就难以保证品种的种性和种子的质量，成为限制作物产量提高的主要因素之一；包衣种子仅占种子使用量的20%左右，表明包衣技术还没有得到普及。杂交种（玉米）的供种基本由种业企业完成，商业化程度高，社会化服务体系较为完善，其种子统供率、种子精选率和种子包衣率多年来均接近100%（见表3）。

表3 2010~2016年甘肃省农作物良种"四率"统计表

单位：%

	良种推广覆盖率						
	2010年	2011年	2012年	2013年	2014年	2015年	2016年
冬小麦	95.84	95.56	94.98	96.10	95.24	95.89	93.92
春小麦	95.47	97.34	97.10	97.13	93.75	93.75	94.08
玉米	99.37	98.96	97.47	100.00	99.80	99.80	100.00
马铃薯	88.19	93.47	91.07	95.54	95.45	95.45	95.86
	种子统供率						
	2010年	2011年	2012年	2013年	2014年	2015年	2016年
冬小麦	40.26	46.48	46.97	45.96	100.00	42.53	47.90
春小麦	59.45	65.65	60.14	57.30	80.78	61.49	55.36
玉米	95.99	96.13	95.52	93.18	69.00	98.00	97.59
马铃薯	36.00	61.03	59.52	55.41	62.79	55.62	53.37
	种子精选率						
	2010年	2011年	2012年	2013年	2014年	2015年	2016年
冬小麦	53.03	60.04	60.61	55.22	49.99	67.08	66.44
春小麦	84.55	86.71	89.99	86.36	86.90	92.60	92.12
玉米	91.91	147.52	97.53	99.08	94.37	100.00	99.65
马铃薯	53.35	58.82	63.24	62.29	51.10	75.03	80.27
	种子包衣率						
	2010年	2011年	2012年	2013年	2014年	2015年	2016年
冬小麦	22.14	23.83	24.41	22.13	16.96	19.06	16.61
春小麦	41.95	28.02	59.45	61.97	26.40	18.88	18.46
玉米	91.17	82.42	81.27	90.52	93.87	98.47	99.01
马铃薯	1.15	4.58	2.91	2.86	0.93	0.01	0.93

资料来源：2010~2016年甘肃省种子管理局年度汇总材料。

总体来说，甘肃省主要农作物良种覆盖率在 90% 以上，统供率在 80% 以上。玉米、杂交油菜和蔬菜种子的良种覆盖率和统供率达到 100%。玉米、马铃薯、油菜用种全部由省内提供，小麦、大豆用种主要由省内提供，部分品种缺口由省外提供，棉花用种小部分自繁，大部分由新疆调入。

四 甘肃省农业生产良种化存在问题

（一）品种创新方面

1. 理念创新不足

长期以来，甘肃省农作物育种以产量为主要（甚至唯一）指标，忽视水肥资源利用效率和生态环境安全。没有树立可持续发展的"绿色品种"育种理念和目标，缺少围绕农作物绿色性状的重大基础研究，造成原始创新不足，具有自主知识产权的基因资源和专利技术严重缺乏，成为制约现代种业发展的技术瓶颈。如何选育"绿色品种"，提高农作物新品种水肥资源利用效率和增强农作物抗逆、抗病虫能力，已成为农作物新品种培育必须解决的重大课题。

2. 资源储备不足

克服生物多样性减少、遗传基础窄化、生物或非生物胁迫加剧、生产成本上涨等一系列挑战，甘肃省育种家在品种资源的创新方面做得还不够，育种资源储备不足，严重影响着突破性大品种的选育。耐密性与提高单产密切相关，耐密育种已成为 21 世纪以来玉米等作物品种改良的重点，但对耐密性状和相关资源的评价不够深入；一些新性状如品质性状、籽粒脱水速率、氮磷高效利用等重要性状的评价还不多。一方面要利用现代育种目标和理念，重新评价地方种质资源，挖掘有利基因；另一方面，要把加强国外种质资源的引进利用继续作为种质资源重要的扩充方式和手段。

3. 育种针对性不强

农业供给侧结构性改革是推进当前农业产业发展要遵循的首要原则。新

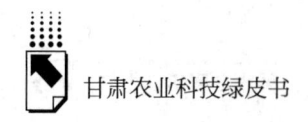

一轮农作物种植结构调整的一个重要方面是提高农作物产品的品质和商品性以满足市场需求，而目前对新品种的审定评价还主要以产量为主，育种家对品种的营养、加工、口感等品质和商品性状重视不够，成为造成农作物产品难以适应市场需求的因素之一。

（二）良种生产推广方面

1. 种业基础建设滞后

制种基地农田农户分散经营，存在地块小、土地平整度差、长期连作土壤肥力降低、节水设施不全、田间道路不配套等基础设施条件落后，大中型机械不能作业，机械化水平低等问题；基地建设与标准化、规模化、集约化、机械化和信息化"五化"标准还有较大差距，限制了产量水平的提升；品种布局不合理，生产过程易受自然灾害影响；收获加工的季节性及与销售期间隔短，烘干设备不足。这些问题造成种子生产的可持续能力和抗风险能力差，极大地影响甘肃省种业技术升级和产业竞争力提升。

2. 种业发展后劲不足

制种产业涉及管理、政策、技术、基地、装备、市场等方面，许多制种企业和农户自身难于解决。在对玉米制种产业的扶持方面，并未体现出与重点产业对等的优惠政策。比如制种企业收购玉米种子时难以得到政策性贷款的支持；种子企业享受减免税收政策，对地方财政收入的贡献小，加之地方财政困难，限制了地方政府对种业的财政投入。在国家和省上尚未建立相关补偿机制的前提下，地方政府无法对种业发展提供有力的财政保障。

3. 对农作物常规种子生产经营重视不够

从甘肃省种子管理部门的统计来看，常规种子的统供率、精选率和包衣率均较低，说明政府部门对作物常规种子的生产、经营重视不够，在种业企业因作物常规种子经营利润低、不愿经营和服务的情况下，没有建立有效的补偿机制，影响了作物常规品种良种的推广。

（三）农业生产条件有待改善

从单位面积统计数据和新品种区域试验数据对比来看，新品种在较好的试验条件下发挥了很好的增产潜力，而在生产中推广应用时，实际生产力只有试验数据的40%~50%，说明农业生产条件改善有待加强。

五 推进农业良种化进程，加快实现农业现代化

现阶段，甘肃农业发展方式和产业培育进入转型优化期，脱贫与小康建设进入攻坚期，必须加快实施"365"现代农业发展行动计划，积极推进农业良种化进程，支撑农民增收和主要农产品供给有效保障，加快实现农业现代化。

（一）强化品种创新

开展全省种质资源新一轮普查，加大对优质和地方特色植物品种的保护利用力度；建立包括水肥资源高效利用和抗逆性能为指标的多元化新品种鉴定体系，建立种质资源共享体系和生物信息交流共享平台，整合主要农作物遗传材料资源的信息数据（材料性状、基因定位、标记和克隆等）；聚焦综合绿色性状，即具有抵御非生物逆境（干旱、盐碱、重金属污染、异常气候等）、生物侵害（病虫害等）、水分养分高效利用和品质优良等性状的提升，实现产量、品质和抗性的同步改良；加强适应绿色种业的繁种和制种基地建设，修订品种审定和种子广告审查等制度，鼓励绿色新品种的培育、宣传和推广。

（二）提升种子产量质量

全力推进国家级制种基地和区域性良种繁育基地建设，培育具有国际竞争力的现代种业企业。开展杂种优势利用作物不育化、标准化、机械化及高效低成本制种技术研究，推动农业产业规模化和机械化进程；重视种子精加工技术、分子检测技术、无损生活力测定技术、贮藏和包衣新技术研究，提高种子质量；培育一批以"绿色种业"为核心技术路线的"育繁推一体化"龙头企业。推进制种机械化，加强玉米制种去雄机、收获剥皮机等急需机型的研发和推广，服务全省特色优势产业发展。

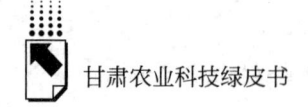

（三）完善技术服务体系

开展玉米杂交种创制及高效生产，小麦抗逆节水新品种创制与应用，马铃薯主粮化品种选育及加工，特色优良杂交种创制及节本增效技术研究与应用。强化现代农业科技创新体系和推广体系建设，把农业科技创新推广作为发展现代农业的重要举措，强化乡镇农技推广队伍建设，提高服务能力，实现公益性农业科技服务全覆盖。切实加强农业科技创新与推广协作，实施良种良法推进工程，配套农业新技术、新装备、新设施、新模式的研究，推进农业技术集成创新。围绕农业产前产中产后服务需求，完善良种繁育、农技推广、植物保护等公益性农业服务体系，扶持培育专业化标准化农资供给、耕作、收获、储运等经营性服务组织，完善农业社会化服务体系。

（四）夯实现代农业发展基础

通过建设高标准农田、发展农田水利事业、改造中低产田、实施沃土工程等一系列措施，不断改善农业生产条件，夯实现代农业发展基础，充分发挥优良品种的增产潜力和品质效益，实现藏粮于地、藏粮于技。

（五）发挥政府引导作用

制定优势区制种大县奖励补贴政策、土地流转政策和贴息贷款政策，加大扶持力度。建议国家比照种粮大县奖励政策，出台优势区制种大县奖励补贴政策，调动地方政府发展制种产业的积极性；扶持种业龙头企业及合作社流转土地建立稳定制种基地，对流转面积较大的企业或合作社实行贴息贷款；提高优势区玉米制种补贴，调动农民制种积极性；制定种业企业种子收购资金政策性贷款扶持政策。

研究对生产和经营作物常规种子企业的补贴激励机制，提高常规作物种子的统供率、精选率和包衣率，真正提高良种覆盖率。继续加大农业支持保护补贴力度和范围，支持耕地地力保护和粮食适度规模经营，发挥良种补贴等惠农政策促进良种化、加快农业技术进步、提高作物单产的积极作用。支持对象重点向种粮大户、家庭农场、农民合作社和农业社会化服务组织等新型经营主体倾斜。

参考文献

常宏：《甘肃国家级玉米制种"四化"基地建设情况调研报告》，《甘肃农业》2014年第8期。

崔世友：《作物品种改良的回顾与展望》，《长江大学学报》（自然科学版）2011年第7期。

李永祥：《中国玉米品种改良及其种质基础分析》，《中国农业科技导报》2013年第3期。

任静：《种业出口贸易与育种技术创新的关系》，《中国科技论坛》2016年第4期。

王志伟：《云南省小麦主栽品种产量改良遗传进展研究》，《安徽农业科学》2012年第32期。

曾波：《近30年来我国水稻主要品种更新换代历程浅析》，《作物杂志》2018年第3期。

张园：《黄土高原沟壑区小麦品种产量结构的遗传改良及品质性状的演变》，《西北农林科技大学学报》（自然科学版）2009年第6期。

张泽民：《河南省1963~1993年玉米杂交种籽粒产量及其组成性状的遗传增益》，《作物学报》1998年第2期。

中国农技推广编辑部：《农业部组织实施新一轮农作物品种更新换代工作》，《中国农技推广》2017年第5期。

G.8 甘肃省农业机械化发展研究报告

赵武云 张雪坤*

摘 要： 本文在系统分析国内农业机械化发展现状及与国外发达国家农机化发展差距基础上，全面回顾了甘肃省农业机械装备、综合农机化水平、农机制造企业、农机学科发展等发展概况，认为甘肃省农机化发展存在耕地细碎化、农机装备不足、机械化综合利用水平低、农机社会化服务组织发展缓慢、农机农艺融合程度低、农业机械研发水平不高等问题与挑战，并从基础建设、农机装备结构、农机农艺融合、产学研结合、农机专业实用人才培养等方面提出了对策建议。

关键词： 农业机械化 农机装备 农机农艺融合 甘肃省

一 国内农业机械化发展现状

（一）国内农机化发展现状

1. 概况

中国农业机械化行业在经历了前些年的高速发展后，已经形成了一定的

---

* 赵武云，博士，甘肃农业大学机电工程学院教授，博士生导师，主要从事北方旱区作物生产装备工程研究；张雪坤，硕士，甘肃农业大学机电工程学院讲师，主要从事力学实验及仿真研究。

农业装备能力和机械化生产水平，建立了比较完善的农机化服务体系，开始进入中低速发展的新常态。2017年，全国农作物耕种收综合机械化效率达到66%，同比增长1%，农机总动力接近10亿千瓦，平均每公顷动力约5.7千瓦。生产大型拖拉机51052台。

2. 购机补贴政策

2017年，中央财政投入农机购置补贴资金186亿元，扶持159万农户购置机具187万台（套）。补贴政策重点推进敞开补贴、信息化管理、违规查处、新产品试点等工作，补贴工作管理机制与运行模式不断成熟，补贴政策逐渐由快速增长向精细、务实、普惠实施转变。农业部、财政部组织10省开展农机新产品补贴试点，组织6省市开展农机购置补贴引导植保无人机规范应用试点，有效带动了新技术、新产品的推广，同时鼓励各省新产品试点向丘陵山区急需适用机具倾斜，促进农机化水平区域间均衡发展。

农机购置补贴管理制度进一步完善，农业部、财政部制定了《农业生产发展资金管理办法》和《农业机械购置补贴产品违规经营行为处理办法（试行）》，探索开展机具唯一化监管，开展"一机一码"二维码标识研究。

3. 主要农作物全程机械化

2017年，农业部安排专项资金在全国范围内140个县（市、区）布局建设全程机械化试验示范项目，覆盖水稻、玉米、小麦、马铃薯、棉花、油菜、花生、大豆、甘蔗九大作物及牧草、青贮玉米，推出122个全程机械化示范县，示范区主要粮食作物耕种收综合机械化率超过90%，经济作物机械化率超过80%，高效植保、秸秆处理、产地烘干机械化能力分别达到60%、80%、40%以上。主要粮食作物综合机械化率突破80%；棉花耕种收综合机械化率达到73%，机采率达28%，其中新疆生产建设兵团棉花机采率达80%。

4. 科研投入和成果

2017年，中央财政经费投入总额达3.5亿元，启动了17项"智能农机装备"国家重点研发计划，每项经费均超过1500万元。农业部启动"十三五"重点实验室和科学观测实验站建设，新增农业部植保工程重点实验室、农业部农产品产地处理装备重点实验室等6个专业性（区域性）重点实验室，形成由1个综合性重点实验室、14个专业性（区域性）重点实验室和5个农业科学观测站组成的"现代农业装备"学科群实验室体系。中国农业大学和浙江大学的农业工程学科入选教育部"双一流"建设学科。

农机装备领域有6项创新成果获2017年国家科学技术奖励，7项科研成果和2个团队获2016~2017年度神农中华科技奖；北京市农林科学院赵春江研究员当选中国工程院农学部院士，农机行业院士已达6人。在农业部现代农业产业技术体系"十三五"新增岗位科学家中，农机岗位专家达到105人，覆盖全部50个农业产业体系。农机科研人才队伍建设取得了新进展。

5. 农机工业发展

2017年，全国农机工业总体实现正增长，2536家规模以上农机企业主营业务收入为4498.91亿元，比上年增长6.84%。有农产品初加工机械2752838台，同比增长10.46%；有饲料生产专用设备488035台，同比增长5.73%；有收获后处理机械976136台，同比增长5.52%；有棉花加工机械10889台，同比增长4.82%；在国家对种植业结构的深入调整及"粮改饲"项目推动下，大型自走青贮机械同比增长15%。农机进出口总额为123.27美元，其中进口额为22.83亿美元，同比下降1.78%；出口额为100.89亿美元，同比增长14.53%。

6. 绿色农机化、智能农机化

2017年，农业部印发了《全国农业机械化第十三个五年发展规划》，提出在"十三五"期间，我国要围绕强化创新、协调、绿色、开放、共享等五大发展理念促进农机化全程、全面、高质、高效发展，农业综合机械化率要达到70%。《农业部关于实施农业绿色发展五大行动的通知》、《2017年农机化促进农业绿色发展工作方案》明确提出了深入贯彻落实绿色生态导向的政策取向，充分发挥农业机械化对农业可持续发展的支撑作用，推进农机化技术与装备有效应用，促进农业绿色发展。

智能农机融合了信息技术、网络技术、控制与检测技术等先进科学技术，在精准作业、自动高效、安全性、可靠性等方面均比传统农业机械具有更大的优越性。农业部、工信部正在推动智慧农业的发展，推广北斗自动导航系统、精准变量作业等农机智能终端、"物联网+"在农业领域的应用。多个省份将精准节水、施药、施肥和"互联网+"作为全程机械化示范县"智慧农场"主攻方向。

（二）与国外农机化发展的差距

1. 机械化水平低，种植成本高

世界主要发达国家于20世纪六七十年代基本实现了农业机械化，如美国、加拿大、法国、日本、澳大利亚分别于1940年、1950年、1955年、1967年、1970年基本实现农业机械化。以实现高度发达的农业机械化、规模化和专业化生产的美国为例，2007年美国农业机械保有量原值达1749.8亿美元，单台拖拉机负担耕地面积85公顷，播种面积37.4公顷，收获面积28.57公顷。我国单台拖拉机负担耕种收面积均少于国外。

因我国土地、人工成本过高，主要农作物种植成本显著高于美国，种植小麦、玉米、大豆总成本分别比美国高203%、53%、80%。

2. 农机装备不足与结构不合理

2017年，我国农业机械装备总量还不能满足农业生产特别是特色产业快速发展的需要。装备结构不合理，动力机械多、配套机具少，农机装备的利用率偏低。2015年，在实现田间全程机械化生产的情况下，美国、英国农田作业平均每公顷动力为0.75~1.05千瓦，韩国约为4.95千瓦，我国为8.25千瓦。

3. 农民技术素质较低

国外拥有发达的教育培训体系，农民的文化技术素质较高。通过对农业从业人员的培训，农民能够掌握现代化的农业机械生产的使用、维护和修理等专业技能，促进了农业机械化整体效益的发挥。我国通过农机合作社、农机制造企业开展了一定的培训，但由于正规农机职前初等教育不足，农机从业人员技术素质仍有较大的提升空间。

4. 研发能力差距较大

发达国家已经建立了相当完善的农机科研、开发体系及社会服务体系，政府和农机企业均有专门的农机研发机构根据国情有选择的发展农机化。我国目前农机研发机构以高校和科研单位为主,产学研结合有待进一步加强。国内农机企业制造工艺和水平、产品质量及性能有待提高,自主研发能力与国外有加大差距。

5. 农机购置补贴力度需加大

发达国家在实现农业机械化的过程中制定了保护和扶持政策,通过立法形式对包括财政补贴、优惠贷款等促进农机化发展的各项政策措施做出具体的规定。我国从1998年起建立专项资金,用于农业机械购置补贴,提高了农民农机装备持有量,但农村居民人均可支配收入较低,大部分用于生活消费,农机购置补贴力度需进一步加大。

二 甘肃省农业机械化发展概况

(一)甘肃省农业装备水平概况

1. 农机装备总量持续增长

2017年,甘肃省农机总动力达到2018.59万千瓦,比上年增长6%;拖拉机达到81.9万台,同比增长1.8%;联合收割机达到1.02万台,同比增长6.64%;配套农机具达到180.66万台套,同比增长2.94%。农机装备总量逐年增加,2013~2017年全省农机装备总量如表1所示。

表1 甘肃省农机装备总量

指标	2013年	2014年	2015年	2016年	2017年
农业机械总动力合计(万千瓦)	2418.46	2545.71	2684.95	1903.90	2018.59
拖拉机(万台)	70.61	74.26	77.36	80.42	81.90
拖拉机配套农具(万部)	139.82	153.49	163.60	175.51	180.66
联合收割机(台)	5819	6989	8110	9559	10194

资料来源:甘肃发展年鉴编委会,《甘肃发展年鉴》2016~2017,中国统计出版社。

2. 农机购置补贴政策规范实施

农机购置补贴政策实施以来，为促进和推动甘肃省农业机械化发挥了重要作用。2005～2017年，全省共落实农机购置补贴资金40.04亿元，补贴农户和农业生产经营组织购置各类农业机械118.97万台（套），占同期全省农业机械总量的31.1%。2017年中央和省上投入资金6.171亿元，补贴购置农业机械4.8万台（件），受益农户和经营组织达到3.3万户，切实实现了农机购置补贴的"强农、惠农、富农"作用。

3. 主要农作物生产全程机械化示范

目前，全省建立玉米、马铃薯、中药材、林果、蔬菜、牧草生产机械化示范点203个，示范面积达到7000公顷，辐射带动面积4万多公顷，形成分作物、分区域全程机械化模式54个。其中，投入省级资金150万元，建设省级示范点10个；落实农业部资金100万元，建设国家级示范点3个；民勤县、肃州区被农业部评为全国率先基本实现主要农作物生产全程机械化的示范县。

4. 农机合作社建设成效明显

近年来，组织开展"一乡一农机合作社"建设试点、农机合作社装备提升、农机合作社示范社创建、农机社会化服务组织规范化建设与功能拓展示范创建等工作，省级专项扶持农机合作社394个，认定全国农机合作社示范社4个、省级农机合作社示范社70个、省级农民（农机）专业合作社示范社25个。2017年，全省农机合作社达到1843个，比上年增长22.9%，各级财政专项扶持资金达到3960万元。

5. 农机社会化服务能力提升

2017年，全省农机化作业服务组织达到4112个，比上年增长42.48%；农机户达到116.3万个，同比减少11.9%。全省举办各类机具演示会655次，培训农机实用技术人员22.12万人次。

（二）甘肃省农业机械化水平概况

2017年，甘肃省农作物耕种收综合机械化率达到53.89%（见图1），比上年增长2.71%。小麦、玉米、马铃薯机械化率分别达到83.3%、

56.7%、43.15%，分别较上年增长1.1%、6.2%、5.35%（见图2）。全年农机化技术推广面积达到257.60万公顷，比上年增长4.5%；机耕、机播、机收面积分别达到332.76万公顷、182.47万公顷、136.49万公顷，分别增长20.44%、7.66%、10.7%。机耕率、机播率、机收率和综合机械化率逐年增加，机械化水平持续提高（见图3）。

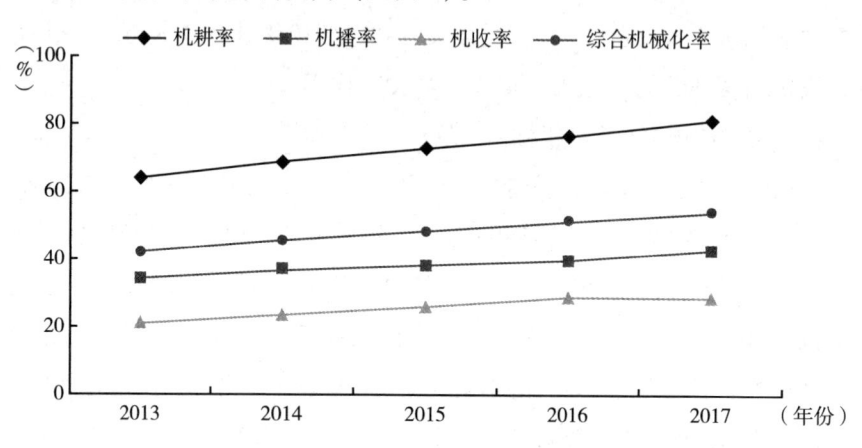

图1　甘肃省农作物耕种收机械化率

资料来源：甘肃发展年鉴编委会编《甘肃发展年鉴》2016～2017，中国统计出版社。

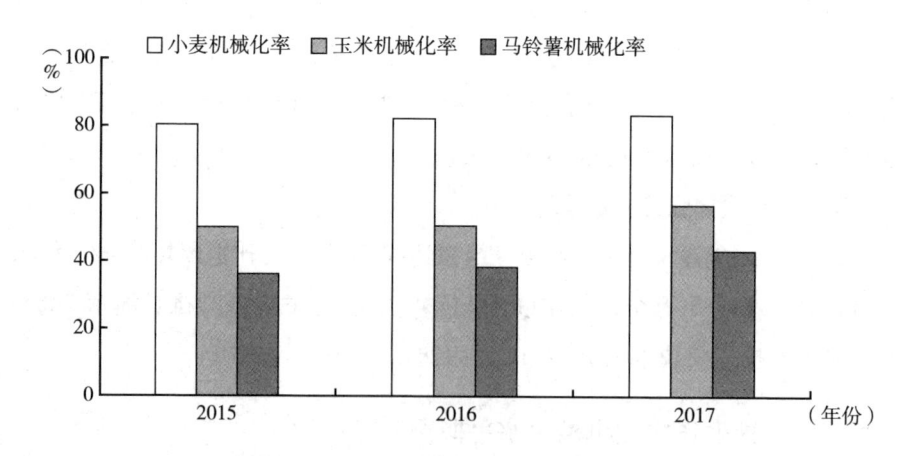

图2　甘肃省主要粮食作物综合机械化率

资料来源：《甘肃省农业机械化工作综述》，《甘肃日报》2017年3月9日；《在全省农业机械化工作会议上的报告》，2018。

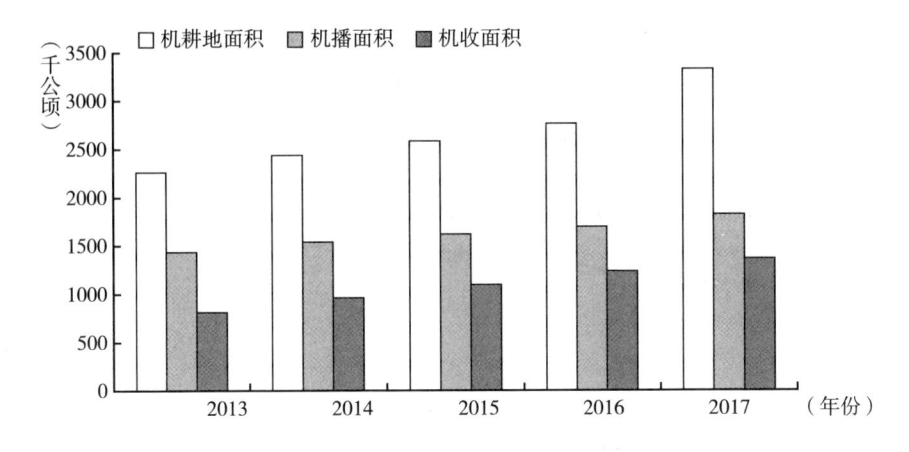

图3 甘肃省当年机械化耕种收面积

资料来源：甘肃发展年鉴编委会编《甘肃发展年鉴》2016~2017，中国统计出版社。

2017年，组织开展了"粮改饲"试点工作，159个项目实施主体种植或收贮优质饲草面积2.24万公顷，推动试点县粮、经、饲三元结构调整优化。推进草产业发展和秸秆饲料化利用，完成人工种草47.5万公顷，苜蓿面积达到69万公顷。规模化种草基地面积超过20万公顷，草产品加工量达到310万吨，全省秸秆饲料化利用量达到1535万吨。

加快农机化新技术新机具推广，完成保护性耕作技术示范面积433.3公顷，机械深施化肥面积达到81.1万公顷，机械全膜双垄沟播面积达到73.7万公顷，机械植保面积达到61.6万公顷。

（三）甘肃省农机制造企业概况

"十二五"期间，甘肃省农机企业借势农机购置补贴等多项政策，生产企业达到130多家，其中规模以上企业为15家，农业机械及配套农机具生产能力覆盖11大类、400多个品种，基本形成了以旱作农机具为主、种类齐全、型号多样且具有地方特色的农机装备制造企业群，逐步形成"政府扶持、市场引导、社会参与"的农机装备制造推进新格局，企业生产集中度、技术改造与研发能力的不断提高，为农机工业转型升级奠定了坚实基础。2015年甘肃省办公厅印发了《甘肃省现代大型农机发展规划（2015~

2020年)》，为农机装备制造业发展和现代农业建设绘制了新的蓝图。截至2017年底，全省农机经营服务总收入、纯收入分别达到113亿元、43.6亿元，分别较上年增长9%、10.4%（见图4）。

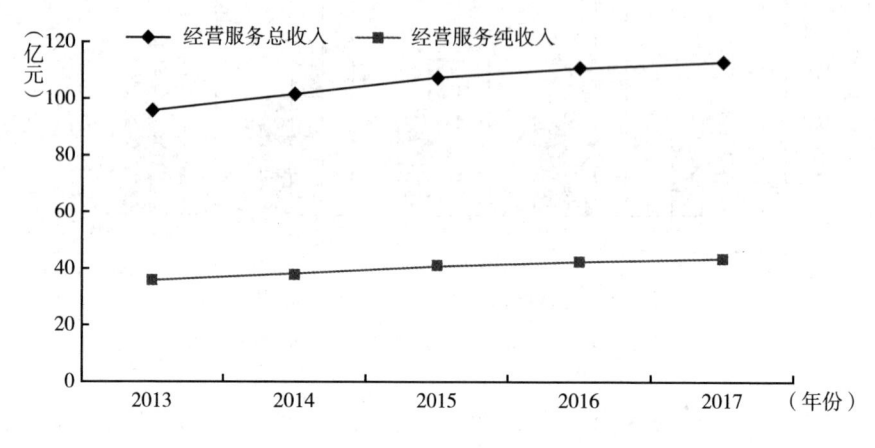

图4　2013~2017年甘肃省农机经营服务收入

资料来源：中国农业机械化信息网。

（四）甘肃省农机学科发展概况

1. 学位授权点与人才培养

甘肃农业大学农业机械化及其自动化本科专业为国家级特色专业，农业工程学科为甘肃省重点学科；拥有农业工程一级学科硕士点、北方旱区作物生产装备工程二级博士点。2017年农业工程一级学科博士学位授权点获批，实现了甘肃省农业工程高层次人才培养的突破，形成了学士、硕士、博士多层次人才培养体系，为西北地区农业机械化人才的培养提供了平台。

2. 科研平台

甘肃省现有农业机械化领域的国家级工程技术研究中心1个、国家级重点实验室1个，省级重点实验室4个、省级工程技术研究中心5个、省级工程实验室1个，为农业机械的研发提供了良好的科研平台（见表2）。

表2 甘肃省农机相关科研平台

类别	名称	依托单位
国家级工程技术研究中心	国家种子加工装备工程技术研究中心	酒泉奥凯种子机械股份有限公司
国家与地方联合工程实验室	种子加工成套装备国家地方联合工程实验室	酒泉奥凯种子机械股份有限公司
农业部平台	农业部种子加工技术装备重点实验室 北方马铃薯全程机械化科研基地	酒泉奥凯种子机械股份有限公司 甘肃农业大学
省级工程技术研究中心	甘肃省农业机械工程技术研究中心 甘肃省节水灌溉技术及装备工程技术研究中心 甘肃省节水农业工程技术研究中心 甘肃省农用动力机械工程技术研究中心	甘肃省机械科学研究院 甘肃大禹节水股份有限公司 甘肃农业大学 甘肃洮河拖拉机制造有限公司
省级重点实验室	甘肃省种子加工技术装备重点实验室 甘肃省农产品干燥工程重点实验室 甘肃省节水灌溉技术与装备重点实验室 甘肃省草地农业机械重点实验室	酒泉奥凯种子机械股份有限公司 甘肃省机械科学研究院 甘肃大禹节水集团股份有限公司 甘肃省机械科学研究院
省级工程实验室	甘肃省旱作农业装备工程实验室	甘肃农业大学

资料来源：省级工程技术研究中心、省级重点实验室、甘肃省科技厅网站科技统计。

甘肃省建立了2家农业机械化相关的院士专家工作站：酒泉奥凯种子机械股份有限公司种业装备院士专家工作站、甘肃省机械科学研究院有限责任公司院士专家工作站，聘请中国工程院院士罗锡文、中国工程院院士任继周、中国农业机械化科学研究院副院长方宪法等农机行业专家。甘肃农业大学与洮河拖拉机制造有限公司于2014年成立甘肃农业大学临洮旱作农业装备产业专家院。通过院士专家工作站和专家院的建立，对提高新技术、新工艺、新产品、新装备的研发能力起到了很大的作用，有效提升甘肃省农机装备智能化制造水平。

3. 科研情况

甘肃省生态农业装备产业技术创新战略联盟承担了多项农机相关的国家重点研发计划、农业部公益性行业专项、国家自然科学基金、甘肃省重大专项等课题，如甘肃省机械科学研究院主持的国家重点研发计划子课题"自走式饲用甜高粱联合收获打捆机"、甘肃农业大学主持的农业部公益性行业

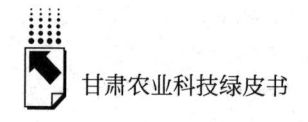

专项"黄土高原小麦玉米油菜田间节水节肥节药综合技术方案"，国家重点研发计划子课题"西北多石壤土的高性能挖掘装置设计开发"等。

三 甘肃省农机化发展目标及存在的差距

（一）发展目标

根据《甘肃省"十三五"农业现代化规划》和《甘肃省"十三五"农业机械化发展规划》要求，到"十三五"末，全省农机总动力达到3150万千瓦以上；农机经营服务总收入达到130亿元以上，纯收入达到50亿元以上；扶持农机专业合作社366个以上；农机安全生产形势持续稳定向好，规范和扶持农机专业合作社达到1500个以上；累计实施农机深松整地作业补贴面积156.7万公顷。大力开展主要农作物全程机械化推进行动，主要农作物耕种收综合机械化水平达到60%左右，农业科技进步贡献率达到57%以上。

聚焦耕整地、种植、植保、收获、秸秆处理、残膜回收等主要环节，突破全程机械化所需机具的瓶颈制约；围绕特色产业、优质林果、蔬菜、中药材等优势经济作物的高效农业灌溉技术、机械化生产技术、烘干机械技术及机具装备的集成与研发制造，构建分作物、分区域的全程机械化生产模式；实施"互联网+"现代农业行动，深入实施农业信息化示范工程和农业信息化示范基地建设，培育一批带动性强的"互联网+"特色产业领军企业，推动农业机械化"全程、全面、高质、高效"发展。

（二）面临的挑战

1. 耕地细碎化与机械化作业不相适应

甘肃省农民人均耕地为0.18公顷，但70%的耕地是山旱地和坡地，机耕道等配套农机化设施建设滞后。耕地细碎化，使用权分散，通行性、进入性差，现代化的机械耕作方式推广困难，这种现状决定了在甘肃省东南部中小型农业机械在今后较长时间内依然占据主导；随着农业产业结构调整，河西、沿黄灌区和陇东塬区土地流转加快，部分区域将形成土地连片生产经营的情况，大型农业机械将面临发展机遇。

2. 农机装备不足与结构不合理

农业机械装备总量还不能满足农业生产特别是特色产业快速发展的需要。装备结构不合理，动力机械多、配套机具少；小型拖拉机多、大中型拖拉机少；粮食生产机械多、经济作物及特色产业机械少。

3. 农作物耕种收综合机械化水平低

主要农作物耕种收综合机械化水平低，对特色优势产业发展支持不强。2017年甘肃省主要农作物耕种收综合机械化水平达到53.89%，与全国综合机械化率66%差距依然较大。甘肃省小麦、玉米、马铃薯生产综合机械化水平分别为83.3%、56.7%、43.15%，而蔬菜、水果、油料、中药材、棉花等作物机械化发展水平还非常低。

4. 农民购置农机的积极性不高

近年来，甘肃农民人均收入持续增长，2016年农村居民人均可支配收入为7457元，但与全国12363元相比仍有较大差距，在全国各省市农民收入仍处在倒数第一位，以基本生活消费支出为主。由于农业机械前期投入较高，农民没有充足的购买资金，主动购置农机的积极性不高。

5. 农机社会化服务组织发展缓慢

近年来，甘肃省农机专业合作社取得了长足发展，但农机合作社库棚建设用地不足的问题日益凸显，一些配套设施和服务严重滞后，基层农机推广、监理等队伍老化，专业实用人才缺乏，知识更新慢，行业职能发挥不够充分，难以适应新时期农机化跨越发展的需要。

6. 农机农艺融合不够

农机农艺融合的体制机制尚未建立，农艺技术与农机化技术融合度低，目前在开展技术宣传活动、试验基地建设及推广过程中各自独立，技术研究人员和推广人员，农机农艺知识不够全面，在技术培训活动或技术推广过程中将会产生技术单一化现象，导致农民仅仅掌握一方面知识。农民科技文化

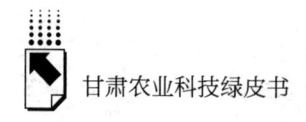

素质不足是农机农艺融合的最大障碍，直接影响现代化农业的建设进程。

7. 农机研发能力和制造水平有待进一步提高

目前甘肃省农机企业无论从数量，还是规模、制造水平上与农机化发达省份相比均存在较大差距。市场上销售和农户、合作社使用中占主导地位的农机具，尤其是大中型农机具，仍主要来自引进国外发达国家或东部省份。由于种植模式、作物品种等方面的差异，引进的产品不同程度上存在无法适应本地作业或作业不稳定等问题。同时由于农业机械产学研合作的脱节，导致新的科研成果无法有效实现产业化推广，也影响到农机化研发与制造整体水平的提高。

四 甘肃省农机化发展对策

1. 加强农机化基础建设，努力改善全程机械化的发展条件

大力推进综合配套高标准农田建设，着力改善农业机械化生产基础设施条件，增强农机化发展后劲；加快推进农村土地经营权有序流转，形成规模经营，提高机械化生产效率，降低生产成本；进一步完善农机化公共服务体系，大力支持农机安全监理、农机推广鉴定等公益性设施建设，改善农机化工作及发展条件，持续提高农机化试验、示范、培训等服务能力；开展农机化信息服务平台建设。

2. 促进农机装备结构优化升级，全面提升农业生产机械化水平

加强农业机械选型及配套机具试验工作，努力提高机械化技术集成和装备配套水平；发展节能型复合作业农机产品，减少机具进地次数，达到节本增效、节能降耗的目的；保持动力机械规模稳定增长的同时，大力发展配套机具的研发推广，改善作业机械和动力机械的配套比，提升农业机械对农牧业生产的贡献率。

根据地区特性发展推广不同作物生产机械，全面提升小麦、玉米、马铃薯、中草药等主要作物生产全程机械化水平；加快蔬菜、牧草、林果等优势经济作物生产关键环节的机械化技术及机具研发，逐步将农机作业范围由田

间作业环节向产前、产中、产后全过程机械化拓展，全面提升农业机械化水平。

3. 加强农机农艺融合，促进农机农艺协调发展

科学制定农机与农艺的结合规划，严格遵循相互适应、全程结合、相互促进的基本原则，贯穿农业生产全过程，形成一套完善的农机与农艺深度融合的生产模式及技术体系。农机部门要主动研发适应现代农业技术、与农艺要求相符的新农机；农业部门不仅要研究能促进农机发挥作用的农艺、农技，还要时常针对农机部门和生产单位提出与新农艺相适应的新型农机课题。

4. 发展农机社会化服务，培育壮大全程机械化的生产主体

根据当地农业生产和特色产业发展需要，积极培育多元化的农机社会化服务组织、农业生产规模经营者等市场化生产主体。明确农机合作社服务范围，扶持建设一批设施齐全、特色鲜明、运行规范的农机合作示范社。积极培育多元化农机社会化服务组织，引导和鼓励农机户和农机服务组织开展跨区作业、订单作业、托管服务、租赁经营、承包作业服务和机械统一作业服务，切实提高主要作物生产的组织化程度，提高农机利用率和经济效益，以农机服务产业化推进主要农作物生产全程机械化，逐步建立新型农机社会化服务体系，促进农业生产标准化、规范化和规模化发展。

5. 深入推进农机化示范区建设，健全农机管理体系，加强农机专业实用人才培养

整合农机化发展扶持政策和项目，资金向农机化示范区倾斜，建立并逐步完善政府、农民、社会多元化的投入机制，鼓励广大农民和农机户采取不同方式积极参与示范建设，为农机化示范建设提供保障；健全农机管理体系，建设农机化行政管理、技术推广和安全监理系统，持续完善基层农机机构组织体系，增强公共服务能力；结合农机化示范区建设，依托农业院校或技术推广机构，加强农业机械化管理和技术人才、实用人才培训工作，提升基层农机社会化服务能力。

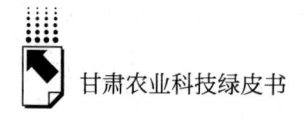

6. 深化产学研合作，提高农机研发与制造水平

依托兰州大学、甘肃农业大学、甘肃省机械科学研究院等大专院校、科研机构、农机生产企业，组建甘肃省生态农业装备产业技术创新战略联盟，重点围绕甘肃省农业特色产业全程机械化生产和种养业废弃物资源化利用机械化技术等薄弱环节，搭建科技协同创新平台，探索机制灵活、运营高效的生态农业装备产业创新体系，加速创新成果转化与应用，整合力量推动甘肃省农业机械装备水平提升。充分发挥产学研优势，辐射和带动农机领域的发展，促进全省农业机械装备结构改善、质量提升、技术推广和效益提高。

7. 持续实施农机购置补贴

按照《甘肃省2018～2020年农业机械购置补贴实施方案》，切实推进农机购置补贴政策。保障发展粮食和主要农产品生产全程机械化的需求，侧重短板机具和智能装备；加大对支持农业绿色发展的机具和环保、节能农机装备的补贴力度；开展薄弱环节短缺机具、智能多功能机具和甘肃省农业特色产业全程机械化发展所需机具的补贴试点工作，推进新技术的转化和新产品的推广应用。

参考文献

安世才、盛国成、袁明华：《对甘肃省耕种收综合机械化快速发展的探讨》，《农业机械》、2014年第5期。

白学峰、鲁植雄、常江雪、戚锁红、刘奕贯：《中国农业机械化现状与发展模式研究》，《农机化研究》2017年第10期。

程兴田：《对甘肃省农机工业的浅析及思考》，《农机质量与监督》2015年第6期。

《甘肃省"十三五"农业机械化发展规划》，http：//www.gsny.gov.cn/apps/site/site/issue/zfxxgk/xxgkml/ghjh/2017/02/22/1487745990508.html，2017年2月22日。

贾怀德：在全省农业机械化工作会议上的报告，2018。

雷高宁：《甘肃省农业机械购置补贴政策及其影响研究》，兰州大学硕士学位论文，2015。

南农:《2017 中国农机化发展白皮书》,《南方农机》2018 年第 9 期。

郑晓莉:《甘肃省农机社会化服务组织发展现状与对策建议》,《农业科技与信息》2015 年第 14 期。

中国农业机械化协会:《发达国家农业机械化发展情况分析及借鉴》,中国农业出版社,2017。

中国农业机械化协会:《农业机械化研究文选(2017)》,中国农业出版社,2018。

G.9
甘肃省农业信息化发展现状及技术研发要点

秦春林 秦来寿*

摘 要： 农业信息化是发展现代农业的重要手段，是实现农业与工业、城市与乡村、科技与产业融合发展重要桥梁，也是我国贫困地区农村脱贫致富、产业结构调整的一项利器。甘肃省把信息化作为加快农业现代化发展的抓手和精准扶贫的重要措施，在农村信息基础设施、农业信息服务体系、农业信息化应用、农村电子商务等方面等取得快速发展。但因甘肃经济基础薄弱，在农业信息化方面还存在经费投入不足、农业信息资源开发程度低、信息技术人才缺乏等问题。结合近年来农业信息发展趋势，借鉴东部省份农业信息化经验，提出"农业信息资源整合与共享服务标准体系研究"等五项农业信息化技术研究发展要点。

关键词： 农业信息化 技术要点 甘肃省

2018年，我国颁布的《乡村振兴战略规划（2018～2022年）》明确提出：要加强农业信息监测预警和发布，提高农业综合信息服务水平；鼓励对农业生产进行数字化改造，加快信息技术与农业生产生活深度融合，提高农

---

* 秦春林，高级农艺师，高级程序员，在甘肃省农业科学院农业经济与信息研究所工作，长期从事农业信息化研究与应用工作；秦来寿，推广研究员，在甘肃省农业信息中心工作，长期从事农业信息化研究推广与管理工作。

业信息化水平。2016年以来,甘肃省认真贯彻落实《"十三五"国家信息化规划》,制定了《甘肃省"十三五"信息化发展规划》,积极推进电信普遍服务试点县建设项目,在农村信息基础设施建设、农村电子商务、农业信息化应用、农业信息服务体系建设、网络扶贫等方面取得了显著成效。

一 农业信息化基础设施建设

农村信息化基础设施是农业信息化发展的必要条件。2015年,国家财政部、工信部根据国务院部署,实施电信普遍服务试点项目,通过中央财政补贴带动基础电信企业投资的形式,在全国开展了三批次村村通光纤试点建设,2018年又提出了深化电信普遍服务"升级版"方案,重点支持农村偏远地区和边疆、海岛地区4G网络建设。

甘肃电信、联通、移动、广电四大电信运营商通过三年努力,到2018年12月甘肃省农村行政村光纤网络实现了99.9%的覆盖,为全省农村农业信息应用推广工作提供了基础保障。2017年中国移动完成全省乡镇、重点旅游风景区、交通干线移动4G网络100%覆盖,行政村4G网络覆盖率达99.07%,自然村覆盖率达95.79%。中国联通信3G/4G移动信号实现全省乡镇全覆盖,行政村覆盖率达到81.88%(见表1、表2),国道、高速公路、铁路沿线、主要景区实现4G信号全覆盖。截至2018年3月,全省移动电话交换机容量达到5227万户,基站数达到14.07万个,其中3G基站有4.11万个,4G基站有6.64万个(资料来源:甘肃省通信管理局)。

表1 甘肃联通3G/4G网络村级覆盖情况(截至2018年12月)

地区	行政村数(村)	3G/4G 覆盖村数(村)	3G/4G 覆盖率(%)
兰 州	748	723	96.66
天 水	2503	2274	90.85
白 银	714	625	87.54
酒 泉	474	430	90.72

续表

地区	行政村数(村)	3G/4G覆盖村数(村)	3G/4G覆盖率(%)
张 掖	847	752	88.78
武 威	1147	1057	92.15
金 昌	138	138	100.00
嘉峪关	17	17	100.00
定 西	1888	1504	79.66
平 凉	1458	1366	93.69
庆 阳	1333	1181	88.60
陇 南	3173	2224	70.09
临 夏	1155	852	73.77
甘 南	3172	2224	70.11
全 省	18767	15367	81.88

资料来源：中国联通甘肃省公司。

表2 甘肃省2018年电话及网络发展情况（截至2018年10月）

月份(2018年)	固定电话用户 城市用户	固定电话用户 农村用户	移动电话用户 移动电话总用户	移动电话用户 其中3G用户	固定联网接入用户 其中4G用户	互联网宽带接入用户	其中：FTTH/O用户	移动互联网用户
10	2366301	925339	27302038	2597616	20648747	7094961	6599349	20849263
9	2371166	924305	27327305	2632968	20485596	6896233	6387305	20694063
8	2376333	924851	27182287	2645471	20214264	6656566	6124389	20519285
7	2391381	925967	26872498	2672518	19663143	6561420	6008802	20153701
6	2389189	920161	26697392	2752805	19242496	6410556	5840757	20024487
5	2391183	914973	26437002	2837207	17915038	6299654	5677200	19757819
4	2394400	902581	26188881	2799109	17724017	6202782	5556203	19510939
3	2391395	907531	26013545	2618798	17965757	6124458	5426940	19902656
2	2395298	904977	25739310	2493823	17849616	6026392	5302505	19769486
1	2396640	890983	25511897	2445352	17688691	5910075	5199764	20436039
增长率	-1.3%	3.86	7.0%	6.2%	16.7%	20.0%	26.9%	2.0%

资料来源：甘肃省通讯管理局。

二 农业信息技术应用

（一）涉农网站建设

甘肃农业信息网是甘肃省最大的农业信息综合网站，也是甘肃省权威的农业政务、农业信息发布门户网站，提供农业政策法规、报道"三农"工作动态、发布农业市场信息、开展农业技术服务。2015年甘肃省农业信息网改版后，设有农业概况、政策法规、农业要闻、信息联播、价格信息、分析预测、科技动态、实用技术、劳动力转移、农业专家库等45个一级栏目、110个二级栏目、96个三级栏目，地方特色逐步鲜明。甘肃农业信息网整合甘肃省农机购置补贴信息管理系统、农村集体三资管理平台、甘肃农业行政综合执法网、农业信息快报等28个农业信息化应用系统平台和全省14个市州、86个县的农业信息联播子系统，形成甘肃农业信息站群体系，每天发布信息500条以上。甘肃农业信息网站多次被农业部评为农业类网站100强，成为甘肃农业的一张名片。

除甘肃农业信息网以外，近年来还涌现出一批优秀的农业企业网站，如："菁茂农业"、"爽口源"、"中天羊业"等，在全国网站排名中靠前。另外全省还有160多个涉农网站，如"甘肃新农村网"、"甘肃新农村商务网"、"甘肃农业经济网"等。

（二）涉农信息系统建设

甘肃省地区差异大，资源禀赋与产业优势明显。近年来全省特色产业快速增长，优势产业带基本形成。全省特色优势农产品占整个农作物播种面积的一半以上。根据甘肃省特色产业的发展需要，先后开发了"甘肃农业信息监测预警系统"、"甘肃智慧农业大数据平台"、"甘肃土壤数据库"、"基于GIS的甘肃土壤施肥专家系统"、"蔬菜病虫害咨询诊断系统"、"甘肃种子质量跟踪与追溯平台"、"甘肃农业技术转移平台"、"甘肃昆虫数据库"等信息系统。其中"甘肃农业信息监测预警系统"建设了省级农业数据中心，在全省56个县建立信息服务站（点）1万多个、农产品批发市场农情信息采集点60个。全省基层信息服务组织延伸到所有乡镇和80%以上的行政村，初步形成农业农情监测预警体系。

（三）智慧农业与物联网应用

智慧农业是将物联网、大数据、3S、通信技术等现代信息技术运用到农业生产、经营、管理、服务中，实现农业精准化生产、科学化管理、智能化服务，是现代农业发展的高级阶段。近年来，甘肃省各地积极推进农业物联网试点工作，探索智慧农业发展途径。

甘肃省农技推广总站开发的"甘肃马铃薯专家系统"为全省马铃薯生产的品种选择、病虫害防治和栽培技术决策提供服务。甘肃省耕地质量管理总站开发的"测土配方施肥系统"为农民选肥、施肥提供决策建议。目前已在21个县开展试点，累计服务农户80万户。甘肃省农业信息中心实施的"甘肃省农村信息公共服务网络工程（二期）"，在敦煌、白银等8个县（区）建立大田种植、设施农业、规模养殖等物联网技术应用试点。如白银安泰和养殖专业合作社物联网试点，在现有生猪养殖圈舍内安装养殖环境监测与控制设备，开发农业物联网应用管理平台和安全追溯系统，实现养殖全过程的数据采集、处理、分析，大幅提高了养殖的科学化管理水平。甘肃绿洲有机农业有限公司智能温室管理系统，通过物联网智能控制技术，设施蔬菜化肥施用量减少15%、节水20%、节省劳动力成本50%以上、综合节能30%以上。

兰州市开发建设的"农业远程视频专家诊断系统"，建成了1个控制中心、两个诊断分中心，100个远程视频点，采用远程诊断技术，提高了蔬菜病虫害诊断效率和生产服务水平。榆中县榆兴生态农业公司将"物联网、云计算、大数据"技术与传统农业生产相结合，充分应用现代信息技术成果，在农业生产和农村管理中实施远程控制、远程诊断、灾变预警，打造农业生产、农产品加工、观光旅游、休闲体验等为一体的现代农业发展模式。张掖市"甘州区设施园艺数字农业建设试点"，在62座日光温室中利用物联网技术，实现蔬菜生长环境监测、生产过程管理、产品质量安全监控等智能化管理，展现出智慧农业的巨大发展前景。

（四）农业大数据应用

2018年，甘肃省加入了全国苹果大数据发展应用协作组，围绕全省苹果生产、投入、贮藏、加工、市场、种质资源保护管理等关键环节，通过产业数据监测统计、互联网数据挖掘、物联网动态感知、检测机构分析等数据采集渠道，制定苹果数字资源指标体系，进行数据资源整合。选择有一定大数据应用基础的果园作为试点，打造一批智慧果园，建立从数据采集到应用的创新体系，为果农提供大数据生产经营指导服务。在2018年11月首届全国苹果大数据发展应用高峰论坛会议上，甘肃礼县苹果电商发展案例、甘肃天水苹果大数据应用案例、甘肃宁县智能气象助手3个典型案例被列入全国苹果大数据发展应用案例。

"中国农产品供需分析系统（CAPES）甘肃省级平台"于2018年12月上线运行。CAPES系统涵盖数据分析报告、历史数据、价格报送4大板块及2010年以来全部农业历史统计数据，可以查阅"牛、羊、菜、果、蔬、药"六大产业各环节的基础数据和全国主要农产品批发市场的价格信息，从而实现对全省6大产业全产业链的信息监测分析。

三 农村电子商务发展

农村信息网络和现代物流业的发展普及为农村电子商务发展插上了腾飞的翅膀。甘肃省政府非常重视电子商务产业的发展，制定出台了《甘肃省人民政府办公厅关于促进农村电子商务加快发展的实施意见》、《加快促进电子商务产业发展的意见》、《甘肃省电子商务发展规划（2015~2017年）》等多项政策性文件，规范和加强电子商务的发展。在《甘肃省"十三五"农业现代化规划》中，对农业信息服务和农村电商做出具体要求，提出：构建农业信息服务平台；培育多种规模的电子商务企业；扩大电商平台销售种类和数量；形成仓储、冷链物流、包装、配送等一体化的联合公司。

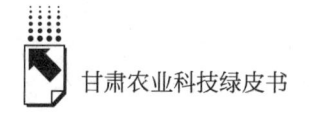

（一）电子商务示范县城市、示范基地、示范县等多种项目积极开展

从2012年开始，国家商务部、发改委、财政部等部门联合安排中央预算资金，扶持农村电子商务建设。以项目带动形式，在全国先后组织实施了电子商务示范企业、电子商务示范城市、电子商务示范基地、电子商务进农村示范县等项目建设，极大促进了地方电子商务企业和农村电商发展。2015年，甘肃省被商务部确定为国家电子商务进农村综合示范省，2015~2018年，商务部连续四年组织实施电子商务进村示范县建设，甘肃省先后有60个县（区）入选示范县（见表3），覆盖率达70%。通过项目带动，资金支持，全省农村电子商务得到迅速发展和普及。

表3 甘肃省国家级电子商务示范城市、示范企业、示范基地、示范县入围情况

项目名称	牵头部门	年度	数量	名单
电子商务示范企业	商务部	2011~2012	1	甘肃陇萃堂营养保健食品有限公司（陇萃堂）
		2013~2014	1	甘肃烽火网络有限公司（嘉酒视窗网）
		2015~2016	1	兰州惠商电子商务有限责任公司（三维商城）
		2017~2018	2	敦煌智慧旅游有限责任公司（驼行网）、甘南藏宝网络商务开发有限责任公司（藏宝网）
电子商务示范城市	发改委、商务部、财政部等	2013（第二批）	1	兰州市
		2016（第三批）	1	陇南市
电子商务示范基地	商务部	2015（首批）	1	酒泉市
		2015（第二批）	2	陇南电子商务产业孵化园、兰州新区联创智业园
电子商务进农村示范县	商务部	2015	8	华池县、宁县、庄浪县、环县、民勤县、岷县、成县、会宁县
		2016	20	靖远县、景泰县、礼县、宕昌县、灵台县、合水县、静宁县、武山县、永登县、临潭县、夏河县、山丹县、古浪县、镇原县、和政县、广河县、临泽县、玉门市、永昌县、渭源县
		2017	12	秦安县、徽县、康县、榆中县、甘谷县、永靖县、安定区、泾川县、庆城县、天祝县、正宁县、合作市
		2018	20	陇西县、崆峒区、清水县、文县、西和县、临夏市、卓尼县、两当县、皋兰县、麦积区、漳县、武都区、临洮县、东乡县、迭部县、舟曲县、积石山县、通渭县、碌曲县、张家川县

资料来源：商务部、发改委网站。

（二）甘肃农村电子商务发展成效显著

"十三五"以来，甘肃省结合扶贫攻坚工作，积极推进农村电商发展，发展成效显著。一是省、市、县、乡、村电商扶贫服务体系初步建立。从2015年开始，甘肃省筹集资金，在国家电子商务进农村示范县的基础上，选择75个贫困县中的75个乡镇、225个村建立县、乡、村三级电商扶贫服务体系，开展电商扶贫试点工作，规模逐年扩大。截至2017年底，甘肃全省已建成75个县级电商服务中心、1159个乡（镇）电商服务站、5360个行政村级电商服务点。二是农产品电子商务交易额进一步提高。据甘肃省商务厅统计，2017年，甘肃全省电子商务交易额达2760亿元，同比增长32.7%；注册地在甘肃省的零售网店约45000个，其中80%的网店从事农产品销售，交易额占全省电子商务总额的65%。三是本土电商平台快速发展。农村电商发展持续推动了"订单农业"的发展，扩大了本省特色农产品种植面积，催生了一批本土化农村电商龙头企业，如巨龙集团、三维商城、陇萃堂等甘肃著名电商平台。四是与国内著名电商企业阿里巴巴、京东、苏宁开展合作，签署了农村电商发展战略合作协议，结合"千县燎原计划"、"千县万村"计划的落地实施，借助外省先进经验，农村电商平台得到进一步发展，电商服务体系不断优化。

（三）农村电子商务显著促进了农民收入增长

电商作为一种新型的经济业态，已经成为农村脱贫致富的重要路径。陇南市在制定发展规划时，因地制宜，选择在电子商务方面发力突破，大力推进农产品电子商务工作，先后选择750个贫困村开展电商扶贫试点工作。通过发展电子商务，成县核桃、武都花椒和橄榄油、文县茶叶和纹党参、礼县苹果、康县黑木耳、宕昌县中药材等特色农产品销量大增。截至2018年9月，全市共开办网店14602多家、微店1万多家，市、县、乡三级电商扶贫服务体系基本建成，拥有各类物流企业296家、快递服务站1028个，累计实现农产品网络销售118.28亿元。

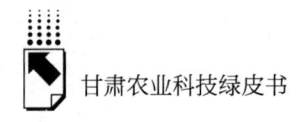

地处陇东北部干旱山区的国家级贫困县环县借助电商平台销售当地优质的小杂粮、滩羊、黑山羊等农产品，一年就收入3200多万元，直接带动贫困群众人均增收180多元。渭源县有650户贫困户发展电子商务产业，每户年均增收730元。西和县电商企业、物流企业、网货加工企业吸纳贫困群众务工就业，平均提高就业人员可支配收入497元。

（四）甘肃农村电子商务模式不断创新

甘肃省各地积极发展农村电子商务，模式不断创新。如成县探索出"平台带贫"、"网店带贫"、"信息带贫"、"就业带贫"和"工程带贫"五种扶贫模式；华池县探索出"互联网+电商+旅游"模式，实现了旅游、餐饮、民俗文化与电子商务平台有效对接；"文县优选"采用了四网融合手段，将网站、手机网页、手机App、微信商城结合在一起，形成全方位购买渠道，客户无论用支付宝，还是微信、网银，都可进行付款。岷县探索的"电商+互助资金+贫困户"、"电商+加工大户+互助资金+农户"等模式，建立了贫困村互助资金倍增工作机制，依托电商平台获取互助资金，促进农产品网络销售，再向贫困户分红，带动1350多户贫困户人均增收2000多元。多种农村电商模式的创新与竞争发展，带动甘肃农村经济发展迈上新的台阶。

四 农业信息化服务体系建设

（一）"12316三农服务热线"

"12316三农服务热线"作为甘肃传统的农村信息化服务系统，经过近10年的发展，从最初的一部热线电话，发展成为集"12316"热线、短彩信平台、网站、微信、微博、QQ交流群、远程视频诊断系统，以及一档电视节目、两档广播节目为一体的综合农业信息服务平台。近年来，甘肃省农业农村厅围绕"12316"信息服务、电子商务、物联网、远程视频诊断等多种方式开展农业信息服务，不断完善农业信息化服务体系，截至目前，基层信息服务体系覆盖全省所有乡镇和80%以上的行政村，乡村信息员人数达到3.4万名，农业信息综合覆盖率达到100%。

2018年，甘肃"12316"平台受理咨询30多万例，日咨询量超过1000个；制作播出"12316"广播直播节目700多期，拍摄《12316走进三农》电视节目50期；"12316"网站发布信息2500多条、微信1500多条、腾讯及新浪微博1000余条，整理专家问答信息500多条。组织专家现场培训用户近万人次，为广大农民群众解决了生产生活中大量的困惑和难题。

（二）益农服务平台

益农服务平台（暨全国信息进村入户总平台）是由农业部主导、中国电信承接运营，面向全国农民提供农村生产生活共性服务。作为农村信息综合服务平台，益农服务平台已在全省大面积推广应用，逐步延伸到通网络的农户家中，为农民和新型农业经营主体提供公益信息服务、便民服务、电子商务和培训体验服务。

作为劳务输出大县的甘谷县利用益农服务网，创建400就业云平台，结合"SYB培训"让农民在家自主创业，为当地农民提供更多就业渠道。宁县依托益农服务平台开展农资农产品代办、代购、代销等业务，帮助农户推销黄花菜、核桃、杏脯等当地特色农产品，并借助"农技宝"终端，开展电话咨询、信息采集上传等特色业务。

益农信息服务社已在甘肃各地兴起，为当地农民和新型经营主体提供了便捷、优质、高效的生产和生活信息服务。2017年12月，甘谷县腾达益农信息社、甘谷县康久中药材种植益农信息社、宁县寺底村正淋禾益农信息社、宁县贡家村庆丰种养殖益农信息社被农业部办公厅评为全国益农信息社百佳案例。

五　网络扶贫

网络扶贫是贯彻落实习近平总书记关于"实施网络扶贫行动，推进精准扶贫、精准脱贫,让扶贫工作随时随地、四通八达,让贫困地区群众在互联网共建共享中有更多获得感"的指示精神,充分发挥互联网的驱动作用,让互联网发展成果惠及13亿中国人民的重大举措。2016年10月,中央网信办、发改委、扶贫办联合发布《网络扶贫行动计划》,并在甘肃等7个省区开展网络扶贫试点工作。

2017年6月,《甘肃省网络扶贫行动实施方案》出台,提出到2020年全省贫困地区基本实现网络覆盖、服务覆盖、信息覆盖;贫困户能够利用电商平台购买生活用品和生活资料,并能销售自产的农副产品。2018年,甘肃省扶贫大数据平台与全民健康信息平台对接,实现了扶贫人口数据信息与健康档案、电子病历信息共享互通,开展了贫困地区健康数据综合分析、疾病信息分类统计评价等工作。

在电商扶贫方面,甘肃省积极行动,在深度贫困县建设县级电商服务中心,已有1169个有建档立卡贫困乡镇建成了1032个乡级服务站,3720个深度贫困村已建成2636个村级服务点。同时积极开展电商东西协作,建成临夏州"厦门馆"、甘南州"天津馆"、陇南市"青岛馆"、定西市"福州馆"4个东部地区电商协作体验馆,征集全省300多种知名度高、特色明显的优质特色农牧产品入驻。陇南市根据《甘肃省网络扶贫行动实施方案》,在450个贫困村开展了电商扶贫试点,带动2.45万户贫困户5.6万人稳定就业,贫困区群众人均增收430多元。

六 农业信息应用典型案例

(一)"三农服务热线"+特色产业模式

"三农服务热线"是农民最熟悉、最方便使用的农业信息服务方式。对一些电话描述不清或者带有普遍性的技术问题,服务团队专门组织相关专家,赶赴现场解决。如陇南市礼县养殖户通过热线电话反映家中羔羊持续死亡的情况,"三农服务热线"动物疫病专家会同陇南当地畜牧兽医部门技人员冒雨前往养殖户家中，解剖病羊，找到病因，提出防治措施，并对附近其他养殖户进行集中培训。"三农服务热线"组建特色产业专家团队，深入田间地头，解决农业生产中遇到的技术问题，提高了农民群众科学种养能力，促进了特色产业的发展，形成新的农业信息服务模式。一些农民在专家的指导下，逐步成长为扎根当地本土专家。

（二）甘肃良源公司"基地+贮藏+电子商务+物流"苹果产业发展模式

甘肃良源农业有限责任公司是礼县一家集果品蔬菜种植、储藏加工、购销、技术指导、电子商务培训、网站经营、进出口贸易为一体的涉农企业，2014年公司成立以来，已形成"基地+贮藏+电子商务+物流"一条龙产业链发展模式。该公司通过果园实时视频监控装置进行"果园到舌尖"的网络促销活动。旗下的四个淘宝店"礼县苹果店"、"呼啦果"、"我爱花牛"、"土包子网店"和两个天猫店铺"卤城苹果旗舰店"、"呼啦团旗舰店"在2017年"双11"节当天苹果销售额达到231万元。在发展电子商务的同时，该公司在当地建成10000吨气调库，保障优质苹果的贮存保鲜，带动礼县13家农村电商企业、30多个农村电商团队、300多个网店和微商，开展苹果销售业务。

（三）陇西县"新媒体+App"模式

陇西县结合"百技百企联百村带千户"和"百名农技人员进万户助农增收大服务"等活动，组织基层农业部门、涉农企业、专业合作社108名党员专业技术人员利用手机微信、陇西农业微信公众号等新媒体平台，分产业、分产品建立QQ群、微信群，开发手机客户端，及时共享、交流产业、产品信息，对特色产业生产进行技术指导。这种信息服务模式投资小，使用简单，已成为陇西县"三农"工作者、涉农企业及专业合作社、贫困户广泛使用的一种方式。同时陇西县建成了"牛羊建档立卡信息管理系统"，开发了客户端，指挥中心通过管理平台直接向养殖户发布养殖技术、市场信

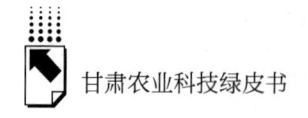

息、疫情防控、通知公告等信息，养殖户也可通过客户端对饲养中出现的问题语音留言、发送图片和视频进行咨询。

七 甘肃农业信息化发展中存在的问题

（一）农业信息化经费投入不足

甘肃省经济发展落后，用于农业农村信息化建设的资金不足，信息化资金投入主要依靠国家项目支持，地方财政投入主动性差，缺少可持续的农业信息化建设资金渠道。另外，项目经费投入也仅限于项目前期建设和网络软硬件设备购置，而后期维护、农村信息员及农户培训、信息更新等没有持续资金保障。

（二）农业信息资源开发与整合程度低

农业信息资源开发利用是反映农业信息化水平的重要指标，包括农业自然资源和经济资源两大部分，其表现形式各类农业应用系统和平台。甘肃省农业信息资源开发应用存在的问题主要表现为：一是农业信息数据库开发利用程度低，数据库质量参差不齐，数据不完整，适应性差；二是信息集成共享度低，各类平台所收集的信息零散，缺少完整的产业链信息，不能吸引服务对象；三是相关行业部门长期形成条块分割机制，各部门之间的信息和应用系统之间不能互联、互通和共享，大量的信息资源封闭在部门内部，没有得到充分开发利用；四是县、乡级网站、网点信息资源开发程度低，信息更新滞后，时效性差。

（三）农业信息技术人才缺乏

甘肃省农业行业中信息技术从业人员总量偏少，高层次的信息人才更是紧缺，这已成为制约全省农业信息化发展的最大瓶颈。另外，人才分布也不合理，越到基层信息技术人才缺乏问题就越突出，尤其是到乡镇、村级组织，信息技术人才严重缺乏，导致农村信息服务站点利用效率很低，甚至存在空耗的现象。

八 农业信息化技术研究发展要点

当前，信息技术已广泛应用渗透农业生产和农村生活各个方面。甘肃省各级政府经过多年努力，在农村信息基础设施建设、农村电子商务、农业信息服务体系建设、网络扶贫等方面取得长足发展，并总结出多种经验和模式，但在农业信息化技术研究方面还存在短板。结合农业信息化发展趋势，借鉴国内发达省份实践经验，提出甘肃农业信息化技术研究要点。

（一）农业信息资源整合与共享服务标准研究

针对农业信息资源整合与共享需求，开展资源元数据、资源分类、资源共享、数据格式转换、应用接口等统一技术框架标准体系研究，为用户提供资源入库的标准模板；另外，考虑共享数据的在线化、增量化特点，研究农业信息资源存储与更新机制、安全保障机制，形成完整的农业信息化建设标准体系，为全省农业信息资源整合共享提供基础保障。

（二）农业信息综合感知技术研究与示范

开展土壤、环境气候、水质以及农业现场生产环境视频图像信息智能感知关键技术研究。针对甘肃不同地区农业生产特色，以大田种植、温室种植、设施化畜禽养殖等农业生产过程为对象，开展基于农业现场信息全面感知技术研究和应用示范，逐步建立面向全省农业环境智能感知信息服务系统。

（三）农业农村信息化三网融合平台研究

针对农民用户在多种场所（例如信息服务站、田间、家里等），使用多种终端（例如手机、平板、电脑、电视）的应用场景，研究账号统一管理

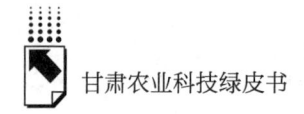

技术、内容进度标签管理技术，建立三网融合交互平台，实现农业资讯信息在电视、手机、PC等多种网络终端、多种信息平台之间无缝切换、自动连续观看，并通过分布式存储与内容分发技术，达到稳定、流畅、高效的农业信息应用效果。

（四）特色农产品精细化管理和质量追溯研究

随着甘肃省特色农产品产业规模不断扩大，以及市场竞争的日益加剧，假冒伪劣产品充斥市场，严重影响了具有竞争力的特色农产品品牌形成。为有效解决此问题，开展特色农产品精细化管理技术和产地标识、质量追溯研究。通过采用多源信息获取技术和物联网控制技术，实现特色农产品生长信息、环境信息的智能化采集和实时监测，并与地理空间信息结合起来，建立基于RFID和移动二维码的农产品防伪标签系统，在此基础上设计建设农产品地理标识与质量管理系统，为广大消费者提供产品防伪和质量溯源服务，保证特色农产品的道地性和质量安全。

（五）基于物联技术的农产品物流关键技术研究应用

针对当前农产品流通、交易过程中信息缺失、价格失真等问题，研究农产品物流过程控制技术，实现全物流链互联、交易互动、信息共享；研究农业电子商务多元信息协同服务模式以及农产品价格影响因素筛选分析，通过构建农产品价格模型、应用智能算法，预测农产品的价格走势。建立统一平台，提供农产品流通、交易环节的信息共享、价格预警、运输管理、销售管理等业务。

参考文献

苟斌强等：《天水市智慧农业发展对策探析》，《农业科技与信息》2017年第20期。
财政部、工信部：《关于深入推进电信普遍服务试点的通知》，2018。

戴正宗：《打造电信普遍服务"升级版"》，《中国财经报》2018年7月27日。
甘肃省人民政府：《甘肃省"十三五"农业现代化规划》，2016。
甘肃省人民政府：《甘肃省"十三五"信息化发展规划》，2016。
甘肃省人民政府：《甘肃省电子商务发展规划（2015~2017年）》，2015。
甘肃省人民政府：《甘肃省人民政府关于加快电子商务产业发展的意见》，2014。
甘肃省人民政府办公厅：《关于促进农村电子商务加快发展的实施意见》，2016。
国务院：《关于促进农村电子商务加快发展的指导意见》，2015。
国务院：《关于积极推进"互联网+"行动的指导意见》，2015。
国务院等：《国家乡村振兴战略规划（2018~2022年）》，2018。
国务院等：《国家信息化发展战略纲要》，2016。
胡圣方：《甘肃电子商务发展报告》，载《甘肃商贸流通发展报告（2018）》，社会科学文献出版社，2018。
农业部：《"十三五"全国农产品质量安全提供规划》，2017。
秦春林：《甘肃省农业信息化发展研究报告》，《甘肃农业科技发展研究报告》，社会科学文献出版社，2016。
孙正丽：《甘肃省农产品电子商务模式的发展研究》，甘肃农业大学硕士学位论文，2018。
腾达益农信息网：《甘肃省天水市甘谷县腾达益农信息社》，《农业工程技术》2018年第6期。
许尔君：《甘肃电商扶贫成效调查与分析（2014~2016）》，《甘肃商贸流通发展报告（2017）》，社会科学文献出版社，2017。
严存义：《打造贫困群众脱贫新引擎》，《甘肃日报》2018年11月18日。
张立华等：《甘肃农业信息化发展现状、存在问题及对策》，《农业科技与信息》2011年第20期。
中央网信办等：《加快实施网络扶贫行动》，2016。
钟永玲等：《从"地里刨食"到"网上淘金"——甘肃省"互联网+"产业扶贫模式与思考》，《农村工作通讯》2017年第11期。

G.10
甘肃省质量兴农研究报告

白滨 柳利龙 徐瑞 张爱琴[*]

摘　要： 坚持质量兴农，就是在保证农产品质量安全的基础上，调整优化农业生产力布局，推动农业由增产导向转向提质导向，实现农业的优质化、特色化、品牌化。本文对全国质量兴农发展动态和甘肃省质量兴农发展现状、科技需求及未来发展方向等进行了综述；从农业标准化建设、农产品品牌培育、农产品质量监管体系和农产品质量安全示范县建设等方面，深入分析和探讨了甘肃省质量兴农发展现状和存在的问题；同时，准确把握推进质量兴农、绿色兴农、品牌强农的思路布局，从政府服务和科技发展两个层面对甘肃省质量兴农工作进行了展望。

关键词： 农产品　质量与安全　标准化　农产品品牌　甘肃省

"十三五"时期是我国进入全面建成小康社会的决定性阶段，也是我国由中等收入水平向高收入水平迈进的关键时期，城乡居民收入稳定上

---

[*] 白滨，副研究员，甘肃省农业科学院农业质量标准与检测技术研究所所长，农业农村部农产品质量安全风险评估实验室（兰州）主任，主要从事农产品质量安全与营养、农畜产品检测、畜禽健康养殖、农业剩余物资源化高效利用等研究；柳利龙，甘肃省农业科学院农业质量标准与检测技术研究所助理研究员，主要从事农产品质量安全与营养研究；徐瑞，甘肃省农业科学院农业质量标准与检测技术研究所助理研究员，主要从事农产品质量安全风险评估研究；张爱琴，甘肃省农业科学院农业质量标准与检测技术研究所研究实习员，主要从事重金属及微量元素检测与方法研究。

升的同时，消费结构也得到快速升级，农产品从过去"有没有"、"够不够"的数量需求问题，转变为现在对"好不好"、"优不优"的质量安全问题，吃得安全、优质、营养、健康，已成为人民群众对美好生活的新期待。坚持质量兴农战略，就是以农业供给侧结构性改革为主线，以优化农业产能和增加农民收入为目标，在保证农产品质量安全的基础上，调整优化农业生产力布局，推动农业发展由增产导向转向提质导向，最终实现乡村振兴。

一 质量兴农发展动态

近年来，农业农村部门将"质量兴农"作为实现乡村振兴的主要任务来抓，农产品质量安全水平、农业标准体系建立、监管体系队伍建设、化肥农药减施等方面取得了显著成效，同时农业农村部将2018年确定为"农业质量年"，全面推进质量兴农、绿色兴农、品牌强农战略实施。

（一）农产品质量安全水平总体平稳向好

根据农业农村部农产品质量安全例行监测（风险监测）结果，"十二五"末，全国五大类农产品蔬菜、水果、畜禽产品、水产品和茶叶例行监测平均合格率达97.1%，其中蔬菜、畜禽和水产品例行监测合格率依次为96.1%、99.4%和95.5%，分别比"十一五"末提高3.0、0.3和4.2个百分点；2016和2017年全国农产品例行监测平均合格率分别为97.5%和97.8%。农产品质量安全水平总体呈现稳中向好的发展态势，无重大农产品质量安全事件发生，农产品因质量安全原因受阻、封关事件基本解决（见图1、图2）。

（二）农业标准体系不断完善

我国以保障农产品质量安全为重点，实施标准先行、品牌增效发展战略，建设农业标准化体系，开展标准化生产创建，有效促进了农业生产方式

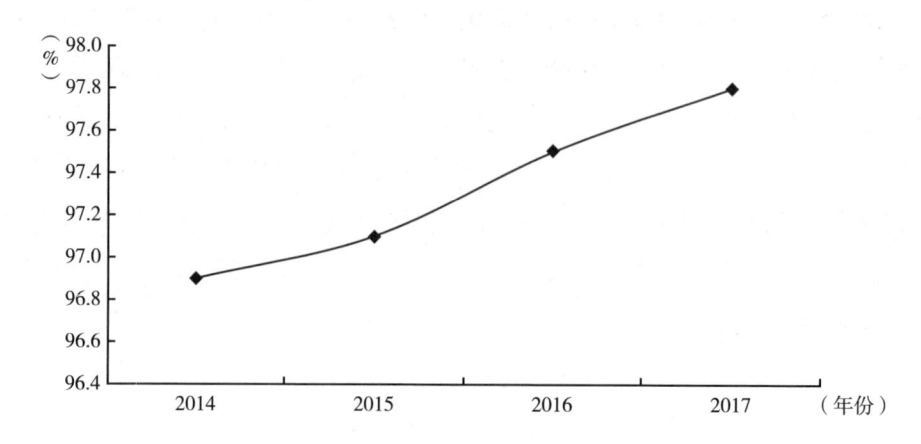

图1 2014~2017年我国农产品例行监测平均合格率

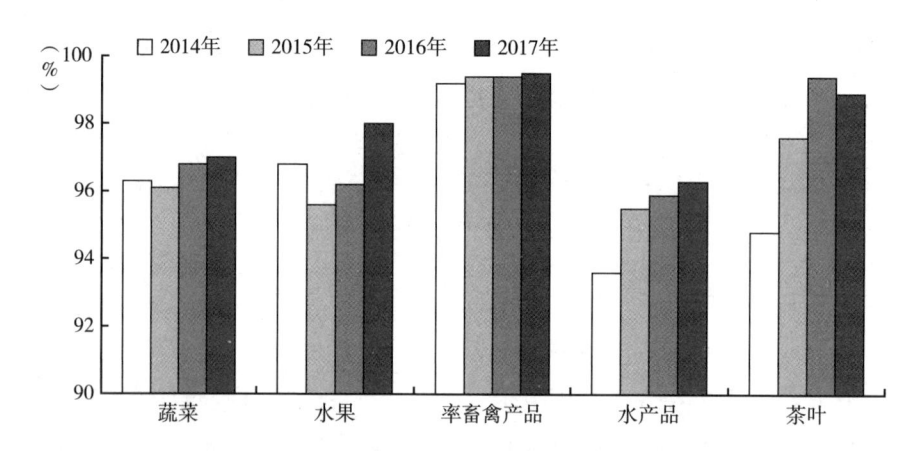

图2 2014~2017年我国五大类农产品例行监测合格率

资料来源：农业农村部新闻动态网站。

的转变。截至2017年，制定发布农业国家标准和农业行业标准分别为6678项和5704项，国家标准中农药和兽药残留限量标准分别为4140项和1548项，基本覆盖了我国主要食用农产品和常用农兽药品种，我国也因此连续11年成为农药残留国际标准制修订主席国；农业标准体系现已逐步建立和完善，农业合作社和家庭农场基本能够实现按标生产；创建畜禽养殖标准化示范场、水产健康养殖示范场、园艺作物标准园和热带作物标准化生产示范园11280个、标准化示范县185个；现已通过认证且处在有效期内的"三品一标"农产品总数达到12.1万个，安全优质品牌农产品占比大幅增加，更好地适应了城乡居民的消费需求。

（三）体系队伍基本构建

目前，全国所有省（区、市），接近90%的地市、80%的县（区、市）、97%的乡（镇）均建立了农产品质量安全机构，包括行政管理的监管局处科办、吹哨为主的质量安全中心站所、优质化推进的优农中心站处、"三品一标"机构，农产品质量与安全专职从业人员约有15万人。部、省、地、县四级农产品质检机构有3300多个，检测人员有3.5万人，每年承担政府委托检测样品量1500万个左右。各级农技推广部门更加重视绿色优质化技术推广与示范。

（四）化肥农药减量增效明显

推进农业绿色发展是农业供给侧结构性改革的主攻方向，加快化肥、农药减量增效是促进农业绿色发展的重要措施。2017年我国三大粮食作物小麦、水稻、玉米化肥和农药利用率为37.8%和38.8%，较2015年分别提高2.6和2.2个百分点，经济、生态效益显著。目前，化肥使用量已实现零增长，农药使用量已连续3年负增长，提前3年实现了化肥、农药使用量零增长的目标。

二 甘肃省质量兴农现状

（一）甘肃省农产品质量总体现状

近年来，甘肃省坚持源头控制，推行标准化生产，实施全程管控技术，提升监管能力，农产品质量安全有很大提升，全省农产品质量安全例行监测平均合格率稳定在98%以上，高于全国平均水平，全省农产品质量安全形

势持续稳定向好，没有重大农产品质量安全事件发生，切实保障人民群众"舌尖上的安全"，促进农业提质增效。

（二）农业标准化生产现状

1. 标准制修订进程明显

近年来，甘肃省以保障农产品质量安全为目标，以粮食、草食畜、蔬菜、特色林果、中药材等为重点，不断加快标准制修订，扎实推进质量兴农工作。截至2017年，全省累计发布农业地方标准1800余项，其中"三品一标"标准634项。2013年以来制订地方标准近500项，其中技术规程/规范类302项、农作物品种类86项、"三品一标"63项、农业机械类27项。基本形成覆盖全省大宗、优势、特色农产品的地方农业标准体系，为提高农产品质量和培育地方名特优新农产品品牌打下了坚实基础。

2. 标准化生产规模不断扩大

近年来，甘肃省不断强化农业标准化意识，以标准化促进产业化，逐步把农业生产的全过程纳入标准化管理轨道。截至2017年，全省已建成省级农业标准化基地80个、苹果标准化示范园265个、高原夏菜和设施蔬菜标准化示范小区1350个、畜禽标准化养殖场9314个；创建完成"全国绿色食品原料标准化生产基地"16个，对接龙头企业48家、农户40万户；2个全国绿色食品原料标准化生产基地和8个省级绿色食品标准化生产基地进入创建期。

3. "三品一标"总量稳步提高

近年来，各级政府的大力支持和各级工作机构、生产企业的共同努力下，坚持走标准化、品牌化、产业化相结合的路子，不断创新发展模式，使认证产品总数在全国处于中等偏上水平，产品质检合格率稳定保持在98%以上，从而为全省提升农产品质量安全水平、保障优质产品供给，以及农业绿色发展发挥了积极作用。截至2017年，全省认证的"三品一标"产品达到1759个，其中无公害农产品811个、绿色农产品752个、有机农产品119个、地理标志农产品77个。

（三）农产品品牌培育现状

甘肃省具有独特的农产品发展优势，近年来，甘肃省认真实施品牌化战略，扎实开展标准化生产，培育品牌主体，强化品牌营销，完善品牌政策，着力打造和提升陇牛、陇羊、陇果、陇药、陇薯、高原夏菜等一批"陇"字号品牌，已培育形成蔬菜、优质林果、草食畜、马铃薯、中药材和现代制种六大特色优势产业，逐步形成有竞争优势的产业集群。甘肃省也因此成为全国重要的优质农畜产品和道地中药材供应基地。截至2017年，六大特色产业认证产品数为685个，占全省认证产品总数的40%；兰州百合、岷县当归、秦州大樱桃、平凉红牛、武都橄榄油、和政啤特果等72件农产品获得全国驰名商标认证，使特色农产品知识产权得到有效保护，同时解决了有"品"无"牌"的问题，提升了甘肃绿色生态农产品的知名度和美誉度，有效促进了特色农产品品牌创立和区域优势产业的发展，推进了精准脱贫。

（四）农产品质量安全监管体系建设现状

1. 农产品质量安全监管能力逐渐增强

近年来，甘肃省认真贯彻实施农产品质量安全"一法一条例"，基本建立了由行政管理、检验检测、三品一标、风险评估和科学研究等5个体系组成的农产品质量安全监管服务体系，不断增强农产品质量安全监管能力。组建了甘肃省农产品质量安全监督管理局，成立了甘肃省绿色食品办公室，专门负责农产品质量安全监管工作。14个市州、86个县市区也都分别设立了农产品质量安全监管机构，90%以上的涉农乡镇设立了农产品质量安全监管服务站，省市县乡四级农产品质量安全行政监管体系基本形成；国家安排甘肃省农产品质检体系建设项目94个，涵盖14个市州、76个县市区，落实中央投资3.2亿多元，农产品质量安全检测体系基本建成并投入运转；"三品一标"产品监管工作也实现了省、市、县全覆盖，全省共有专职工作人员2836人，产品抽检合格率稳定在98%以上；农业农村部授牌成立1个区域性农产品质量风险评估实验室、1个专业牲畜产品质量安全风险评估实验室和3个农产品质量安全风险评估试验站（武威、定西、平凉），全省农产品质量安全风险评估体系基本建立；甘肃省农业科学院农业质量标准与检测技术研究所等专门从事农产品质量安全的科学研究机构逐步增加，农产品质量安全科学研究体系逐步完善。

2.农产品质量安全追溯体系建设进程加快

建成了1个省级农产品质量安全追溯信息平台，17个市级、107个县级、719个乡（镇）级监管机构追溯信息平台，农产品生产经营主体追溯示范点增加至600多个，已基本建成省、市、县、乡四级追溯信息平台，同时将1200多家监管机构，3000多名监管人员，8200多家种植、养殖基地和农资经营门店纳入追溯信息平台进行管理，有效扩大了追溯范围和提升了追溯效率。

（五）农产品质量安全示范县建设现状

在国家层面上，2016年，靖远县、永昌县被农业农村部命名为"第一批国家农产品质量安全县"，2017年，凉州区、西峰区、陇西县、临泽县4个县（区）被纳入第二批国家农产品质量安全县（市）创建试点单位；在省级层面上，2017年，凉州区等16个县区被甘肃省命名为"第一批省级农产品质量安全县"，嘉峪关市、金昌市被命名为"第一批省级农产品质量安全市"，玉门市等9个县（区、市）被认定为第二批省级农产品质量安全县创建试点单位。农产品质量安全县创建以来，全省农产品质量安全水平稳步提升，成效显著，农产品综合抽检合格率稳定在98%以上，为全省农业农村经济持续稳定健康发展做出了积极贡献。

（六）化肥农药减施成效显著

近年来，甘肃省严格实施农药化肥零增长行动，加大绿色防控技术推广应用，取得了显著的成效。2016年，甘肃省成为农药减量最大的省份，减少8933吨，减幅为11.3%，施药强度降低2.21千克/公顷；化肥施肥总量下降4.6%，施肥强度降低11.9千克/公顷。2017年，农药投入减少172.2吨，化肥投入减少23.05万吨。

三 甘肃省质量兴农存在问题及科技需求

(一)甘肃省质量兴农存在主要问题

1. 农业标准化生产体系建设不完善

(1) 农业标准体系缺乏系统性。甘肃省农业地方标准主要集中在种植、养殖技术规程方面,特别是部分名特优新农产品缺乏农兽药残留、重金属污染及添加剂等有毒有害物质残留限量及检测标准;加工及收储运环节标准不足,使得生产与市场、流通环节衔接不紧密;部分农产品的技术指标和质量安全标准可操作性较差,产品标准和检验检测方法还没有完全配套。

(2) 标准内容较农技发展滞后。全省农业地方标准是根据省内农业生产实际需求制定的,由于全省整体经济发展落后于全国其他省份,先进的农业生产技术不符合落后的生产力,落后的生产现状限制了地方标准制修订,标准内容无法满足现今的农技水平发展,致使技术法规和标准中技术含量普遍较低。目前,全省有773项农业标准需要进行修订。

(3) 标准化生产意识薄弱。甘肃省农业标准化生产推广方式单一、队伍势弱,省内农业生产多存在个体经营,其规模小、分散程度高、人口普遍受教育程度低,对标准化生产技术吸收能力弱,逐渐形成了数量高于质量、经济高于生态、即得效益高于长远发展的观念,使得一些低质量的大宗农产品供过于求,而优质、无公害农产品总量不足,不能满足市场需求。

2. 农产品品牌培育力度不足

(1) 品牌建设定位不明,意识不强。从生产者农户、加工企业到政府管理部门,对地方特色农产品品牌培育和建设的重要意义认识不充分,投入少且建设特色农产品品牌的理念还未形成,只是通过增加设备、扩大规模、增加产量来实现品牌的建立,忽略了品牌建立的定位思考和文化理念的传播,导致成本与收益呈反比。

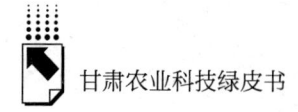

（2）企业品牌规模小，价值有限。甘肃省的特色农产品企业以初级产品生产为主，受限于科技水平，缺乏深加工。因此，造成了企业品牌建立门槛低、分散程度高，又受市场容量的限制，企业之间形成恶性竞争，使得相似技术的企业品牌规模无法扩充，品牌价值更是无法体现，甘肃农产品在"中国500强最具价值品牌"排行榜中无一上榜。

3. 农产品质量安全示范县建设步伐缓慢

全国农产品质量安全提升规划要求到"十三五"末，质量安全县试点单位创建工作应当覆盖所有"菜篮子"大县。目前，全省被农业农村部授予的"国家农产品质量安全县"仅有永昌县和靖远县，步伐较全国其他省份缓慢。

（1）部门协作发挥不充分。甘肃省对农产品质量安全县创建工作有认知偏差，仅认为抓好标准化生产和农产品质量监管即可，忽略了提升群众素质、抓好舆论监督和污染治理等其他方面，缺乏多部门联合行动和管理。

（2）社会联合行动意识淡薄。创建农产品质量安全县，一方面是提高城乡居民对农产品质量安全的满意度和参与度，另一方面是激励和引导人人能够参与到该项工作中来。但往往农产品质量安全仅变成了政府的监管责任，缺少与群众的互动，丧失了群众监督和反馈在农产品质量安全体系中的广泛力量。

（3）缺乏创新性。农产品质量安全县建设应当因地制宜，甘肃省部分"菜篮子"大县属于国家级贫困县，在创建过程中，应当根据自身经济情况和制约短板，提出不同的创建模式，通过创新形成自己鲜明的特色。

4. 农产品质量安全全程管控技术薄弱

（1）农产品"多而散"，管控技术缺失。甘肃省特色农产品种类较多、规模小、分布散，农产品自然生长特性和生物活性属性要素复杂，供给时效性要求高，使得安全管控较其他产品复杂。目前，还没有完全形成针对这些特色农产品的质量安全全程管控的技术规范，对重要的危害因素及农产品安全危害规律认识欠缺，造成生产者和生产企业无法可循。

（2）管控手段不多，风险评估与防范技术不够。农产品生产企业，除了依托社会专门部门的安全管控体系外,还应当掌握实用的产地环境、投入品检验鉴别和产品安全检验的手段和规范,尤其是关键环节标志警示方法缺失。

(3)生产和收储运环节管控存在漏洞,易造成隐患。农产品在包装上缺少相关的安全信息标识,未能使用先进的物联网丰富监管手段,使得全程安全监控技术不能实现无缝衔接,从而影响农产品质量安全监管的整体效能。

5. 农产品质量安全追溯体系有待完善

(1)制度保障力度薄弱。制度保障是农产品质量安全追溯体系建立的根本。农产品生产链条长、环节多,其质量追溯体系的建立是一个长期的、系统的工程,制度的建立应当具有长远的目标,相关法律的颁布为制度长效、高效的实施提供支持。

(2)技术支撑手段缺乏。目前,甘肃省的安全追溯体系刚刚起步,仅处在建档和上传数据的过程中,缺乏整体的顶层设计和总体要求,欠缺操作层面的指南和标准,对编码设计、数据交换、查询方式等运行节点缺少设计,各试点间的追溯资源相互隔离,不能达到真正共享。

(3)追溯平台缺乏联动。各地区、各部门根据自身需求,为开展农产品质量追溯建立不同平台,虽然在一定范围内实现了追溯管理,但不同平台系统之间缺乏沟通、协调和共享,致使各种地方性、行业性追溯管理脱节,造成监管部门对接障碍,生产者管理困难,消费者难以查询。

6. 农产品质量安全监管体系尚不健全

(1)基层监管机构能力不足。县(区)和乡(镇)农产品质量安全监管机构是农产品质量安全监管体系建立的基础。但鉴于甘肃省经济状况,达不到所有涉农县区质量安全监管工作经费均纳入财政预算,科技人员储备欠缺,大型仪器不能在各县(区)、乡(镇)普及,缺乏低成本的危害因子快速检测技术,造成部分基层农产品质量安全监管能力缺失。

(2)农产品质量安全风险评估等科研体系投入不足。风险评估作为农产品质量安全监管的重要环节,一直缺乏甘肃省内条件建设等项目的资金辅

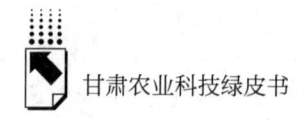

助。甘肃省农业科学院农业质量标准与检测技术研究所作为全省主要风险评估研究机构，与其他省份专业研究机构相比，在硬件上差距较大。在科学研究方面，科研立项不受重视，与发达省份之间的差距持续拉大。

（二）甘肃省质量兴农工作科技需求

1. 名特优新农产品标准制修订

完善甘肃省名特优新农产品的理化指标要求及产品最低质量要求等农产品质量标准，包括重金属含量、农兽药残留最大限量、添加剂等强制性标准，同时制定推荐性的外观感官指标及其他等级要求的农产品质量分级标准，两类标准相互配合，形成一套完整合理的体系；对于安全管控标准的制修订，应当开展大量的危害物在农产品中代谢规律的基础研究，以期制定切实可行的安全生产过程控制技术规范。

2. 农产品质量安全检测技术研究

根据全省农业当前发展的状况，不断提高和创新检测技术，提升农产品质量安全检测速度和准确性。改进和融合现有样品前处理方法，研究对农产品中微量、痕量成分提取分离更加高效简便的新技术；利用现代生物、化学和物理的优势，研究农产品中营养品质和功能成分的无损快速检测技术、农产品品质量分的智能化新方法、未知污染物的识别筛查技术，以及开展重金属、农兽药、生物毒素和有机污染物等快速检测技术研究。

3. 特色农产品营养品质评价研究

开展兰州百合、优质林果、畜产品、蔬菜、马铃薯、苦水玫瑰、黄花菜和小杂粮等本省特色农产品营养品质评价及特质性营养成分研究，对农产品中碳水化合物、蛋白质、脂肪、矿物质元素、维生素及其他各类微量功能活性成分进行检测，并对其组成进行分析鉴定，建立完整的特色农产品营养成分数据库。

4. 农产品精深加工技术创新

开展特色农产品加工过程中营养品质保持技术、食品绿色加工制造技术、食品功能因子高效提取分离技术、真菌毒素加工脱毒技术等研究；开展甘肃道地大宗中药材有效成分高效提取技术及相关产品研发技术研究。提升农产品附加值，有效推进特色农产品品牌建设。

5. 优化追溯数据库平台建设和管理

利用"互联网+"技术，研发更加快速方便的信息采集技术，制定统一标准、统一规范的追溯体系技术规范和管理流程，优化数据库软件设计和数据分析功能，明确数据库后台管理权限，建立消费者投诉和数据统计处理系统，不断优化、完善和扩充追溯平台的设计和功能，真正实现数据共享、平台联动。

6. 农产品质量安全全程管控技术研究

综合考虑甘肃省农畜产品的种类、规模和环境等因素，制定、完善农产品生产和收储运过程中主要污染物危害途径的综合防控技术；利用云计算、物联网、大数据等现代信息技术，实现全程监控技术的无缝衔接。

四 质量兴农未来发展方向

质量兴农是新时代中国特色农业现代化道路的战略选择，也是破解农产品供求矛盾、适应新时代社会需求升级的迫切要求。未来甘肃省要认真贯彻落实习近平总书记关于质量兴农的重要指示精神，坚持把优质"产出来"、把安全"管出来"、把品牌"树起来"，从政府管理和科技创新两方面综合施策，逐步探索出一条符合甘肃省省情农情的质量兴农道路。

（一）强化政府服务意识，助推质量兴农

1. 提升农产品质量安全监管能力

（1）提升基层监管能力，推进农产品质量安全网格化监管。加强对基层农产品质量安全监管的组织领导，加快村级监管站点建设，健全乡（镇）监管机构，推进乡（镇）、县（区）、市、省四级网格化监管体系建设。

（2）强化检验检测能力，提高风险预警能力。加大检验检测专业技术人才引进力度，强化农产品质量安全检验检测技术培训，建立信息交流平

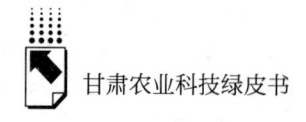

台，加强重点区域、重点产品、重点产业的风险评估工作。

（3）加强执法监管力度。集中开展农兽药、"瘦肉精"、添加剂等专项整治行动，加强监督抽查和日常监测，建立暗查暗访制度，打击各种违法违规行为。

（4）加强投入品管理，严格农业投入品市场准入制度。加强化肥、农兽药及添加剂等投入品管理和溯源跟踪，对农兽药登记备案、生产和销售严格把关，建立有奖举报制度，坚决杜绝禁用农药的销售和投入使用。

2. 强化农业标准化生产

（1）提高农业标准化生产重要性的认识。通过互联网、电视和发放宣传材料等手段，加强农业标准宣传，提高农产品生产者标准化意识。强化标准培训，尽可能将培训面扩展到基层农民，做到标准入户，使农业经营主体尽快掌握标准化生产技术规范和操作规程。

（2）推进农业规模化经营，深化农业标准在生产中的应用。通过引进企业、做大做强农民专业合作、培育农业大户等多种方式促进新型农业经营主体发展，同时引导和激励小农户步入现代农业发展轨道，推动农业标准化可持续生产。加强农产品质量安全县、"菜篮子"主产县和现代农业示范园区率先推行农业标准化生产，带领千家万户步入标准化生产的轨道。

3. 加快特色农产品品牌培育

（1）加强宣传推广，提升农产品品牌知名度。通过举办农博会、农展会和农交会，利用互联网、电视和广告牌等多种方式集中宣传展示特色农产品品牌形象，提升农产品品牌知名度、影响力和美誉度，进一步扩大品牌效应。同时充分利用"一带一路"发展战略，尽可能使优质农产品"走出去"，提高甘肃农产品品牌国际竞争力。

（2）打造异质农产品，丰富农产品品牌文化内涵。依托甘肃优势农业资源，实施农产品品牌差异化战略，将农产品品牌建设与甘肃省区域特色文化相融合，增强产品内涵，塑造鲜明的品牌个性，解决农产品有"品"无"牌"的现状，打造"陇字号"农产品名片。

（3）加强政府引导与扶持。加强农产品品牌主体培育，推进"三品一标"农产品认证步伐。加强党参、当归、半夏、黄芪等甘肃道地药材品牌培育，完善道地药材品牌化的相关政策。强化农产品品牌保护与管理，切实维护好"陇字号"品牌农产品的形象。加快推进农业科技创新，建立名特优新农产品深加工基地，实现特色农产品品质飞跃，提升农产品的附加值，以农产品品牌化推动精准脱贫。

4.加快农产品追溯体系建设

（1）完善农产品质量安全追溯信息平台建设。加快市、县（区）、乡（镇）农产品质量安全追溯信息采集与传输平台建设，实现与省级追溯信息平台对接，促使信息互通共享。总结甘肃省农产品质量安全追溯平台试运行的情况，不断优化、完善和扩充追溯平台的设计与功能。健全省级农产品质量安全追溯体系和甘肃省道地中药材追溯体系，与农业农村部农产品质量安全追溯系统对接融合，实现信息资源共享共融。

（2）强化农产品质量安全追溯平台推广应用。举办"农产品质量安全追溯管理"专题培训班，提高农产品生产经营主体追溯管理水平；优先将龙头企业、农产品质量安全示范县、"菜篮子"主产县、"三品一标"企业纳入追溯平台，逐步将农民专业合作社、家庭农场、种养大户等其他经营主体纳入追溯体系。总结推广农产品质量安全追溯优秀案例，设置追溯产品销售专区专柜，提升追溯产品公众认知度，引导追溯产品消费，调动农产品生产经营主体实施追溯体系的积极性。

5.加强农产品质量安全示范县创建

（1）深入推进"双安双创"工作。加大政策扶持和创建经费保障力度，扩大示范县的创建范围，多方位、多渠道宣传农产品质量安全县创建活动，引导社会大众积极主动地参与到创建活动中，形成共建共享的良好局面。对农产品质量安全县创建试点单位要定期展开技术服务指导和巡查考核，加大监管力度。对已命名授牌的示范县进行定期考核、动态管理，严格执行考核标准，确保农产品质量安全示范县的引领带动作用和公信力。

（2）强化示范推广。巩固创建成果，总结第一批农产品质量安全县创建可复制、可推广的典型做法和经验，开展宣传报道活动，继续抓好第二批

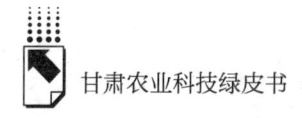

农产品质量安全县创建活动，争取整市参加国家级创建。充分发挥示范县的金字招牌作用，做好兰州市创建国家食品安全示范城市工作。

6. 加强农产品质量安全科研团队与平台建设

以甘肃省农业科学院农业质量标准与检测技术研究所为科学研究主体，加强农产品质量安全检测技术学科团队和甘肃名特优农产品营养品质标识团队建设，培育壮大农产品质量安全全过程控制领域的专家队伍，继续推进甘肃省名特优新农畜产品营养与安全重点实验室、全国名特优新农产品营养品质评价鉴定机构和全国农产品质量安全科普基地建设，为质量兴农提供强有力的科技支撑。

（二）加强科技创新，助推质量兴农

1. 农产品质量安全检测检验技术研究

运用现代科学理论和方法，建立农产品质量与安全检测检验技术及标准体系。主要包括小型化、快速化和智能化的快速检测技术，农产品中营养品质和功能成分检测技术，农产品产地溯源检测技术，农产品质量分等分级技术，以及有机污染物、农兽药残留、生物毒素等分析新理论和新技术。

2. 农产品质量安全风险评估研究

开展农产品中主要污染物的风险预警、评估和控制等方法和理论的研究，建立全省农产品质量安全风险评估技术方法体系。加强对大宗粮油产品和"菜篮子"产品安全隐患摸底排查、未知危害因子识别和已知危害因子的安全性评估，减少或消除风险隐患；建立畜产品及饲料质量安全风险评估和预警体系；强化风险交流，提升公众对农产品质量安全认知水平，正确引导消费。

3. 农产品质量安全过程控制研究

研究污染物在农产品及产地环境中的污染途径及危害机理，主要包括污染物在产地环境中的降解、代谢和迁移转化规律及机制研究，农业面源污染钝化、消减、阻抗技术研究，污染物与农产品品质指标的相关性研究，产地污染物阈值及产地安全评价指标体系研究，最终建立农产品质量安全过程控制技术体系。另外开展主要农兽药的行为归趋、典型产地环境污染对农产品质量安全的影响及特定生产环节中关键或典型危害因子的精准化控制消减技术研究。

4. 农产品质量安全标准研究

开展农产品质量安全标准及标准物质研究，健全完善农业标准体系。主要包括农产品及动物源产品中残留污染物限量标准制定研究、农兽药合理使用规范准则制定，产地环境污染物限量标准与安全评价分类研究，特色农产品农药残留及风险排查，特色农产品质量安全及营养功能标准制定和标准物质（或标准样品）研制。

5. 特色农产品营养品质评价和特质性营养成分研究

研究分析甘肃省特色农产品如兰州百合、苦水玫瑰、马铃薯、黄花菜和小杂粮等区域特色农产品中主要营养成分和特质性营养成分，研究特色农产品在采收、贮藏、运输和加工等过程中特质性营养成分的变化规律及保持技术；开展营养品质无损快速检测技术、农产品营养加工技术、马铃薯营养强化系列食品绿色加工制造技术、牛羊肉深加工技术等研究；研究甘肃道地大宗中药材的药效和品质在储藏、干制过程中的变化规律，开发以甘肃道地中药材为主原料的保健产品，研究中药材有效成分高效提取技术及相关产品研发技术，开发食药同源特色农产品。

6. 名特优新农产品包装标识研究

设计具有区域特色的包装标识图案，积极宣传推广农产品包装标识优秀案例。依托全国名特优新农产品营养品质评价鉴定机构，针对甘肃省区域特色农产品，研究基本营养指标和特质性营养成分，加快营养品质数据库建设。依靠农产品质量安全追溯平台，对农产品产地环境、施肥用药和添加剂等信息进行条码管理，同时将特质性营养成分信息纳入，使农产品拥有属于自己的"身份证"。消费者通过扫码便能查询农产品信息，引导居民健康消费。建立农产品标识示范区，推进农产品包装标识工作。

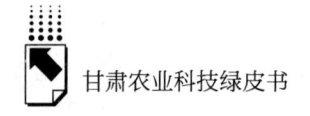

参考文献

陈晓华：《我国质量兴农工作的总体形势及工作重点》，《农产品质量与安全》2017年第2期。

陈燕霞：《农业投入品污染问题及其治理浅议》，《南方农业》2017年第11期。

甘肃省绿色食品办公室：《甘肃省"三品一标"工作发展报告》，《中国绿色农业发展研究报告（地区篇）》2018年。

甘肃省农牧厅：《甘肃省2018年农产品质量安全监管工作要点》，2018。

葛成莉等：《绿色崛起视域下甘肃特色农产品品牌化发展路径》，《农村经济与科技》2018年第11期。

韩长赋：《大力发展质量兴农绿色兴农，加快实现农业高质量发展》，《农民日报》2018年2月27日第1版。

韩娟等：《农产品质量与营养功能风险评估研究方向探讨》，《农产品质量与安全》2016年第2期。

金芬等：《我国农产品质量安全科技创新及突破方向》，《农产品质量与安全》2017年第3期。

金书秦等：《2016年化肥、农药零增长行动实施结果评估》，《环境保护》2018年第1期。

黎志如：《甘肃省农业地方标准现状及问题浅析》，《甘肃农业》2018年第15期。

李慧：《我们这样守护农产品安全》，《光明日报》2018年01月29日第10版。

李庆江等：《国家农产品质量安全县创建路径研究》，《农产品质量与安全》2018年第4期。

刘贤金：《农产品质量安全过程管控技术体系研究》，《农产品质量与安全》2015年第2期。

农业农村部：《"十三五"全国农产品质量安全提升规划》2017年。

农业农村部：《农业绿色发展技术导则（2018~2030年）》2018年。

肖静：《农业标准化发展对策探析》，《中国农业信息》2017年第27期。

徐建华：《以质量兴农绿色兴农促乡村振兴》，《中国质量报》2018年2月12日第4版。

赵婷婷等：《农产品质量安全网格化管理模式探讨——以江苏省泰州市为例》，《农产品质量与安全》2015年第3期。

G.11 甘肃省绿色兴农研究报告*

王建连 张东伟 张邦林 刘海波 王统勋**

摘 要： 绿色应当是现代农业的底色，农业绿色发展是实现区域可持续发展的助推器。在农业进入转型跨越的新时代，甘肃多样化的农业资源禀赋被充分发掘利用，气候、土壤、地形、物种、文化等资源潜力被进一步激活，通过不同地域、不同地带性的资源特色、产品优势、农业信息等发展平台，形成新的农业生产格局和发展优势，在农业资源利用、生态环境保护、农产品安全等方面收效明显；但农业经营者绿色发展意识不强、资源利用水平低、产业发展动能不足、农业生产的环境代价大、农产品质量安全保障能力低等影响农业绿色发展的瓶颈问题依然突出，而且在短时期内难以改观；因此，构建绿色农业产业体系、生产体系、经营体系，集聚政策、资源、资金、技术、信息等要素，合力推进农业绿色转型发展，是促进甘肃农村经济发展、实现乡村振兴的有效路径。

关键词： 农业绿色化 资源利用 体系建设 甘肃省

---

* 基金项目：甘肃省哲学社会科学规划项目(YB-016)。
** 王建连，甘肃省农业科学院农业经济与信息研究所经济师，主要从事区域农业、农业产业链研究；张东伟，博士，研究员，甘肃省农业科学院农业经济与信息研究所副所长，主要研究领域为农业经济学、生态经济学；张邦林，甘肃省农业科学院农业经济与信息研究所副研究员，主要从事农业经济、产业经济研究；刘海波，博士，甘肃省农业科学院农业经济与信息研究所助理研究员，主要从事草地生产模型研究；王统勋，甘肃省农业科学院农业经济与信息研究所研究实习员，主要从事农业经济研究。

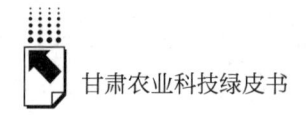

一 引言

（一）研究背景

随着农业现代化进程推进，农业环境污染问题突出，生态安全、资源安全、食物安全任务艰巨，"人与自然和谐共生"面临挑战，农业可持续发展遭遇瓶颈，绿色发展已成为新常态下农业发展的最强音。2015年4月，中共中央国务院发布《关于加快推进生态文明建设的意见》，把"绿色化"融入"新四化"战略中，明确提出"协同推进新型工业化、城镇化、信息化、农业现代化和绿色化"；十八届五中全会提出"五大发展理念"，将绿色发展作为"十三五"乃至更长时期我国经济社会发展的一个基本理念；2017年9月，中共中央办公厅、国务院办公厅印发《关于创新机制体制推进农业绿色发展的意见》，正式提出"农业绿色发展"的概念。党的十九大提出："我们要建设的现代化是人与自然和谐共生的现代化，既要创造更多物质财富和精神财富以满足人民日益增长的美好生活需要，也要提供更多优质生态产品以满足人民日益增长的优美生态环境需要。"习近平总书记深刻指出："绿色发展，就其要义来讲，是要解决好人与自然和谐共生问题"。

（二）研究的目的意义

党的十九大发出了"实施乡村振兴"的动员令，并对加快生态文明体制改革、建设美丽中国做出了战略部署。推进农业绿色发展是实施乡村振兴战略的关键举措，也是实现农业现代化和可持续化的新任务。甘肃是地处西北生态脆弱区的农业大省，长期以来，产业结构及生产方式的不合理，使生态环境呈现局部改善总体恶化的趋势。当前，甘肃正处于转型发展、脱贫攻坚的决胜阶段，农业人力素质和经营水平不高、农业资源利用水平低，农业生产资源环境代价大，农产品质量安全状况不佳、市场竞争力不强的问题短时期难以改观，"三农"问题突出，农业农村经济形势严峻。因此，加快推进农业绿色发展,对促进甘肃乡村经济振兴,助力脱贫攻坚目标实现,"建设经济发展、山川秀美、民族团结、社会和谐的幸福美好新甘肃"具有重要的现实意义。

(三)国内外农业绿色发展研究概要

多年来,诸多学者基于农业绿色发展的背景、目标、定义、内涵、特征等进行了大量的研究,并取得积极进展。20世纪50年代起,针对"石油农业"发展中的一系列弊端,国外学者探索研究了农业绿色发展,美国、英国、日本等国家对绿色农产品生产及绿色农业发展政策等方面进行了较多研究。美国通过完善农业支持体系,加强农业投资力度,健全农业法律体系来推进低成本的农业可持续化,并将农民收入和环境质量相关联,在农业政策中实施"绿色补贴",以提高农民保护农业环境的积极性;同时,政府设立农业生态保护专项,提供农业技术补贴,农民自愿参与,在保护生态环境的同时,也有效提高了就业率。欧盟采取设立农业生态保护税的方式,制约农业经营者破坏生态环境的行为,同时设立农业补偿基金,对农业环境保护区、敏感区、农业欠发达地区进行专项补助,以提高农业环境保护能力。日本通过不断提高农业绿色科技研发能力,推广普及农业绿色发展的相关技能;并制定完善的法律法规,从政策、贷款、税收等方面扶持环境友好型农业发展方式,通过补贴奖励来支持山区农民保护环境。

我国学者对农业绿色发展的研究成果颇丰,研究范围涵盖了土地利用变化、生态环境效应、生态重建、产业发展等诸多方面。20世纪80年代初期,叶谦吉从生态农业的视角对农业生产中存在的生态环境问题进行了理论研究,指出生态农业是中国农业的一次绿色革命;龙文军等认为农业保险可以推动农业可持续发展,为农业发展提供有效保障措施;严立冬等认为,绿色农业发展是中国现代农业可持续发展的最佳选择与主导模式;车宗贤等基于河西走廊绿洲灌区环境资源特征,研究并提出发展种养结合、资源循环利用、清洁生产的绿色农业发展模式;翁伯琦等研究指出,在新常态下,农业绿色发展是推动农村生态文明建设的重要抓手,同时也是实现三次产业融合

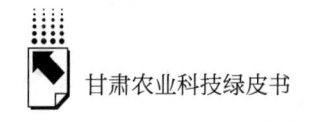

发展的主战场；潘丹等认为中国农业生产普遍存在资源消耗和环境污染导致效率损失的现象，转变农业经济增长方式刻不容缓。

二 甘肃农业绿色发展成效

（一）农业绿色发展制度体系基本建立

甘肃省委、省政府高度重视农业绿色发展，先后出台多项意见办法及政策法规，从生态文明建设、农业资源合理利用、农业环境污染防治、耕地质量管理、农业废弃物处理与利用、农作物病虫害防治、畜禽养殖污染防治、动物疫病防治等方面为全省农业绿色发展提供政策保障。《关于构建生态产业体系推动绿色发展崛起的决定》、《甘肃省推进绿色生态产业发展规划》、《甘肃省加快推进生态文明建设实施方案》、《甘肃省污染防治攻坚方案》、《甘肃省生态文明体制改革实施方案》、《甘肃省党政领导干部生态环境损害责任追究实施办法（试行）》、《甘肃省生态文明建设目标评价考核办法》等政策措施的出台，为全省生态文明建设及农业绿色发展提供了坚实支撑；特别是2018年6月由甘肃省人民政府办公厅发布的《甘肃省循环农业产业发展专项行动计划》（甘政办发〔2018〕92号）对未来全省农业绿色化发展发出了作战令，绘出了路线图。此外《甘肃省资源综合利用条例》、《甘肃省农业生态环境保护条例》、《甘肃省实施节约能源办法》、《关于加快高效节水农业发展的意见》、《甘肃省耕地质量管理办法》、《甘肃省废旧农膜回收利用条例》、《关于加强尾菜处理利用工作的意见》、《甘肃省草食畜牧业发展扶持办法》、《甘肃省草原禁牧办法》、《甘肃省草畜平衡管理办法》等一系列政策法规，对发展循环农业促进绿色发展创造了良好的环境，并提出了明确要求。

（二）农业绿色发展技术模式基本形成

近年来，甘肃省以资源节约、环境友好、生态保育、质量安全为基本遵循，以马铃薯、草食畜、设施蔬菜、优质林果、中药材、现代种业等特色优势产业为主导，因地制宜谋划布局，已发展形成了中低产田改良技术、农田有机肥高效加工技术、农药化肥减量化施用可持续增产技术、作物病虫害生物防治技术、农作物资源高效利用技术、草食家畜无公害集约化饲养技术、无公害农产品加工技术等农业绿色发展新技术。截至2017年，全省已建成种养结合型示范基地150个，河西绿洲荒漠区的"农—牧—沼"、"农—牧—设施有机基质栽培蔬菜"、"农—牧—菌"、"种植—加工"，陇东陇中黄土高原干旱半干旱区的"种草—养畜—沼气—作物"、"作物—畜禽—沼气—设施蔬菜（果品）"、"作物—家畜"，甘南临夏高寒阴湿区的"农—牧"结合、"种—养—加"，陇南山区的"林—山野菜—茶—沼"、"果—菌—畜—沼"、"果—粮—渔—沼"等循环农业模式逐步建立。

（三）农业水土资源利用效率稳步提升

1. 农业用水

甘肃深居西北内陆，大部分地区干旱少雨，水资源短缺且用水紧张。甘肃是农业大省，农业用水量在全省各行业用水总量中的占比较大。近年来，甘肃省构建了"用水、保水、蓄水、拦水、截水"五大节水技术体系，探索确立了以"品种、梯田、水窖、地膜、调整"为关键措施的水土流失防治路径。2017年，全省水资源总量为280.79亿立方米，总用水量为116.06亿立方米，农业用水占总用水量的79.7%；全省总耗水量为77.44亿立方米，农业耗水量占总耗水量的85.8%；全省各用户综合耗水率为66.7%，其中农业耗水率为71.8%。与"十二五"末的2015年相比，全省水资源总量增加81.98亿立方米，农业用水量减少3.7亿立方米，农业耗水量减少2.68亿立方米，耕地灌溉面积增加2.5万公顷。

2. 土地资源

甘肃省农业土地资源总体质量不高，中低产田约占全省耕地总面积的85%。多年来，甘肃省各级政府通过基本农田保护试点、河西地区绿肥丰收计划、中低产田改造，以及瘠薄梯田改造、沃土工程、土壤有机质提升等耕地保护与质量提升行动；实施了全省耕地地力评价工作，建立了省级耕地质量信息大数据平台；划定了基本农田保护区域；探索出以农业废弃资源高效利用为基础的中低产田耕地质量提升技术模式，大力推广秸秆覆盖、少免耕播种等保护性耕作技术，减少土壤流失60%~80%，年增加土壤有机质12%~16%，平均单产增加5%~7%。2017年，全省耕地面积为355.8万公顷，其中水平梯田面积为208.9万公顷，条田面积为31.6万公顷，盐碱地治理面积为5.26万公顷。全省基本实现了耕地数量不减少、耕地质量不降低，粮食生产实现连续丰收，"藏粮于地"取得明显成效。

（四）农业环境综合治理有效推进

1. 最严格水资源管理效果明显

制定了全省用水总量、用水效率、水功能区水质达标率"三条红线"指标，建立了农业灌溉用水量定额控制管理制度；颁布实施了《甘肃省水污染防治工作方案（2015~2050年）》，启动第三次水资源评价工作，实施了疏勒河流域水权试点工作，完成黑河、石羊河水量调度任务，印发《甘肃省全面推行河长制工作方案》。2017年人均水资源量较上年增长31.4%，平均降水量较上年增长7.1%，年末全省29个大型水库蓄水总量较上年末增长0.1%，全年总用水量较上年下降1.5%；全年水质评价河长10110.6千米，其中Ⅰ~Ⅲ类水质的河长占81.6%，Ⅳ~劣Ⅴ类水质的河长占18.4%；对20座水库的水质进行了评价，水质均为Ⅰ~Ⅲ类。

2. 农药、化肥用量明显降低

开展了统防统治、生物防治、生态防控、农药复配利用、植物源农药等多项绿色防控技术应用研究，组建专业化统防统治组织920个，从业人员达13084人，拥有各类防治器械24500台。2016年累计完成各类农作物主要病虫专业化统防统治面积超过107.3万公顷，病虫害绿色防控覆盖率达22%，统防统治覆盖率达到32%，农药投入量减少8933吨，施药强度降低2.21千克/公顷，农药利用率达36%，统防统治示范区化学农药施用量平均减少13%以上。

建立了科学施肥管理技术体系，推广应用了测土配方施肥、水肥一体化、机械化精量施肥、"有机肥+配方肥"、"有机肥+水肥一体化"、中低产田改良等绿色农业技术模式。2016年，全省推广测土配方施肥面积352万公顷，其中粮食作物测土配方施肥技术普及率在90%以上，化肥施肥强度降低11.9千克/公顷；2017年，化肥使用量（折纯量）减少13.42万吨，施肥强度降低33.4千克/公顷。

3. 畜禽污染治理、地膜回收、秸秆资源化利用水平提升

采用堆肥发酵、沼气工程等粪污处理技术，扩建了粪污处理设施、有机肥生产线、污水处理池等，大部分规模养殖场养殖废弃物资源化利用的循环模式初步形成，2016年底，全省累计在建和建成规模化大型沼气工程项目148处，开展"三沼"综合利用技术推广项目21个，规模化畜禽养殖废弃物利用率达到85%。农民捡拾、商贩收购、网点回收、企业加工利用的废旧地膜市场化回收利用模式基本形成，2016年全省废旧地膜回收利用率达78.6%。农作物秸秆化利用以饲料化、能源化、肥料化、基料化、原料化为手段，其中以饲料化利用为主要途径，2016年底，甘肃省秸秆饲料资源总量为2300万吨（风干重），秸秆综合利用率约为80%，秸秆饲料化利用量为1489万吨，饲料化利用率约为60%；尾菜治理面积为19.5万公顷，尾菜产生量为1015.2万吨，综合处理利用率为34.5%。

（五）农业产业绿色发展的生态环境格局基本形成

依据不同区域的生态优势和资源特色，绿色农业生产格局和发展优势基本形成。如陇南山地农业区自然生态系统脆弱、耕地资源有限，但山地特色农业资源优势突出，农产品电商发展较好，具备绿色山珍品牌集群发展优势；陇中陇东黄土高原旱作农业区地貌类型多样、生产能力低效，但农耕文明积淀丰厚，局部区域农业发展条件优渥，具有发展城郊农业和高附加值农业的潜力；甘南高原农牧区气候湿冷多变、整体开发强度低，但水土和空气的洁净程度较高，藏传文化资源丰富，发展现代农牧业、特色旅游业的基础条件好；河西走廊灌溉农业区荒漠与绿洲共存、农地沙化严重，但土地广阔，光照充足，地表水水质较好，发展节水型绿色农业的条件得天独厚，戈壁农业发展基础良好。

（六）农产品质量安全保障能力增强

农产品质量安全监管、检测制度体系基本建成，启动了农产品质量安全县创建活动，2017年，全省90%以上的乡镇成立了农产品质量安全监管服务站，农产品质量安全监管机构覆盖全省14个市（州）、86个县（市、区）；基本建成17个市级、107个县级、719个乡镇监管机构追溯信息平台；建成省级农业标准化基地80个，创建"全国绿色食品原料标准化生产基地"16个，取得近100个绿色食品认证、8个有机食品认证，产品产地监测面积达1.33万公顷，可追溯农产品生产基地建设面积为0.33万公顷；累计认证"三品一标"产品1759个，认证无公害农产品811个、绿色农产品752个、有机农产品119个、地理标志农产品77个，"三品一标"农产品生产规模占全省食用农产品生产总规模的45%；全省龙头企业中，有235家建有专门质检机构，229家通过ISO9000、HACCP、GAP、GMP等质量体系认证，168家获得省级以上名牌产品或著名（驰名）商标，113家获得"三品一标"认证；近5年来，全省农产品监测综合抽检合格率稳定在98%以上。

三 甘肃农业绿色发展存在的主要问题

（一）农业绿色发展意识有待提升

一是农业生产对自然生态破坏性较大。甘肃目前的农业生产处于从单纯追求产量增长的温饱型生产方式，向对质量、环保、生态、安全要求较多的绿色生产方式过渡时期，绿色食品的概念还未普及，大多数生产及消费群体对"绿色"理念的认识仅局限于与"天然"有关，因此违背了绿色农业生产"更加注重长远的农业生产是否能够满足子孙后代的发展需要"的内涵，农产品生产加工企业重发展、轻环保，为了追求利益而先破坏生态环境再进行表面补救的现象屡见不鲜，导致农业生产对自然生态的破坏性增大。二是农业环境污染加重。由于GDP目标责任考核制度的限定及经济利益的驱使，部分地方政府对绿色发展的紧迫性认识不足，对于"绿色增长"以口号式的宣传较多，认真见诸行动的较少；部分农业生产者"绿色生产"理念缺乏，农业生产中过度滥用农药、化肥，致使农产品质量降低、农业环境污染加重。三是绿色农产品生产热情不高。绿色农产品消费市场拓展不足，消费者对绿色农产品的认知和需求愿望不高，导致绿色农产品有市无价，严重挫伤了绿色农业生产者的生产热情。

（二）农业产业绿色发展动能不足

一是产业化发展基础薄弱。农业生产多以分散的个体农户为主，依靠高投入、高消耗换取低产出的传统粗放的发展方式普遍存在，标准化生产水平不高，小规模、多品牌分散经营，产业特色不明显，农业绿色发展所需的规模化、集约化的生产基础难以保证。二是一二三产业融合程度不足。一些地方虽然建成了规模相当的生态农业产业园、休闲观光农业产业基地等，但因与之配套的技术服务体系建设滞后，绿色能源利用较少，农产品多为同质化的模仿累加，产业链条短，附加值低，特色不突出，市场拓展能力弱，产业优化升级带动作用不强，企业规模效益受限，绿色化生产动力降低。三是社会资本参与动能不足。因过分强调行政主导，"禁、限、罚"过度或控制性规范较多，打击了社会资本参与农业绿色发展的积极性、主动性，致使资金和资源固化，绿色生产成本增加，限制了新型经营主体等社会组织的创造力和带动力，降低了农业产业功能的拓展，农业产业绿色发展能力受到一定的限制。

（三）农业资源日趋紧张的局面还未缓解

甘肃省水资源短缺且时空分布不均，全省多年平均降水量为1258.3亿立方米，多年平均水资源总量为289.44亿立方米，仅占全国总量的1%，人均水资源量仅为全国平均水平的43%，耕地水资源量约为全国平均水平的1/3；2017年全省缺水量为10.48亿立方米，缺水程度为8.3%。由于农业用水分配利用不尽合理导致的水资源短缺现状在一定程度上已与快速发展

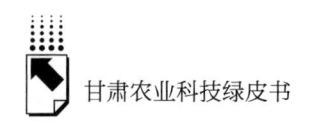

的农业经济不相适应，农业用水配比压缩的压力逐年加大。

全省农业土地资源总体质量不高，高产田面积约占全省耕地总面积的15%，低产田面积占全省耕地总面积的58%；农田水利基础设施薄弱，农业生产力水平整体偏低，水土流失严重，土地荒漠化程度高，70%以上耕地为旱地，土壤肥力瘠薄，盐碱地面积大，土地后备资源的改造和利用难度大；天然草场草产量和载畜能力均较低，局部退化严重；农业抗灾能力弱，面源污染治理难度大，农业生产中以消耗资源和破坏生态环境为代价的短期发展方式尚未得到根本性的改变。

（四）农业环境污染问题依然严峻

甘肃省农业生产自然条件差，农药、化肥、地膜等投入量大，加之养殖业和种植业产生的畜禽粪便及种植业废弃物污染，致使不同地区、不同生产方式下农业面源污染不同程度地存在，部分区域内环境对废弃物的消纳扩散容量能力逼近临界值。近几年，甘肃省农药用量在6000～9000吨/年（有机磷农药等剧毒农药仍未全面禁止），农用化肥施用量（实物量）为300万～320万吨/年，农用塑料薄膜使用量在15万～20万吨/年，畜禽养殖业年排污总量约为1.45亿吨，2017年未利用秸秆约338万吨、尾菜约417万吨；长期过量、不合理施用化肥农业造成的土壤酸化、板结、重金属污染，废旧地膜残留污染，农药残留污染，畜禽养殖产生的废弃物恶臭气体、土壤富营养化、有害病源生物传播等污染问题，以及秸秆焚烧、尾菜随意堆弃造成的农业生态环境污染等问题仍是当前农业环境污染的焦点问题。

（五）生态环境治理困难较大

甘肃省是西北乃至全国的重要生态安全屏障，气候类型复杂，生态系统承载能力弱，旱、涝、冰雹、山体滑坡、泥石流等自然灾害频发，自然生态的脆弱性、典型性、复杂性在全国都属典型。由于长期粗放的农业生产方式和无序的乱垦滥伐，使农业资源过度消耗，农业生态系统退化明显，水土流失、草原退化、土地沙化、湿地萎缩、工农业污染等生态问题类型多样，生态环境呈现难以根治的恶化趋势，全省45%的国土荒漠化，28%的国土沙化，90%的天然草原出现不同程度退化，水土流失面积占国土面积的66%。甘肃省经济结构以资源依赖型产业为主，大部分区域资源型缺水现象突出，生态问题和贫困问题相互交织，加之气候性破坏、生产性破坏、地质性破坏，环境保护与群众生存之间的矛盾日益凸显，在经济发展、脱贫攻坚和生态建设的多重压力下，资源环境的瓶颈制约进一步加剧。

（六）农产品质量安全现状不容乐观

由于农产品供应链相对较长，生产过程中参与主体多元，监管部门的监管链条长、监管对象杂、监管范围广，各级监管部门、检测单位等职责划分不明确，监管检测人员混用现象普遍，监管职能发挥不力；虽然已建立了农产品质量安全监管体系，每季度、节假日等都例行监管检测，但由于检测站点少，检测项目、数量范围小，检测频率低，检测结果信息披露不及时，加之国家标准、行业标准、地方标准之间，甚至同级标准之间相互交叉、重复，甚至有些领域仍然无标准可循，导致检测结果的可信度不高，农产品质量安全风险增加。同时，甘肃的农产品生产多以传统的小农分散生产和单打独斗的分散经营模式为主，大面积、小规模、低水平的生产经营活动，很难用统一的标准对生产过程进行管理，加之市场经济条件下，因资源的有限性导致的产业链利益主体之间的博弈与争夺，未经注册包装的散装农产品、无标识农产品等随处可见，农产品质量安全信息复杂，消费者很难辨认这些产品质量的好坏，农产品质量安全隐患加剧。

四 甘肃省农业绿色化发展思路

甘肃省农业绿色发展应始终坚持"创新、协调、绿色、开放、共享"的发展理念，以农业供给侧结构性改革为抓手，把农业绿色发展的战略目标、经营主体的微观经营行为与农业产业扶贫相结合，利用甘肃农业资源多样性的特点，挖掘释放资源禀赋优势，以构建绿色农业产业体系、生产体

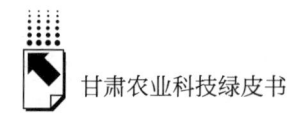

系、经营体系为主要内容，集聚资源、技术、信息、资金、政策等要素，加快农业绿色转型发展步伐，合力推进乡村振兴战略实施，为更好满足人民群众日益增长的绿色优质农产品需要、建设幸福美好新甘肃提供坚实支撑。

（一）构建绿色农业产业体系

1. 优化农业区域布局，建设特色农产品产业体系

围绕加快转变农业发展方式、促进产业绿色可持续发展的要求，以产业布局生态化、资源利用集约化、生产方式绿色化、生产环境无害化、产品质量安全化、废弃物利用资源化、制度体系常态化为主线，依据资源禀赋和区域生态优势，进一步优化区域布局和资源结构，注重发展马铃薯、草食畜、设施蔬菜、优质林果、中药材、现代种业等特色产业，形成特色鲜明的绿色农产品生产区域平台，从生产源头、生产过程、农业废弃物综合利用等途径进行全面规划管理，通过资源要素集聚、产品品牌引领、产业种养平衡和有机耦合，构建特色农产品产业体系，推进农业产业快速转型、协调发展。

2. 提升农业科技创新能力，构建绿色生态产业技术体系

地方政府、农业企业、个体农户等要与农业科研院所、相关院校等建立多渠道产学研合作关系，签订农业绿色发展战略合作协议，集聚资金、项目、科技、人才优势，提升旱地水环境调控、高效节水种植、生态养殖、废弃资源高效利用等领域的科技创新能力，研究推广农业高效用水、水土流失治理、特色农作物高产优质栽培、农产品精深加工、禽畜高效养殖、农业废弃物综合利用、农业生产环境综合治理等技术模式，探索构建绿色生态农业产业技术体系，通过示范引领，创新发展区域经济、拓展农业多功能、循环利用资源，推进农业产业绿色创新发展。

3. 拓展农业生态功能，促进产业绿色融合发展

立足生态禀赋，着眼产业链、价值链建设，根据市场供求变化和区域比较优势，做强生产、加工、储藏、包装、流通、销售各环节，拓展特色农业产业向二、三产业延伸的深度和广度；围绕多功能的农业生态，将原料、产

品、能源、物流、旅游、信息一体化，与特色各异的民族风情、丰富多彩的民间文化、淳朴的民风乡情、优美的自然环境、宜人的气候条件紧密衔接，打造全国知名的农产品"地域名片"；发展观光、休闲、体验农业产业，注重新业态、新产业、新技术、新模式的培育，形成产业链条，推进农村三产融合发展试点示范工程，发挥一二三产业融合的乘数效应，构建产业链条完整、产业紧密融合、利益联结共享、经济生态社会效益显著的绿色农业产业模式。

（二）构建绿色农业生产体系

1. 节约集约利用农业资源，促进农业生产可持续

坚持最严格的耕地保护制度，切实保护基本农田，加强农田基础设施和耕地质量建设，规模化推进土地整治、中低产田改造和高标准农田建设，注重土壤污染耕地修复，对盐碱地、采矿塌陷区、戈壁荒滩等进行合理有效的改良利用，因地制宜调整种植结构，发展水产养殖、戈壁农业等，做到土地资源集约利用；加强水利特别是农田水利建设，采用全膜双垄沟播等保护性耕作技术，建设集雨补灌设施，推广沟播种植、膜下滴灌、生物节水、保墒固土、农田护坡拦蓄保水等旱作节水技术，大力发展节水农业，推广粮改饲、种养结合模式，调减高耗水作物种植面积，节约高效利用农业水资源；有效开展农机更新改造，逐步淘汰高耗能落后工艺和技术装备，鼓励农业生产生活中使用太阳能、风能等可再生能源，促进农业生产节能降耗。

2. 创新绿色生产技术模式，推行清洁化生产

对农作物秸秆、尾菜、废旧地膜进行综合治理利用，创新推广清洁生产技术，加强土壤环境源头管理；合理调整施肥结构，优化配置肥料资源，开展有机肥替代化肥试点，实施测土配方施肥，鼓励使用生物肥料和种植绿肥；构建病虫监测预警体系，推行农作物病虫害统防统治、科学用药和绿色防控技术，推广使用高效低毒低残留农药、生物农药及先进施药机械；创新物联网技术，提升畜禽生产自动化、智能化应用水平，推行饲料科学配制、养殖环境智能调控、疾病自动诊断等技术，规范养殖饲料和添加剂的使用，

注重畜禽养殖过程清洁化。

3. 加强标准化生产示范，培育绿色农产品品牌

加强绿色农产品标准化生产示范基地建设，推行化肥减施、农药减量等标准化生产技术，促进耕地、水资源保护性高效利用；注重培育龙头企业、专业合作社、家庭农场等新型经营主体，完善利益联结机制，形成打造品牌农业建设的利益共同体，因地制宜发展特色休闲农业、观光农业，实现农旅互动、融合发展，扩大绿色农产品生产规模，提升特色农产品产业化发展水平，推进"三品一标"认证及农产品地理标志登记，打造区域特色农产品品牌，培育名牌产品。

（三）构建绿色农业经营体系

1. 培育新型经营主体，推行适度规模经营

注重家庭农场、专业大户、农民合作社、农业企业等新型农业经营主体培育，积极发展各类农业服务组织，借助微信、微博、远程教育、App客户端等现代通信工具，通过现场教学、远程教育等方式，开展"农村青年电商培训"、"新型职业农民培育"、"贫困村创业致富带头人培训"等培训工程，加快培育一批适应农业绿色发展需求的新型职业农民。以土地、资金、劳动、技术、产品为纽带，推行适度规模经营，建立各级经营主体的利益联结机制，创新农业绿色生产经营模式，多途径提升规模经营水平，形成产业互动、多方共赢、良性发展的现代绿色农业新格局。

2. 健全绿色农业社会化服务体系，提升市场主体服务能力

遵循市场化运行规律，发挥农民专业合作社、供销合作社、龙头企业、专业大户、家庭农场主等农村能人的作用，形成特定区域内的专业合作组织；健全农业绿色化发展技术研究推广、农产品质量检验检疫、绿色农业机械化示范推广、农村信息、农业气象等农业公共服务机构，实现服务规模化；将公益性服务和经营性服务相结合，通过市场化的手段，以低消耗、低排放、循环再利用等绿色发展技术为重点，探索构建作物秸秆收贮加工利用、农膜回收加工利用、畜禽粪便收集处理利用、尾菜资源化利用等促进农

业绿色发展的社会化服务体系，搭建农业服务平台，提升综合服务能力。

3.完善绿色农业金融服务体系，拓宽融资渠道

以政府扶持、社会资本参与为途径，积极引导政策性银行、商业银行、村镇银行、农民资金互助合作社等机构的金融资金投入农业绿色发展中，形成多元化的投融资机制，拓宽绿色农业融资渠道；构建政府与社会资本合作模式，形成收益共享的投融资体制，逐步完善统一使用、分口管理的资金使用制度，提升农业绿色发展资金使用效率；完善绿色农业发展资金的使用监管制度体系，及时跟进监管，有效发挥保障作用。

五　保障措施

（一）制定和完善支撑农业绿色发展的政策保障机制

依据全省不同生态类型区的功能定位及资源禀赋，以资源利用节约高效、生产过程生态环保、农业环境持续改善、农产品质量优质安全为目标，加强农业绿色发展顶层设计，建立奖惩制度，形成完善的政策支持体系，帮助农业绿色发展主体解决转型发展中的各类难题，赋予其决策权、监督权，以及利益共享的权利，激发农业绿色发展主体的主观能动性，形成多方共治共享的农业绿色发展新局面。

（二）构建促进农业绿色发展的科技创新体系

推进农业科技体制改革，制定促进协同创新的人才流动政策，发挥甘肃省农业科技创新联盟的平台作用，聚集农业科研院所、高校、企业的科技资源，提升农业科技成果的转化效率；加强绿色发展领域农业科技人才队伍建设，培养农业绿色发展、农村环境监测、生态保育修复等方面的技能型人才，为农业绿色发展和生态环境保护提供坚实的人才保障；密切联系农业技术的研发、应用、需求群体，延伸盘活农业产业链条，激发绿色农业的内生动能。

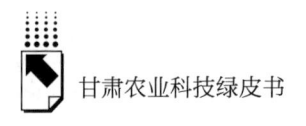

（三）构建多元化的农业绿色发展资金投入保障机制

全面构建层次多、覆盖面广、持续性强的多元化农村金融服务体系，健全农业绿色发展投入保障机制，充分发挥财政资金杠杆作用，通过政策引导、以奖代补、购买服务等形式，扩展融资渠道；提升农村金融机构服务能力，创新"三农"融资模式，形成长期有效的农村金融服务保障机制，为农业绿色发展提供充足的资金保障；构建完善的农业风险预防机制，建立多层次农业保险体系，全面提升现代农业抵御风险能力，降低农业风险。

（四）构建"互联网＋"绿色农业体系

顺应现代农业发展的新趋势，全面开展农业互联网建设工程，以电子农业技术推广、农业电子商务、电子农业服务等为主攻方向，加快构建现代绿色农业互联网新体系，全力推进现代化网络平台建设，提高农民的生产、管理、经营技能，增强农业信息综合服务能力，提升农业绿色发展的智能化和精准化水平，为农业增收、乡村全面振兴提供强大的信息技术保障。

参考文献

车宗贤、于安芬、李瑞琴等：《河西走廊绿色农业循环模式研究》，《农业环境与发展》2011年第4期。

段禄峰：《国外农业生态补偿机制研究》，《世界农业》2015年第9期。

甘肃农村年鉴编委会：《甘肃农村年鉴（2017）》，中国统计出版社，2017。

甘肃省水利厅：《2017年甘肃省水资源公报》，http：//www.gssl.gov.cn/xxgk/gkml/slgw/？id＝92。

龙文军、郑立平：《农业保险与可持续农业发展》，《中国人口·资源与环境》2003年第1期。

路日亮、袁一平、康高磊：《绿色发展的必然性及其发展范式转型》，《北京交通大学学报》（社会科学版）2018年第1期。

穆艳杰、魏恒:《习近平生态文明思想研究》,《东北师大学报》(哲学社会科学版) 2019 年第 1 期。

潘丹:《基于实验经济学的养殖企业污染治理政策选择行为分析》,《干旱区资源与环境》2017 年第 3 期。

唐安来、蔡雪芳、郑斌:《绿色农业是江西发展现代农业的最佳选择》,《中国食物与营养》2008 年第 6 期。

魏胜文:《甘肃农业绿色发展研究报告的价值和特点》,《甘肃农业科技》2018 年第 4 期。

魏胜文、乔德华、张东伟:《甘肃农业绿色发展研究报告》,社会科学文献出版社,2018。

翁伯琦:《以绿色发展理念引领高效生态农业发展》,《闽北日报》2017 年 10 月 17 日第 008 版。

严立冬:《绿色农业发展与财政支持》,《农业经济问题》2003 年第 10 期。

叶谦吉:《生态农业》,《农业经济问题》1982 年第 11 期。

于法稳:《新时代农业绿色发展动因、核心及对策研究》,《中国农村经济》2018 年第 5 期。

郑微微、沈贵银:《江苏省农业绿色发展现状、问题及对策研究》,《江苏农业科学》2018 年第 4 期。

G.12 甘肃省农村一二三产业融合发展研究报告*

李红霞 汤瑛芳 闫沛峰 高军**

摘　要： 甘肃省积极推进农村产业融合发展，探索不同区域及不同产业融合模式，初步形成政府支持、部门联运、企业主体、农户参与、利益共享的格局，取得了一些成效，也遇到了问题和挑战。本文运用文献研究法、归纳总结法、比较分析法研究甘肃省农村产业融合发展总体情况和特征，探索形成了产业集聚型、产业链延伸型、农业多功能拓展型、技术渗透型和产业循环型等典型融合模式，探讨分析影响产业融合的关键因素，提出多层次提升农业产业融合发展、多元化培育农业融合主体、建立更加紧密的利益联结机制、加强产业融合政策支撑体系、完善农村产业融合社会化服务体系的发展思路和对策建议。

关键词： 农村产业融合发展　融合模式　甘肃省

---

* 基金项目：甘肃省农业科学院农业科技创新专项"基于现代农业产业园视角的农村产业融合发展实证研究"（2017GAAS75）。
** 李红霞，甘肃省农业科学院农业经济与信息研究所副研究员，主要从事农业经济与农村发展及农业工程咨询等工作；汤瑛芳，甘肃省农业科学院农业经济与信息研究所副研究员，主要从事农业经济与农村发展及农业工程规划等工作；闫沛峰，甘肃省农产品加工管理办公室主任，主要从事农产品加工管理；高军，甘肃省统计局高级统计师，主要从事农村经济统计分析和农业经济研究。

农村一二三产业融合发展是以农业为基本依托，以新型经营主体为引领，以利益联结为纽带，通过产业链延伸、产业功能拓展和技术渗透、要素集聚、组织制度创新，跨界配置技术、资本、资源要素，促进农业生产、产品加工、贮运销售和休闲旅游等服务业有机整合、紧密相连的过程，借此推进各产业协调发展和农业竞争力的提升，最终实现农业现代化、农村繁荣和农民增收。具体体现为，第一二三产业中的细分产业相融合，并在农村实现内部化，最终使得新的生产技术、新的管理技术和新的产业形态得以诞生，是农业产业化发展的高级阶段。促进农村产业融合发展，是构建现代农业生产体系、产业体系、经营体系的一个客观要求，是培育农村新产业新业态新模式的有效途径，是实施乡村振兴战略的重要支撑。2015年中央一号文件提出了推进农村产业融合发展的理念，此后国家相继出台了《关于促进农村一二三产业融合发展的意见》、《关于支持返乡下乡人员创业创新促进一二三产业融合发展的意见》、《关于进一步促进农产品加工业发展的意见》，印发了《关于大力发展休闲农业的意见》，编制了《"十三五"农产品加工业与农村一二三产业融合发展规划》，这四个"意见"和一个"规划"，构建了促进我国农村产业融合发展的政策框架。甘肃省积极推进农村产业融合发展，探索不同区域及不同产业融合模式，初步形成政府支持、部门联运、企业主体、农户参与、利益共享的格局，取得了一些成效，也遇到了问题和挑战，本文通过分析甘肃省农村产业融合发展现状，探讨影响产业融合的关键因素，进而提出相应的对策建议。

一 甘肃省农村产业融合发展现状

近年来，甘肃省积极推进农村产业融合发展，组织创建张掖市民乐县、临夏州临夏县、武威市凉州区、定西市安定区、白银市靖远县、陇南市武都区6个国家农村产业融合发展示范园；创建张掖市甘州区、白银市靖远县、定西市安定区和陇南市康县4个全国农村产业融合发展"百县千乡万村"试点示范县；创建天水市秦州区、武威市凉州区2个全国休闲农业和乡村旅

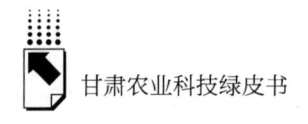

游示范县；创建天水市麦积区、张掖市高台县、武威市国际陆港、酒泉市肃州区4个全国农村产业融合发展先导区。农村产业融合发展总体水平明显提升，农业与加工流通、电子商务、科技教育、休闲旅游、健康养生等产业进一步融合，助推乡村产业兴旺，农民收入持续增加，为农业农村经济发展提供新动能。

（一）产业融合发展基础

1. 强化规划引领和制度保障

2016年7月甘肃省政府办公厅制订《关于推进农村一二三产业融合发展的实施意见》，对全省农村产业融合发展进行了总体部署，近年又相继出台了《甘肃省关于实施农村一二三产业融合发展推进行动工作方案》、《关于支持返乡下乡人员创业创新促进农村一二三产业融合发展的实施意见》、《甘肃省培育壮大特色农业产业助推脱贫攻坚实施意见》、《甘肃省农产品加工业提升行动实施方案》、《关于促进农业产业化联合体发展的实施意见》、《甘肃省农村"两权"抵押贷款试点方案》、《关于加快发展休闲农业与乡村旅游的意见》等，在政策引导、土地规划、产权流转、财税、金融、保险、投资、社会服务等方面提供政策支持，助推农村产业融合发展。

2. 农业现代化发展水平不断提高

甘肃省以实施"365"现代农业发展行动计划为抓手，积极推进农业农村改革，着力打造高效节水农业、旱作农业、草原畜牧业可持续发展三个国家级示范区，按照战略性主导产业、区域性特色优势产业和地方特色产品三个层面大力推进农业产业化发展农业综合生产能力明显提升，优势特色产业快速发展，科技支撑水平稳步提高，初步走出了具有甘肃特色的农业发展新路子。

甘肃省形成了以草食畜、马铃薯、苹果、高原夏菜、制种、中药材等优势产业为主，食用百合、油橄榄、枸杞等地方性特色产业和产品全面发展的特色产业体系。2017年，甘肃特色优势作物面积220万公顷，农民从事特色优势产业收入占农业收入的70%以上。全省共创建5个国家级现代农业示范区、24个省级现代农业示范区和75个省级现代农业示范园，创建8个国家级农业科技园区、23个省级农业科技园区和33家"星创天地"平台，创建4个国家级和3个省级农民工创业示范县。获得"三品一标"认证的132家，"三品一标"面积为180万公顷，"三品一标"农产品累计1759个，获得全国驰名商标认证的农产品72个，农产品监测综合合格率达98%以上，农业科技进步贡献率为55.5%，主要农作物耕种收综合机械化水平为64%。

3. 农村集体土地改革试点工作有续推进

定西市陇西县2015年被确定为全国农村集体经营性建设用地入市试点之一，制定了陇西县农村集体经营性建设用地入市试点暂行办法、工作操作规程等13项制度，截至2017年实现了85宗集体经营性建设用地入市，交易28.03公顷，成交价款达7693万元。农地和农房"两权"抵押贷款加快推进，陇西县、西和县、凉州区、金川区、临夏县、金塔县6个县区启动省级"两权"抵押贷款试点工作。截至2016年底，金融机构向6个试点县区累计发放"两权"抵押贷款7.13亿元，其中农地抵押贷款为6.65亿元，农房抵押贷款为0.48亿元。

4. 农业农村基础设施日臻完善

甘肃省精准扶贫、美丽乡村建设、人居环境综合治理工程等各项政策措施的实施，拉动土地整治、农田水利建设、中低产田改造、旧村改造、道路建设等基础设施快速发展。2017年全省建成高标准农田累计50.41万公顷，高效节水面积累计43.07万公顷，农田灌溉水有效利用系数达到0.54，推广测土配方施肥技术面积346.67万公顷。建成千吨以上马铃薯储藏库近500座，贮藏能力450万吨以上；建成果品贮藏库1178座，贮藏能力为1490万立方米；建成各类果蔬产地交易及中小型批发市场131处，年交易量达503.26万吨。建成建制村通畅工程1.32万公里，"千村美丽"示范村村组道路硬化3093公里，农村公路安全生命防护2.8万公里，建成"万村整洁"村7209个、各级美丽乡村示范村2147个。农村环境优美、农业基础设施改善增强了要素集聚能力，为农业与二、三产业融合奠定良好的发展基础。

（二）产业内涵日益丰富，多业态蓬勃发展

农村产业融合发展带动农业在生产功能拓展的基础上，进一步拓展了生态、生活、示范、教育、服务等功能，农业新的产业价值和形态得到了更好的拓展和诠释，实现了农业向二、三产业的延伸。

1. 纵向延伸产业链，推动农业产业化和农产品精深加工

农产品加工业是"接一连三"的重要桥梁，是实现农产品转化增值，推进农业产业化进程，增加农民收入，促进农村产业融合发展的重要措施。甘肃省实施农产品加工业提升行动，着力建设优质专用原料基地和便捷智能的仓储物流体系，建成一批农产品加工集聚区、示范基地、产业基地、园区和企业集团，培育一批产业链条长、产品附加值高、市场竞争力强、品牌影响力大的龙头企业，如敦煌种业、莫高实业、亚盛集团、庄园牧场、大禹节水、众兴菌业、荣华实业等上市的农业龙头企业，规模大、有品牌、效益好、带动力强、辐射面广。打造一批具有较高知名度和市场占有率的名优品牌，如甘肃高原夏菜、定西马铃薯、静宁苹果、秦安蜜桃、七里河百合、永登苦水玫瑰、平凉红牛、甘加藏羊等，品牌价值超过700亿元，品牌对全省产业创新发展和经济转型升级的带动引领作用明显增强。

2. 横向拓宽产业链，大力发展休闲观光农业和乡村旅游

休闲农业和乡村旅游作为农村一二三产业的融合体，已经从"赏花摘果"、"一鸡多吃"的初级形态，逐渐向农事体验、生态保护、文化传承、科普教育等众多功能拓展。休闲农业整体进入成长期，吃住行、游购娱功能日益齐全，呈现"规模扩大、质量提升、品牌升级"的良好态势。2017年全省乡村旅游接待游客7036万人次，总收入127.5亿元；有乡村旅游智慧营销平台网店8674家，旅游商品网销额为27亿元；推介50条乡村旅游周末休闲度假精品线路。创建5个国家级休闲农业与乡村旅游示范县、1条中国休闲农业与乡村旅游十佳精品线路、1家全国4星级休闲农业示范企业、6个中国最美休闲乡村，建成42个旅游示范村、650个旅游专业村、1.39万家农家乐、22家中医药养生保健产业园和基地，打造4个中国重要农业

文化遗产、2个中国乡村旅游创客示范基地，有7项农事景观入选中国美丽田园，张掖市被省政府确定为全省旅游文化体育医养融合发展示范区。

3. 促进产业价值链向高端环节拓展，大力发展农业生产性服务业

生产性服务业专业性强，创新驱动特征显著，产业融合度高，辐射带动作用突出。通过生产性服务业与农业生产有机融合，实现经济的服务化。甘肃省依托科技、人才优势，促进生产性服务业的创新发展，推进农业产业链沿"微笑曲线"向两端延伸，大力发展现代种业、农业社会化服务业等价值链的高端环节。全力打造国家玉米制种基地、马铃薯脱毒种薯繁育基地、蔬菜花卉杂交制种基地、航天蔬菜育种基地以及高寒阴湿区杂交油菜种子生产基地。2017年全省规模以上制种企业有96家，带动94万农户从事农作物制种业，实现增收超过110亿元。全省各类农机社会化服务组织3000多个，其中农机合作社1843个，农机经营服务总收入111.1亿元，农机合作社已成为甘肃省重要的新型农业经营服务主体。

4. 深化产业内部融合，加快发展生态循环农业

甘肃省在延长农业产业链、效益链、价值链的同时，强化农业生态链和环境链，创新循环农业生产方式，深入开发农业农村生态涵养功能，打造产业融合发展新载体、新模式，创新新供给、引领新消费、形成新动能，推动生产生活生态协调发展，构建了区域循环农业体系：河西戈壁生态农业循环模式、陇东粮畜果一体化区域循环模式、中部小流域治理与产业开发循环模式、陇南及天水南部山地农林立体复合生态循环模式、甘南及祁连山高寒牧区草地生态畜牧业循环模式、沿黄灌区绿色高效现代都市农业循环模式，初步形成三大产业融合发展、产品安全优质、资源综合利用、环境持续改善的循环农业发展格局。目前，秸秆综合利用率为82.2%，废旧农膜回收利用率为80.1%，畜禽养殖废弃物资源化利用率为68%，尾菜处理利用率为39.5%。

（三）新技术新商业模式不断涌现，拉近城乡距离

以消费为导向，将"互联网"、"大数据"等信息技术向农业生产各领域渗透、应用，借助信息化等力量实现网络链接，缩短供求双方之间的距离。

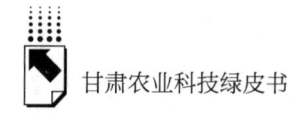

1.甘肃省大力推进农业信息技术示范应用，提升现代农业智能化水平

运用物联网、大数据、云计算等信息技术和农业产业深度融合，全面提升农业生产、经营、管理和服务水平，建成省级农业数据中心，设立甘肃农业信息监测预警系统、测土配方施肥系统、农业专家系统，基层信息服务组织体系延伸到所有乡镇和80%以上行政村，农业信息综合覆盖率达到80%。利用物联网技术，将信息技术与农艺技术集成运用，在设施农业、节水灌溉、环境监测等方面实现信息化和自动化控制，经济效益俱佳，有力支撑了甘肃现代化农业发展。

2.以电子商务为主要形式的新型流通模式快速崛起

甘肃省把电子商务作为农村转变发展方式的重要手段，出台了多项政策，引导和鼓励农村电子商务发展。加快实施"电子商务进农村"、"千县燎原计划"和"千县万村"等项目，有20个县被财政部、商务部、国务院扶贫办确定为电子商务进农村综合示范县，建成县级电商服务中心75个、乡级电商服务站1159个和村级电商服务点5375个，甘肃县域电商品牌孵化中心入驻企业146家，销售2000多种产品。建设甘肃省电子商务公共服务平台，开展远程电商人才培训，2017年培训10万人次。积极打造"甘肃惠农公交"服务品牌，促进运邮融合，推进农村快递物流与电子商务融合发展。电商成为甘肃省农产品上行和消费品下行的新渠道，电子商务"成县模式"由商务部向全国推广。

（四）新型经营主体发展壮大，示范带动作用增强

甘肃省坚持把培育农村产业融合新型经营主体作为牵头抓总的关键措施，成立了甘肃省农业产业联合会行业协会，积极支持新型经营主体创新生产管理模式和商业模式，龙头企业、合作社、农业协会和联盟等蓬勃发展，惠农效益持续提高。2017年甘肃省龙头企业达2227家，其中国家级27家、省级421家，农产品加工能力为2500万吨，农产品加工率为52.5%，从业人数为17.7万人，占主要城市"菜篮子"产品供给的2/3以上，基本形成了健全的农产品加工体系，效益和质量明显提高，产业融合能力显著增强。农民专业合作社达8.48万家，其中国家级335家、省级1582家、县级以上示范社7000多个，合作社成员达170多万人，带动农户268万户。家庭农场达8300个；有专业市场（年交易额2000万元以上）195个；其他形式（协会、联盟）有498个。农产品流通协会、农业龙头企业协会、农业互联网联盟等组织主动发挥桥梁纽带作用，为行业规范发展，加强区域合作做出了重要贡献。

（五）公共服务支撑有力，引导要素集聚

探索构建与农业产业融合发展相适应的公共服务体系，强化农村信息化服务支撑，搭建了"12316三农服务热线"农业综合信息服务平台，服务对象达到20多万人；搭建了农业技术推广服务云平台，建设农业技术推广管理、农情信息采集、农业科技服务三大类功能。2017年，实现80%的行政村通宽带，行政村4G网络覆盖率为99%，有全省信息服务点1万个、乡村信息员人数3.4万名。建立了省市电子政务体系，实现省市两级电子政务外网云平台的互联互通。加强金融服务，畅通融资渠道，引导金融机构增加对龙头企业信贷投放。以支撑与服务农业产业为重点，农业科技创新推广体系不断创新完善，建立了14个国家现代农业产业技术研发中心、33个产业技术综合试验站、10个省级现代农业产业技术体系，开展各类技能培训119万人次，农业技术人员979人、科技特派员1.2万人深入农村生产第一线，将农技推广自上而下拓展延伸到农村，有力支撑了甘肃农业发展。

二 甘肃省农村产业融合主要发展模式和特点

结合甘肃省情，因地制宜，积极探索形成了产业集聚型、产业链延伸型、农业多功能拓展型、技术渗透型和产业循环型等典型融合模式。

（一）产业集聚型融合

以优势特色农业资源为基础，以区域品牌提升为目的，各涉农主体在地域和空间上形成高度集聚，围绕农业产业链开展分工协作、错位发展、差异竞争，在区域内形成一二三产业的互动、互保和融合，发挥集聚效应，打造

地域农产品品牌，提升农产品竞争力，从而带动当地农民就业和增收。"一村一品"、"一县一业"、产业园区、示范基地成为推动要素集聚、企业集群和资源整合、一产与二三产业融合发展的有效载体，类型相近的农业产业化组织通过集群和集聚，进一步将产业化了的组织之间的分工内部化，使得技术在市场机制的作用下迅速实现统一，形成产业公地（即共享的一系列劳动力、组织、技术和制造能力的集合），实现技术、产品、业务融合，形成特定的产业，在此基础上，几个类型不同的产业再进一步实现产业间分工的内部化，形成新技术、新业态、新商业模式，则实现产业融合。

甘肃省加快实施"一村一品"、"一县一业"产业推进行动，2017年，有"一村一品"专业村镇840个、从业人数122万人，专业村镇农民人均可支配收入为1万元以上。409个专业村镇与龙头企业建立了有效对接，263个建有农产品专业批发市场，633个成立了农民专业合作社，形成了家庭经营、合作经营、集体经营、企业经营相结合的现代农业新型经营体系。产业园区、示范基地充分发挥科技资源和现代服务要素集聚优势，逐渐形成一批高新技术农业、现代农业服务业及科技创新群落。

【案例1】

定西国家农业科技园区，以马铃薯产业为主，按照"一区四园"运行，主要包括种业园、创新园、加工园和物流园，入驻各类企业100多户，形成了集科技研发、良种繁育、基地种植、精深加工、物流营销、技术服务等于一体的马铃薯产业集聚，该园区发挥了企业集中、要素集聚、产业集群、经营集约的优势，推动产业各环节首尾相连和上下衔接，实现了以现代服务业引领马铃薯产业融合发展。

临洮国家级现代农业产业园，致力于特色农产品前沿技术研发与推广，聚集设施蔬菜、高原夏菜、食用菌和食用百合等产业集群，覆盖生产、加工、物流、研发、示范、服务等多个功能板块，产业园平台效应、集聚作用、引领功能得到有效发挥。

（二）产业链延伸型融合

甘肃省以特色产业为主，沿微笑曲线将产业链向上游延伸，进入技术研发、物资供应、基础产业环节，向下游延伸到物流仓储、创建品牌、拓展市场等环节，进而把产前、产后等环节与农业生产联结起来，构建完善的产业链，增强产业链环节之间的衔接和约束，降低生产成本，提高产品质量，增强产品竞争力。

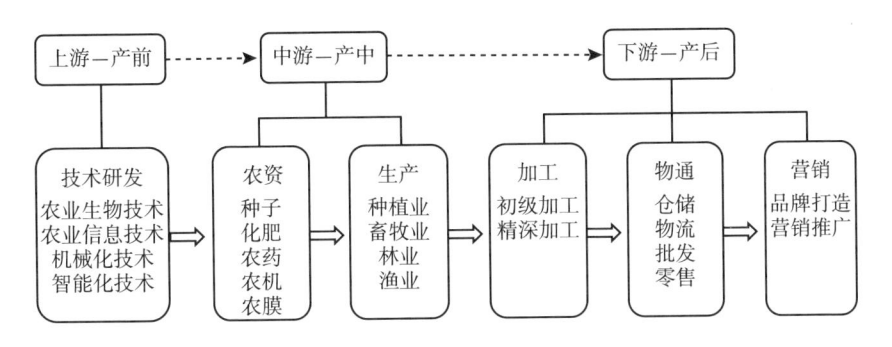

图1 农业产业链延伸示范

产业链延伸融合模式主要以农产品加工企业和专业合作社为主体，延伸形式有："企业+合作社+农户+基地"、"企业+基地+合作社"、"合作社+协会+农户"等，通过订单农业、股份合作、反租倒包等方式，将在空间上分离的农村一二三产业紧密联结。农业产业化经营组织与农户建立了多样化的利益联结方式，2017年统计订单合同关系3620个、合作方式（利润返还）2123个、股份合作方式（按股分红）1003个、其他1769个。在产业形式上，大力推进产品精深加工和农业产业化，做强做优农产品加工业。甘肃省龙头企业达2227个，销售收入达823.5亿元，亚盛实业、达利食品、清河源、一方制药、大禹节水5家龙头企业销售收入10亿元以上，98家销售收入1亿至10亿元。建有专门质检机构的企业227家，通过ISO9000、HACCP、GAP、GMP等质量体系认证的企业有246家，一大批农业科研项目得到推广、应用，农产品加工业科技含量提高，产业发展内在动力进一步增强。

【案例2】

高台县创建农村产业融合发展先导区,探索建立了农产品初加工全产业链模式、全程一体化的鲜活农产品全产业链模式,通过产业链延伸产生效益链,即种植效益、加工效益、品牌效益与服务效益的"1+1>2"的放大效应,促进农业生产全环节升级、全链条升值。

甘肃蓝天马铃薯产业发展有限公司,牵头组建甘肃福景堂马铃薯产业农民专业合作社联合社,探索建立了"企业+联合社+贮藏库+合作社+银行+电商服务平台"的利益联结模式,全面开展马铃薯种植、贮藏、收购、加工等多环节经营和农资购销、农机耕作等社会化服务,形成生产体系和服务体系结合、一二三产业融合发展的"蓝天模式"。

(三)农业多功能拓展型融合

围绕农业多功能拓展这一主线,依托本地特色农业资源,培育新产业新业态,使得农业发展空间拓宽,增值环节增加,农业价值提升,为促进乡村振兴发挥积极作用。新业态以休闲农业、乡村旅游为代表,并逐渐拓展到农田艺术景观、科普教育、农事体验等。观光休闲农业与乡村旅游是农业多功能性的重要体现,大力推动休闲农业提档升级,由粗放的外延式发展向内涵式提高转变,休闲农业的品牌化、高端化、规模化发展迅速提高。产业形态由最初的观光采摘向休闲、体验、养生、健身、商务、度假等多功能发展,形成休闲农庄、田园观光、丝路乡情、民族村寨、葡萄酒庄、房车营地、主题小镇等特色业态。

【案例3】

榆中县李家庄田园综合体是全国首批、甘肃省首家田园综合体试点,全面打造集智慧农业、农耕文化体验、科普教育、生态观光、主题娱乐、时尚运动、康体养生养老、休闲度假等多功能于一体的一二三产业高度融合的田园综合体示范点。

甘肃清源葡萄酒特色小镇，以葡萄产业为重点，以莫高庄园、国际酒城、高科技生态农业园区为吸引物，发展现代农业、生态休闲旅游、康体疗养三大优势产业，打造中国葡萄酒特色小镇，中国高端葡萄酒集聚中心、中国葡萄酒文化体验中心。

另外，为游客提供和平全域旅游小镇、七里河花语小镇、西果园百合小镇、油橄榄田园物语小镇、金昌太空小镇等一系列特色主题旅游，实现工业与农业、城市与乡村的休闲农业旅游有机结合。

（四）技术渗透型融合

以现代信息技术、生物技术、航天技术等为代表的高新科技向农业领域扩散、渗透，通过发展新技术、新商业模式，促进资源要素向农业各个环节渗透，衍生出生物农业、智慧农业、航天农业等新业态，为现代农业发展提供技术支持和路径。

"互联网＋现代农业"是利用互联网技术推进农业生产网络化、智能化、精细化，加快完善新型农业生产经营体系，培育多样化农业互联网管理服务模式，逐步建立农副产品、农资质量安全追溯体系，促进农业现代化水平明显提升。

【案例4】

酒泉有种网交易中心有限公司建设线上农业互联网平台、全国性的县域综合服务体系、农业全产业链服务体系三大体系，形成集网上商城、农业供应链、智慧农业为一体的全国范围、全产业链、品种全覆盖的"一站式农业供应链服务平台"，开创"互联网＋现代农业"和"农业供应链服务"的应用典范。

兰州精准牧业科技有限公司，搭建在线教育平台、智慧牧场平

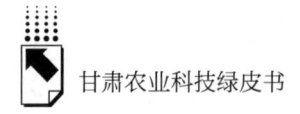

台、电子商务平台、大数据管理平台、国际合作平台，探索出"互联网+草食畜牧"产业链模式。

现代农业生物技术是农业产业与生物技术相互融合的结果，甘肃省已建立比较完善的植物细胞工程技术体系，开展相关应用研究和产业化开发研究，取得丰硕的成果和明显的经济效益。以特色优势产业和粮食作物为重点，培育出玉米、马铃薯、百合等优质、抗病新种质及新品种，以诊断制剂、疫苗和兽药研制为主的兰州兽研所，以杂交制种为主的敦煌种业，以生物制品及食品研发为主产华安集团、华羚集团，以生物饲料为主的德华生物、中农生物，以生物肥料为主的华源肥业、天耀草业等企业发展迅速，市场影响力、品牌知名度逐步扩大，极大地推动了生物技术与农业融合的商业化开发。

甘肃省建立了以天水为中心的集航天育种产、学、研、推相结合的中国西部航天育种基地，成立了甘肃省航天工程生物育种重点实验室、航天育种工程技术研究中心、院士工作站，专业从事航天农作物新品种选育、制种、推广及产业化开发。拥有通过航天搭载的9大类农作物999个品系，目前已育成38个航天农作物新品种，在28个省区累计推广19.3万公顷，实现农业产值110亿元。

(五)产业循环型融合

甘肃省作为国家循环经济示范区，建设形成以园区、基地、产业链、企业和项目"五大载体"为基础，推动各个行业的横向耦合、纵向延伸发展，发挥各个区域、行业之间的协同效应，实现相互协作和均衡发展。张（掖）武（威）定（西）特色农副产品加工循环经济基地，大力推进畜禽粪便、作物秸秆、尾菜、农田废弃物、加工副产物等全值循环利用，完善产业链，提升价值链，实现经济的多元化发展和生态的良性循环；甘（南）临（夏）陇（南）生态农牧业循环经济基地，以草食畜牧业和生态保护为重点，推广"农牧互补"的立体生态农业模式；示范推广农田高效节水技术、地表覆盖等保护性耕作技术、全膜双垄沟播、集雨补灌等旱作农业技术、化肥节约技术和病虫害绿色防控技术，节约型农业发展成果显著。建立了循环、低碳、绿色、可持续的农业产业体系、生产体系、经营体系，将各个行业依产业链原理，在经营主体之间建立起产业上下游之间的紧密联系，建设各具特色的循环农业经济发展模式，走出农村产业融合发展的农业现代化道路。

三 农村产业融合发展存在的问题

（一）农村产业融合处于起步阶段，发展层次较低

国家启动农村产业融合工作以来，甘肃省开展了大量工作，取得了一定成效，但总体发展层次较低，产业之间融合度不高，处于起步和试点阶段。一是纵向产业链延伸不够长，横向新技术渗透不够强。甘肃省农产品加工产值与农业总产值比值仅为1.54，产业融合链条短，农产品附加值偏低，影响农村产业融合的增值空间，制约了农民的增收空间。二是产业融合模式单一，利益联结机制有待完善。农业集约化程度偏低，股份制、合作制等利益联结关系较少，与农民的利益联结机制多数停留在土地流转、雇用及购销合同关系上，利益的二次分配机制尚未有效形成，农民与企业之间订单交易方式普遍缺乏法律约束力，农民和企业双方利益都得不到有效保障。三是休闲农业、乡村旅游缺乏政策和资金支持，对乡村文化内涵挖掘不够深入，管理机制不健全，经营特色不明显，延伸产品开发不足。

（二）农村产业融合主体实力较弱，带动农民增收能力不够突出

农村产业融合发展中普遍存在新型经营组织发育迟缓，带动能力不足。大部分涉农企业和农民专业合作社投资规模小、组织化程度低、管理粗放、经营产品结构单一。农产品加工企业"少、小、弱"、产业链条"短、细、散"、产业融合"浅、单、松"，整体水平较低，精深加工及

创新能力不足，高技术、高回报和高附加值产品少，宣传、组织和带动农户增收能力较弱。2017年，建有专门研发机构的龙头企业163家，仅占全省龙头企业的7.32%，科技研发投入占企业年销售收入比重超过1%的龙头企业仅107家。家庭农场经营规模百亩以上的仅为38.3%，大部分属于种植、销售模式，年平均经营收入仅为24.8万元。行业协会自身建设薄弱，难以适应政府职能转变和市场经济发展的要求，服务能力有待全面提升。

（三）农村产业融合存在要素瓶颈约束

推进农村产业融合发展，面临资金、土地、人才等要素制约。一是资金扶持渠道少。甘肃省农村产业融合处于起步阶段，项目周期长、投资大、见效慢，而国开行和农发行专项建设基金受银行自身利润要求、风险规避、运作模式等因素限制，使基金签约率较低，难以在结构调整、产业集聚、市场引导等方面发挥有效作用。农村金融机构、金融产品、贷款抵押形式相对较少，同时贷款手续复杂、融资渠道窄、融资成本高等问题比较突出。二是土地制度约束。在推进农村产业融合发展中，随着产业集聚、农业多功能拓展，需要大量的永久用地，政策规定按建设用地进行管理，使许多项目难以正常运营。三是人才缺乏。新型经营主体在市场经济、科技创新、企业经营管理等方面的知识还亟待提高，农民技术水平和文化素质不高，复合型和专业型人才缺乏，持续发展后劲不足。

（四）相关基础设施建设滞后

甘肃省农村道路交通、物流仓储、信息通信、检验检疫等基础设施滞后；农业生产条件差、机械化程度低、科技支撑能力弱等问题依然存在；水资源严重短缺，土地荒漠化，盐碱地比重大，土地后备资源改良利用难度大；自然灾害种类较多，农业面源污染治理存在较大困难。产业融合发展的基础条件薄弱，延缓了新业态的发展，增加了农村产业融合发展的风险和成本。

四 推进农村产业融合发展的思路和政策建议

(一) 多层次提升农业产业融合发展

立足资源优势条件，围绕现代农业发展定位，以特色优势产业集聚发展为重点，培育产业公地，构建专业、现代、高效率的农业产业格局。以消费市场为导向，深入推进农业品种结构、区域结构、产业结构调整，支持各市县区加快发展有市场、有潜力、有效益、有特色的地方重点产业和产品。以标准化基地建设为重点，全面提升壮大主导产业和特色优势产业。推动农产品加工业转型升级，创建农产品加工示范基地，推进技术升级改造，提高农产品附加值；创建农产品加工园区，提升园区产业集聚能力；搭建科企技术对接平台，加强科技创新，完善研发体系，组织开展重大技术攻关；树立诚信意识，提升全程质量控制，创建竞争力强的知名品牌。鼓励利用物联网等信息技术，探索电子商务、地产直供、智慧农业、租赁托管、体验经济和个人定制等多种发展模式。积极拓展农业多功能特性，鼓励农业与休闲旅游、科普教育、文化康养等产业深度融合发展。促进农产品加工循环高质梯次利用，大力发展"资源—加工—产品—资源"的绿色加工循环模式。

(二) 多元化培育农业融合主体

农村产业融合发展必须有主体支撑，加快构建新型经营主体政策扶持体系，通过政策支持、典型示范、机制创新等，培育一批示范带动面广、技术装备水平高、市场竞争力强的经营主体。第一，强化农业龙头企业带动作用，培育壮大龙头企业，鼓励发展农产品加工、贮运流通、电子商务、品牌营销和社会化服务；加大科技创新投入，不断提升自身核心竞争力；鼓励创办或领办各类专业合作组织，实现与合作组织的深度融合；支持打造农业物联网综合应用平台，发展现代农业；支持运用电子商务等现代信息化手段，强化与市场的链接，延长产业链和价值链。第二，壮大农民专业合作社，推动合作社由数量型向质量效益型转变，鼓励合作社通过相互联合及吸收新社员等方式开展横向一体化，扩大生产规模，丰富产品种类，并在农资采购、产品销售和生产加工等领域联合；开展纵向一体化，进一步延伸产业链，提高市场竞争力，培育一批规范化程度高、加工能力强的合作社。第三，鼓励有一定规模的专业大户成立家庭农场，支持科技人员、新型职业农民、大中专毕业生和返乡务工人员兴办家庭农场，支持家庭农场发展产地初加工、地产地销、产品直销等，延长产业链条，促进产业融合。第四，加强新型经营主体多元发展，鼓励发展农民合作社联合社，培育产业联盟和产业化联合体，建立和完善紧密的利益联结机制，实现合理分工、互利共赢。

（三）建立更加紧密的利益联结机制

农村产业融合通过提高资源利用率、降低交易成本、促进产业升级与经济增长，使得农业升级、农民增收、农村繁荣。通过完善订单农业、股份合作、利润返还等农户与新型农业经营主体的利益联结机制，使农民成为产业融合发展的参与者、受益者。鼓励农业龙头企业通过合作制、股份制、股份合作制等方式，不断完善订单农业、土地经营权入股等利益联结机制，让农户分享二、三产业增值收益，形成农民持续增收的长效机制。推进农村集体产权制度改革，加快建立农民以土地经营权、产品、技术、财政量化到户资金等要素入股合作社，发展专业合作、股份合作等多元化、多类型合作社，推广"保底收益+按股分红"等模式。支持龙头企业与农户共同设立风险保障金，鼓励龙头企业为农户、合作社提供贷款担保。引导实力强、服务网点覆盖面广的保险机构与基层政府合作，探索建立政府、银行、保险三方合作机制。增强经营主体契约意识，提高风险防范能力。

（四）加强产业融合政策支撑体系

农村产业融合处于发展初期，需要加强组织领导和政府支持。第一，加强部门协作。充分认识推进农村产业融合发展的重要性，明确相关部门的职能分工，形成部门联动的工作机制，切实把各项任务措施落到实处。第二，加强融合发展政策落实创设。因地制宜，有的放矢地推动财税、金融、科技、信息等相关政策措施的有效落实，提高农业政策的效率，围绕产业融合发展中的突出问题，积极开展政策创设，有针对性地细化实化工作举措。第三，加大财政支持力度。积极统筹整合财政涉农资金，设立专项资金支持农村产业融合项目建设，重点支持一批融合发展先导区、示范市县、示范园区和示范企业。第四，健全用地政策。为顺利推进农村产业融合发展，建议对融合项目实行用计划指标单列，将建设用地指标向农村产业融合项目倾斜，适当提高各类生产设施和附属设施用地指标。第五，进一步改善农业基础条件。通过改造提升基本农田质量、加快农机化装备与支撑条件建设、突出发展设施农业、加强农业防灾减灾体系建设、加快路电水气网邮通讯等基础设施建设，进一步改善农业基础条件，为推进农业现代化打下基础。

（五）完善农村产业融合社会化服务体系

加强农村产业融合发展公共服务体系建设，为产业融合发展提供强有力支持。第一，创新农村金融服务，健全适合农村产业融合特点的农村金融体系，创新金融服务方式，运用信贷保险等，引导社会金融资本向农村农业发展。支持政策性农业担保公司发展，建立覆盖主要农业县的农业信贷担保服务网络，扩大农业保险品种和范围，增强农户参保的认知和积极性。第二，建立和完善农业综合信息服务平台和农业大数据平台，面向农业农村提供农业信息服务、信息进村入户、品控追溯、电子商务、休闲旅游、电子政务等，实现农业农村信息资源全省共享。第三，培育融合发展科技人才。培育企业经营管理型人才，培养一批会管理、懂经营、有特长、敢竞争的复合型、创新型企业家人才，引领和激发全社会的创新创造创业活力。培育科技创新人才，通过"项目+人才"的模式，培养科技领军人才、青年科技人才和创新团队，为融合发展提供核心支撑。培育新型职业农民，实施职业农民带头人培育行动，培育一批农村大中专毕业生、专业大户、青年农场主等骨干人才；创新职业农民培训模式，实施以需求为导向精准培训；培育农业职业经理人队伍，探索"土地股份合作社＋农业职业经理人＋现代农业服务体系"的农业经营模式。第四，通过财政补贴、税收优惠、政府购买等方式，多元化培育农业服务主体，积极建立信息咨询、农技指导、产品营销、保险推广、信用评价于一体的综合性、公益性农业公共服务组织；鼓励发展生产性农业社会化服务组织，开展机耕机收、统防统治、种苗繁育、测土配方施肥等服务，提高农业社会化服务水平。

参考文献

北京市农村工作委员会：《北京市农村工作委员会关于加快转变农业发展方式深入推进农村产业融合发展的实施意见》，2016。

曹学伟等：《供给侧结构性改革视角下的中国一二三产业融合与日本六次产业化比较研究》，《今日科苑》2018年第7期。

甘肃省农牧厅：《甘肃省农产品加工业提升行动实施方案》，2018。

甘肃省农牧厅：《关于印发甘肃省贫困村农民合作社三年全覆盖行动工作方案的通知》，2018。

甘肃省人民政府办公厅：《甘肃省"十三五"农业现代化规划》，2016。

甘肃省人民政府办公厅：《甘肃省"十三五"循环经济发展规划》，2016。

甘肃省委办公厅、省政府办公厅：《关于加快构建政策体系培育新型农业经营主体的实施意见》，《甘肃日报》2018年4月10日。

国家发展改革委宏观院和农经司课题组：《推进我国农村一二三产业融合发展问题研究》，《经济研究参考》2016年第4期。

李珂：《推进"互联网+农业"激发农业基地创新发展》，《农业科技通讯》2018年第3期。

卢曦等：《集体土地权能实现和城乡共赢之路——甘肃省陇西县农村集体经营性建设用地入市改革调查》，《中国仓储部土地》2017年10期。

宋振峰：《"一村一品"鼓起农民钱袋子》，《甘肃日报》2018年2月14日。

苏毅清等：《农村一二三产业融合发展：理论探讨、现状分析与对策建议》，《中国软科学》2016年第8期。

孙海峰：《谱写农业发展华彩乐章——2017年甘肃省农业工作综述》，《甘肃日报》2018年1月13日。

覃朝晖：《产业融合视角下澳大利亚生态农业发展模式及借鉴》，《世界农业》2016年第6期。

王乐君等：《促进农村一二三产业融合发展的若干思考》，《农业经济问题》2017年第 6 期。

王南南:《我国农村一二三产业融合发展问题研究》,东北师范大学硕士学位论文,2018。

魏胜文等:《甘肃农业绿色发展研究报告》,社会科学文献出版社,2018。

赵霞等:《农村三产融合:内涵界定、现实意义及驱动因素分析》,《农业经济问题》2017 年第 4 期。

宗锦耀等:《扎实推进农村一二三产业融合发展》,《农产品市场周刊》2018 年第 1 期。

G.13 甘肃市州农业现代化发展评价*

汤瑛芳　张东伟　乔德华　李红霞　高军**

摘　要： 基于相同的评价标准框架，测评不同区域的农业现代化发展水平，对不同地区间量化差距、找准短板和借鉴经验至关重要。参照"全国农业现代化监测评价指标体系"构建评价指标体系，运用多指标综合测度法，对甘肃省市州农业现代化发展水平进行评价。结果表明，甘肃农业现代化发展进程相对缓慢，总体处于转型跨越阶段和发展阶段。省内各市州间呈不均衡发展，嘉峪关、白银2市发展情况较好，金昌、张掖、酒泉、武威、兰州5市居中，定西、临夏、甘南、庆阳、陇南、平凉、天水7市州较滞后。与全国农业现代化发展水平相比较，甘肃市州农业现代化发展差距最大的是农业产业体系，其次是质量效益体系，而且土地适度规模化经营比重低严重制约经营体系现代化。

关键词： 市州　农业现代化　进程　综合评价　甘肃省

---

* 基金项目：甘肃省哲学社会科学规划项目（YB－016）。
** 汤瑛芳，甘肃省农业科学院农业经济与信息研究所副研究员，主要从事农业经济与农村发展及农业工程规划等工作；张东伟，博士，研究员，甘肃省农业科学院农业经济与信息研究所副所长，主要研究领域为农业经济学、生态经济学；乔德华，甘肃省农业科学院农业经济研究所所长、副研究员，国家注册咨询工程师，主要从事农业产业化和区域农业经济研究；李红霞，甘肃省农业科学院农业经济与信息研究所副研究员，主要从事农业经济与农村发展及农业工程咨询等工作；高军，甘肃省统计局农业农村处高级统计师，主要从事农村经济统计分析和农业经济研究。

一 引言

（一）目的及意义

1965年周恩来总理在第三届全国人大第一次会议首次提出农业、工业、国防和科学技术四个现代化（现称为"旧四化"），2012年李克强总理在党的十八大报告中提出新时期四个现代化，即新型工业化、信息化、城镇化、农业现代化，农业现代化始终是实现现代农业渐进过程中我国政府致力发展的主要目标之一。随着我国农业发展进程的推进，农业现代化的内涵在不断地丰富和演变，由最初强调农业生产过程现代化，拓展到经营管理方式现代化，将目标由农业生产方式现代化，延伸到科学技术及管理现代化，深化到农业可持续发展。党的十八届五中全会以后，我国高度关注农业现代化绿色发展，将农村社会发展现代化、农业生态现代化等目标贯穿于农业现代化进程，将我国农业现代化的内涵及目标上升到绿色发展的新高度。与农业现代化实践相并行，农业现代化的理论研究也经历了不断深化的过程，在农业现代化发展的不同阶段，学术界围绕其内涵演变、影响因素、模式与路径、进程评价及对策选择等开展了大量研究，积累了丰硕成果。其中2011年后国务院发展研究中心农村经济研究部课题组编著的《中国特色农业现代化道路研究》、中国科学院中国现代化研究中心编著的《农业现代化的趋势和路径》、蒋和平等合著的《中国特色农业现代化建设研究》等成果，为中国特色农业现代化建设确立了理论框架。

农业现代化的内涵是对现代农业发展水平定量评价的理论基础，客观评价不同时段赋有不同内涵的农业现代化发展水平，对于客观认识农业现代化发展的短板和关键问题至关重要。因此，农业部发展计划司委托中国农业科学院农业经济与发展研究所农业现代化理论与政策创新团队开展了农业现代化发展水平评价研究，提出了"全国农业现代化监测评价指标体系方案"，为在全国范围、不同空间尺度上评价农业现代化发展进程提供参考依据。本文参照"全国农业现代化监测评价指标体系方案"及评价办法，结合甘肃省市州农业现代化发展实际，基于"大稳定、小调整"原则，构建甘肃市州农业现代化评价指标体系，使甘肃省各市州农业现代化测评结果在国家层面和尺度空间上具有较强的可比性。

（二）研究进展

针对农业现代化发展评价，学术界开展的大量研究主要集中在三个方面。（1）农业现代化评价指标类型。主要有三种类型的评价指标，第一类是由国家级或部级研究机构提出的具有宏观指导性质的指标体系，第二类是地方政府及其职能部门制定的指导当地农业现代化建设的指标体系，第三类是专业研究人员在不同时段、基于农业现代化的不同内涵、针对不同地域构建的评价指标体系，是研究文献中最多的类型。（2）农业现代化评价方法。目前，主要有多指标综合测度法、模型法、重点参数比较法、利用人工神经网络 SOFM 法、空间数据探索分析法、数据标准化打分排序法等。其中，基于层次分析法的多指标综合测度法是广大学者认为最为合理、应用最广泛的研究方法。（3）农业现代化实证研究。在农业现代化发展的不同阶段，在国家、区域（省域、县域）等不同空间尺度上，诸多学者基于农业现代化的不同内涵，立足不同视角、运用不同方法进行了实证评价研究。

在国家层面上，较早研究者刘巽浩等（1995 年）、徐星明等（2000 年）、蒋和平等（2006）从农业生产过程、农村社会发展、资源环境利用等角度，构建中国农业现代化评价指标体系，利用多级指标综合指数分析法，先后对我国 21 世纪初的农业现代化发展进行了综合评价；2010 年前后，辛岭等（2010）、王国敏等（2012）从现代农业投入水平、产出水平、农村社会发展、农业可持续发展等方面构建我国农业现代化测评体系；近年来，有学者构建现代农业评价体系，在省域层面评价我国农业现代化发展进程。张航（2017）从产出、人口、效益、技术等 4 个维度构建指标体系，运用主成分分析法，测算了 2011～2014 年中国 30 个省份农业现代化指数；陈江涛等（2017）从农业生产效率、农民生活水平、农村基础设施建设、农业生态环保意识等角度,运用熵权 TOPSIS 法对我国部分省域 2008~2015 年的农业现代化水平进行量化评价;杜宇能等(2018)从农业生产和经营、农业生态和产出及农村社会等 5 个维度构建评价指标体系,运用线型方程法测算了 31 个省份的农业现代化发展程度。近期研究多维度关注了现代农业发展,所选择的指标在前人研究基础上得以细化和深化,以此为依据做出的分析评价提高了对策措施的可操作性。

大量的评价文献是在区域层面上进行的研究。早期单玉丽等(1998)、单胜道等(2000)对福建省、浙江省(县域内)的农业现代化发展水平进行了测度;2010 年前后的农业现代化评价文献,几乎囊括了我国内地所有省(自治区、直辖市),文化(2008)、王美青等(2009)、徐贻军等(2009)分别对北京市、浙江省、湖南省的农业现代化发展水平进行了评价,傅晨等(2010)、王淑英(2011)、杜国明等(2013)分别对广东省、河南省、黑龙江省的农业现代化发展水平进行了评价,辛岭等(2014)分析评价了我国 1980 个县域的农业现代化进程。近期评价研究中,吴丹等(2017)综合评价北大荒农业现代化绿色发展进程,赵颖文等(2018 年)测评分析 2006~2016 年四川省农业农村现代化发展水平与障碍度,钟丽娜等(2018)测算 2007~2015 年陕西省农业现代化综合发展水平。

甘肃省农业现代化发展评价,其指标体系的构建由投入、产出、社会发展三个维度拓展到农业可持续发展四个维度,潘竞虎(2008)基于 ESDA – GIS 的空间分析框架,对甘肃省 86 个县区 2005 年的农业现代化水平进行了研究,吕文广(2010)运用熵值法对甘肃省 1978~2009 年的农业现代化发展进程进行了综合评价;较新研究是陈强强等(2018)测度了甘肃省 1990~2015 年的农业现代化水平。在甘肃省市州层面上,刘养卉等(2010)对 2009 年甘肃省市州的农业现代化发展水平进行了聚类,张爱华等(2016)基于 2010 年数据,从农村经济发展和农业经济结构、产出水平、科技水平、生产力水平及可持续发展等角度构建评价指标体系,评价了甘肃市州的农业现代化发展水平。以上文献为甘肃省农业现代化评价研究提供了重要参考,但从评价时间节点来说,近期研究较少,大多集中在 2010 年前后，随着时间推移和现代化进程的推进，评价指标的导向性缺失，尤其在国家实施乡村振兴战略、重视农业绿色发展等现代农业发展目标后，将"创新、协调、绿色、开放、共享"等发展理念融入评价指标体系的研究较少。近年来没有相关文献在甘肃市州层面上对农业现代化发展状况进行研究评价。

梳理已有评价类文献，总体认为选取的指标时代特征明显，评价指标体系的构建大多是在参考宏观调控指标的基础上，结合区域特色及可操作性等微观层面设计的指标体系，侧重了地域层面的"个性化测评"；也有相当文献指标体系的构建是研究者由于学术背景不同，根据自身对农业现代化内涵的不同理解设置的，评价结论的可比性和适用性都较低。基于相同的评价标准框架，测评不同区域的农业现代化发展水平，使测评结果具有更广泛的可比性，对于不同地区间量化差距、找准短板、借鉴经验都具有重要的意义。因此，坚持前瞻性、导向性原则，选择规范化、具有统一性和较高可比性的指标，构建甘肃省市州农业现代化评价指标体系，科学评价各市州的农业现代化发展进程，对于促进甘肃省农业现代化协调发展非常必要。

二 甘肃市州农业现代化发展评价体系构建

（一）市州农业现代化发展评价体系构建

1. 指标体系构建的依据

为贯彻落实党中央国务院关于推进农业现代化的部署要求，科学评价我国各地农业现代化发展水平，加快全国农业现代化建设步伐，中国农业科学院农业经济与发展研究所农业现代化理论与政策创新团队接受农业部发展计划司委托，基于引领性、指导性、操作性原则，从产业体系、生产体系、经营体系、质量效益、绿色发展、支持保护等6个维度构建了包括23个指标的全国农业现代化监测评价指标体系。本研究参照全国农业现代化监测评价指标体系，兼顾学术研究数据的可得性，本着"大稳定、小调整"原则，构建甘肃省市州农业现代化评价指标体系，实现农业现代化发展在全国范围的可比性评价。

2. 指标体系构成及权重的确定

全国农业现代化监测评价指标体系由6个一级指标、23个二级指标构成。其中，产业体系、生产体系、经营体系前三个指标体系侧重对农业现代化建设的过程评价，质量效益、绿色发展、支持保护后三个指标体系突出产出高效、产品安全、资源节约、环境友好等目标导向，侧重对农业现代化建设的结果评价。评价指标体系具有前瞻性和导向性，对农业现代化建设具有引领作用。由技术、管理、政策等方面专家分别打分，加权平均确定23个二级指标和6个一级指标的权重值。结合甘肃及市州农业现代化发展的程度及地或性特征，考虑数据的可得性等原因，报告邀请5位从事相关研究的权威专家，对指标体系及其权重进行了"小调整"，最终确定包含6个一级指标18个二级指标的甘肃省及市州农业现代化发展水平评价指标体系（见表1）。

表1 甘肃市州农业现代化发展评价指标及其权重

一级指标	权重	二级测算指标	权重	单位	指标性质
产业体系	18	（1）口粮生产稳定度	6		+
		（2）养殖业产值占农业总产值比重	6	%	+
		（3）农林牧渔服务业增加值占农林牧渔业增加值的比重	6	%	+
生产体系	14	（4）农作物耕种收综合机械化率	5	%	+
		（5）农业科技进步贡献率	6	%	+
		（6）农业信息化率	3	%	+
经营体系	17	（7）土地适度规模经营比重	5	%	+
		（8）畜禽养殖规模化水平	9	%	+
		（9）初中及以上农业劳动力比例	3	%	+
质量效益	18	（10）农业劳动生产率	5	元/人	+
		（11）农业土地产出率	5	万元/公顷	+
		（12）农民人均可支配收入	6	元/人	+
		（13）农产品质量安全例行监测合格率	2	%	+
绿色发展	23	（14）有效灌溉率	6	%	+
		（15）万元农业GDP耗能	6	吨标准煤/万元	-
		（16）化肥减量化	6	%	-
		（17）秸秆综合利用率	5	%	+
支持保护	10	（18）农林水事务支出占农林牧渔业增加值的比重	10	%	+

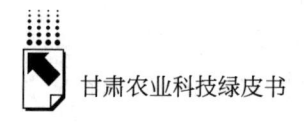

3. 指标内涵、计算方法及资料来源

数据主要来源于2018年甘肃统计提要、2017年14市州国民经济及社会发展统计公报，部分资料来源于甘肃省农牧厅、14市州农牧局等业务部门及相关管理部门的资料调研，个别资料来源于抽样调查结果。获取基本数据后，再经过相应指标的计算获得实际指标值。结合甘肃农业发展实际，部分使用替代数据的指标，在资料来源部分有详细说明，另有一些指标比如农产品加工转化率、农业保险深度等。鉴于目前甘肃市州农业现代化发展进程等原因，本文没有采集到系统、可靠的基础数据，是本文的缺憾之处，也是14市州未来促进农业现代化发展需要加强的方面。

（1）口粮生产稳定度

反映口粮产量的稳定程度。以2012~2016年5年平均水平为基数，将2017年度产量与之进行比较，根据增减幅度计算得分。基准分为4分，每增加0.1个百分点加0.1分，每减少0.1个百分点减0.1分，上限为5分，下限为2分。甘肃省口粮数据用粮食产量（包括小麦、玉米、马铃薯）代替，来源于甘肃发展年鉴2018年统计提要。

（2）养殖业产值占农业总产值比重

养殖业（包含畜牧业、渔业）发展水平代表着现代农业的发展水平，是反映农业产业结构调整和供给侧结构性改革的重要指标，资料来源于甘肃发展年鉴2018年统计提要。

（3）农林牧渔服务业增加值占农林牧渔业增加值的比重

是反映农业社会化服务水平的重要指标。来源于甘肃发展年鉴2018年统计提要。

（4）主要农作物耕种收综合机械化水平

是反映农业装备水平的重要指标，由机耕、机播、机收水平按一定的比例加权合计而得，基于2012~2017年甘肃市州主要农作物耕种收机械化率，运用趋势预测法得到2017年数据，基础资料来源于历年甘肃发展年鉴。

（5）农业科技进步贡献率

农业科技进步贡献率反映农业生产技术、经营管理、决策、智力等软技术对农业生产的促进作用。根据"甘肃14市州"十二五"时期农业科技进步评价报告"的测算数据，参照近5年科技贡献率增长速度，按照0.1%的增速估算而得。

（6）农业信息化率

是反映利用农业信息资源，推动农业经济可持续发展和农村社会进步的重要指标。用3G/4G覆盖率（%）代替农业信息化发展水平，资料来源于甘肃省通信管理局。

（7）土地适度规模经营比重

计算公式为：土地适度规模经营面积/农作物播种面积×100%。考虑到当前甘肃农业生产实际情况，用农作物播种面积代替了耕地总面积，资料来源于市州经管部门的土地规模经营统计资料和实地抽样调查结果。

（8）畜禽养殖规模化水平

指生猪、肉牛、肉羊、奶牛、肉鸡、蛋鸡规模化养殖量与其相应养殖总量比值的加权合计，是反映现代畜牧业规模化养殖水平的重要指标。资料来源于市州畜牧部门的行业统计资料和实地抽样调查结果。

（9）初中及以上农业劳动力比例

初中及以上农业劳动力数量/农业劳动力总数，是反映农业劳动力素质的重要指标。查阅统计数据表明，该指标年际间变化率不大，资料来源于2017甘肃农村统计年鉴。

（10）农业劳动生产率

即劳均农林牧渔业增加值＝农林牧渔业增加值/农林牧渔业从业人员。资料来源于甘肃发展年鉴2018统计提要。

（11）农业土地产出率

单位耕地面积农林牧渔业增加值＝农林牧渔业增加值/耕地面积，考虑到甘肃农业生产实际水资源情况，用农作物播种面积代替耕地面积，资料来源于甘肃发展年鉴2018统计提要。

（12）农民人均可支配收入

是衡量农村居民生活水平的核心指标。资料来源于甘肃发展年鉴2018统计提要。

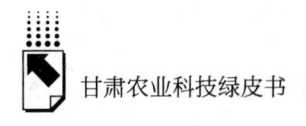

（13）农产品质量安全例行监测合格率

是反映农产品质量安全的重要指标。资料来源于网络报道。

（14）有效灌溉率

有效灌溉率=有效灌溉面积/耕地面积。反映耕地质量类型和农业基础设施水平，体现水资源综合利用效率。查阅历年数据发现，该指标年际间变化率较小，故用2016年数据代替，资料来源于2017年甘肃农村年鉴。

（15）万元农业GDP耗能

万元农业GDP耗能=能源消耗总量/农林牧渔业增加值。是反映转变农业发展方式、节能降耗的重要指标。结合甘肃省农业生产实际，能源消耗总量用农业生产全过程农用柴油消耗量代替，资料来源于甘肃发展年鉴2018统计提要。

（16）化肥减量化

化肥过量施用是造成农业面源污染的首要因素，化肥减量化是衡量农业绿色发展的重要指标之一。化肥减量化=（本年度化肥用量－上年度化肥用量）/上一年度化肥用量×100%。资料来源于甘肃发展年鉴2018统计提要。

（17）秸秆综合利用率

农作物秸秆综合利用率是考量农业废弃物综合利用率的主要指标之一，资料来源于市州农业部门的统计资料和实地抽样调查结果。

（18）农林水事务支出占农林牧渔业增加值的比重

农林水事务支出占农林牧渔业增加值的比重=农林水事务支出/农林牧渔业增加值×100%。主要反映财政对农业的支持和保护力度。资料来源于甘肃发展年鉴2018统计提要。

4. 农业现代化发展阶段目标值的确定

国家农业现代化监测评价指标体系，采用专家小组讨论形式，以发达国家和国内先进地区发展水平为标杆，对照《全国农业现代化规划（2016~2020）》提出的指标目标值，结合中国特色农业现代化实际现状及发展趋势，综合确定基本实现农业现代化、全面实现农业现代化的量化目标值，据此测算甘肃各市州农业现代化实现程度的目标值（见表2）。

表2 甘肃市州农业现代化发展阶段目标值

一级指标	测算指标	单位	基本实现农业现代化目标值	全面实现农业现代化目标值
产业体系	(1)口粮生产稳定度		4	5
	(2)养殖业产值占农业总产值比重	%	45	60
	(3)农林牧渔服务业增加值占农林牧渔业增加值的比重	%	4.8	8
生产体系	(4)农作物耕种收综合机械化率	%	75	90
	(5)农业科技进步贡献率	%	65	75
	(6)农业信息化率	%	70	80
经营体系	(7)土地适度规模经营比重	%	45	55
	(8)畜禽养殖规模化水平	%	70	80
	(9)初中及以上农业劳动力比例	%	80	95
质量效益	(10)农业劳动生产率	万元/人	5	6.5
	(11)农业土地产出率	万元/公顷	6	8
	(12)农民人均可支配收入	万元/人	2.5	4.0
	(13)农产品质量安全例行监测合格率	%	97	97
绿色发展	(14)有效灌溉率	%	60	70
	(15)万元农业GDP耗能	吨标准煤/万元	0.1	0.08
	(16)化肥减量化	%	-0.5	-1
	(17)秸秆综合利用率	%	85	90
支持保护	(18)农林水事务支出占农林牧渔业增加值的比重	%	30	40

(二)评价方法

1. 评价模型

农业现代化发展水平评价采用多指标综合测度法，其数学表达式如下。

$$AT_i = \sum_{i=1}^{n} W_i B_i \tag{1}$$

(1)式中：AT_i 为市州农业现代化发展水平综合指数，W_i 为指标权重，B_i 为各指标经无量纲化处理后的标准值，T_i 代表评价区域，n 为指标个数。

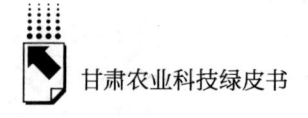

2.数据标准化

采用比重法对指标值进行标准化：

$$S_i = 100 \times \frac{i_{实际值}}{i_{目标值}}（正指标, 0 < S_i \leq 100）$$

$$S_i = 100 \times \frac{i_{目标值}}{i_{实际值}}（逆指标, 0 < S_i \leq 100） \qquad (2)$$

其中，S_i 为某一指标的标准化值。

（三）评价结果

1.甘肃市州农业现代化发展水平评价结果

计算结果显示，甘肃省14市州农业现代化发展指数分值为49.49～71.71，总体处于转型跨越阶段和农业现代化发展阶段，且区域间发展不平衡（见表3）；将各市州6个一级评价指标分值排序发现，影响各市州农业现代化发展的因素各不相同，显示了不同的比较优势和相对劣势。比如，农业现代化水平排名第1的嘉峪关市，其支持保护程度在市州中排名倒数第4位，白银市农业现代化水平排名第2，但其生产体系、质量效益体系排名第9位，天水市各体系排名均比较靠后，影响了农业现代化的整体发展水平（见表4）。

2.甘肃市州农业现代化发展水平分类

"国家农业现代化监测评价指标体系"依据得分，将我国农业现代化发展程度划分为五个阶段，分别是起步阶段（50分以下）、发展阶段（50～60分）、转型跨越阶段（60～75分）、基本实现阶段（75～85分）及全面实现（85分以上）。测算结果表明，基于全国层面的比较，甘肃14市州农业现代化发展水平基本分布在两个层次，其中嘉峪关、白银、金昌、张掖、酒泉、武威等6个市州处于转型跨越阶段，正在向基本实现农业现代化迈进，兰州市、定西、临夏、甘南、庆阳、陇南、平凉、天水等8个市州处于农业现代化发展阶段。在甘肃省域内将农业现代化发展水平进一步细划分为较好、中等、滞后三个层次，其中嘉峪关、白银2市发展情况较好，金昌、张掖、酒泉、武威、兰州市5市居中,定西、临夏、甘南、庆阳、陇南、平凉、天水7市州发展较为滞后(见表5)。

表3 2017年甘肃14市州农业现代化评价结果

市州	产业体系	生产体系	经营体系	质量效益体系	绿色发展	支持保护	农业现代化水平
兰州市	5.40	9.29	11.85	6.64	15.72	10.00	58.89
嘉峪关市	9.32	12.11	13.02	14.18	15.20	7.89	71.71
金昌市	8.63	11.46	12.88	7.56	15.77	9.94	66.24
白银市	9.84	8.92	11.38	5.53	23.74	10.00	69.41
天水市	7.25	8.52	9.87	5.26	8.98	9.61	49.49
武威市	9.48	10.03	11.25	8.27	14.39	10.00	63.42
张掖市	12.50	11.73	12.47	8.73	13.48	7.04	65.96
平凉市	4.35	9.69	10.81	6.16	12.07	7.06	50.14
酒泉市	9.99	11.68	12.29	11.60	14.39	5.75	65.69
庆阳市	6.52	10.31	10.45	5.12	11.26	10.00	53.66
定西市	9.00	8.00	10.67	4.59	13.80	10.00	56.05
陇南市	5.67	7.74	9.31	4.82	14.31	10.00	51.85
临夏州	8.80	7.26	9.47	4.96	14.03	10.00	54.52
甘南州	8.77	6.29	9.53	6.68	12.41	10.00	53.69

表4 2017年甘肃14市州农业现代化评价结果排序

区域	产业体系	生产体系	经营体系	质量效益	绿色发展	支持保护	农业现代化发展
兰州市	13	8	5	7	3	1	7
嘉峪关市	5	1	1	1	4	11	1
金昌市	9	4	2	5	2	9	3
白银市	3	9	6	9	1	2	2
天水市	10	10	11	10	14	10	14
武威市	4	6	7	4	5	3	6
张掖市	1	2	3	3	10	13	4
平凉市	14	7	8	8	12	12	13
酒泉市	2	3	4	2	6	14	5
庆阳市	11	5	10	11	13	4	11
定西市	6	11	9	14	9	5	8
陇南市	12	12	14	13	7	6	12
临夏州	7	13	13	12	8	7	9
甘南州	8	14	12	6	11	8	10

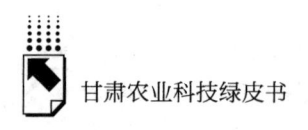

表5　甘肃市州农业现代化发展水平分类

农业现代化发展水平分类	分值范围	市州
较好	69及以上	嘉峪关、白银
中等	57~68	金昌、张掖、酒泉、武威、兰州市
滞后	50~56	定西、临夏、甘南、庆阳、陇南、平凉、天水

三　甘肃市州农业现代化发展综合评价

（一）甘肃14市州农业现代化处于发展或转型跨越发展阶段

基于农业现代化发展评价核心指标选择的趋同性，在全国地域视角和平台上比较分析甘肃14市州的农业现代化发展水平，嘉峪关等6市处于转型跨越发展阶段，兰州等8市州处于现代化发展阶段，与全国其他省域相比较，总体处于较落后水平。回溯原始数据，甘肃14市州产业体系发展与全国相比较差距较大，产业体系发展滞后是最大短板。养殖业（牧业和渔业之和）产值在农业总产值中的比重是反映农业产业结构调整的重要指标，而14市州该指标值都较低，说明产业结构优化、供给侧结构改革任重道远；农林牧渔业服务业增加值占农林牧渔业增加值的比重与全国水平相比较差距更甚，说明农业产业融合度低，农业产业链环节薄弱，加工、物流、农旅休闲等服务业发展滞后，产业带动乏力，资金、人员和信息流动受制，制约了服务业产值的增加，限制了地区经济总量的增长。另外，甘肃市州的质量效益体系发展较滞后，其包含的测算指标农业劳动生产率、农业土地产出率、农民人均可支配收入水平与合国发展水平想比较都处于较低水平。甘肃省地理过渡性强，大多市州自然条件严酷，农业基础条件差，耕地呈高度分散状态，陇东旱塬、陇中黄土高原、南部高寒阴湿区等区域的大多农户在家庭联产承包责任制下进行着传统的分散种植，制约了规模化经营、机械化操作及现代新技术的推广和应用；从经营体系来看，土地适度规模经营、畜禽养殖规模化是农业现代化发展的方向，甘肃14市州经营体系与全国其他地域相比较，尤其土地适度规模经营比重处于较低水平，与规模经济出效益、综合开发降成本的经济规律相违背；近年来，甘肃各市州在主要农作物耕种收综合机械化率、农业信息化率等生产体系及农业绿色发展等方面取得了长足发展，农业保护及支持政策等都得以高度重视，对促进农业现代化进程发挥了积极作用。

（二）甘肃省各市州农业现代化发展的比较优势和相对劣势分析

由测算结果可以看出，嘉峪关市农业现代化水平居甘肃省首位。嘉峪关市属于甘肃省中小型工业城市，经济实力常年稳居全省第一位，属城郊农业类型，产业融合度较高，农业增加值对于财政支持的依赖度较低，因此，除支持保护体系排名第11位外，其他指标都处于甘肃省现代农业发展的较高水平，未来需进一步加强产业体系建设，促其在甘肃省域内率先基本实现农业现代化。白银市农业现代化水平列甘肃省第二位，首先得益于白银市在化肥减量化方面成绩显著，大幅度地提高了农业绿色发展指数；白银市经历资源枯竭转型发展期，财政对于农业的支持力度较大，农业支持保护水平排全省第二位，取得了较显著的成绩，产业体系发展相对较好，在全省市州中排名第三位，养殖业、渔业发展做出了主要贡献。然而，白银市地处中温带半干旱区向干旱区的过渡地带，除沿黄灌区外，相当区域属旱作农业区，土地规模化经营、机械化发展及质量效益提升等受限，是今后白银市实现农业现代化需要着力解决的重点所在。

金昌、张掖、酒泉、武威分列全省第三、四、五、六位，均处于农业现代化转型跨越发展阶段。金昌市农业类型类似于嘉峪关，属城郊型农业类型；其他3个市属河西走廊灌溉农业区，耕地立地条件好，农田水利化工程完善，农业机械化率高，农业科技进步贡献率较高，农业信息化水平较发达，在甘肃省内区域经济发展较好，农业产业体系、生产体系、经营体系、质量效益等均处于省内较高水平，在财政对农业的支持相对弱化情况下，农业现代化水平依然较好。另外，从原始数据来看，张掖市如能在化肥减量化

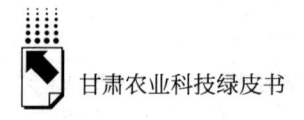

方面加强,将能大幅度促进农业现代化发展进程。兰州市是甘肃的省会城市,总体经济实力远高于省内其他市(州),带动现代农业发展的区位优势明显,但兰州市所辖的皋兰县、永登县及红固区、七里河区等农业区域,农业自然资源相对匮乏,低产田面积比例高,农业基础工程设施落后,影响了兰州市农业现代化总体发展水平。

庆阳、陇南、平凉、天水等4市属于甘肃省现代农业发展水平较滞后地区,在全国层面比较,处于农业现代化发展阶段的前期阶段,几乎所有测评指标均处于较后排位,追溯原始数据指标值都普遍较低。以上4个市旱作农业占主导,农业基础设施条件较差,农业生态条件脆弱,区域经济实力薄弱,部分区域山大沟深,交通不畅,信息闭塞,现代农业化发展的"先天条件"处于劣势,增加了农业现代化发展的难度。近年来,各市全力发展的旱区特色农业产业取得的卓越成效,缩短了与全省农业现代化发展水平的差距。定西、临夏、甘南等市州农业现代化发展处于甘肃省内中间偏后水平。定西市的大部分农业生产条件类同天水、平凉、陇南、庆阳等地区,经过多年的种植业结构调整及马铃薯、中药材等特色产业及品牌的培育,产业体系建设为农业现代化发展增添了后劲。临夏州、甘南州属甘肃省少数民族聚居区,经济实力总体较弱,畜牧业是传统优势产业,近年来对少数民族地区的牛羊规模化养殖、冷链物流、屠宰加工等资金及政策等的扶持,夯实了产业基础,延伸了产业链条,促进了现代产业体系的发展;另外,绿色发展方面成效显著,临夏州在农作物秸秆饲料化等方面走在全省前列。

四 结论与建议

(一)结论

总体来看,甘肃省14市州农业现代化发展水平在全国平台上处于较滞后水平,区域内发展水平分布在两个层次,嘉峪关、白银、金昌、张掖、酒泉、武威等6个市处于转型跨越阶段,兰州、定西、临夏、甘南、庆阳、陇南、平凉、天水等8个市州处于农业现代化发展阶段,层次间不平衡,层次内差异化较小。

与全国农业现代化发展的测评指标相比较,甘肃市州农业现代化发展的制约因素首要是农业产业体系,其次是质量效益体系,而且土地适度规模化经营比重低,是制约经营体系现代化发展的关键因素。另外,甘肃各市州在资源综合利用、化肥减量化等农业绿色发展方面已经取得了明显成效,且未来大有作为;甘肃各市州在农业机械化、农业信息化提升等方面取得了长足发展,对农业保护及支持政策的高度重视促进了农业现代化发展进程。

(二)建议

针对甘肃市州产业体系发展滞后这个"最大短板",产业融合度低这个"硬伤",以"聚合即发达"的现代农业发展理念,稳步推进土地流转,合理配置土地资源,使之与现代农业生产和经营方式相适应;培养多元化农村产业融合主体,创新模式组团规模化发展,深化农业产业体系,拓展农业功能,有效促进传统农业向现代农业转变。

结合精准扶贫政策,财政资金投入倾斜,着力解决广大山旱区农业基础设施条件薄弱等问题,促进规模化、机械化、信息化水平的提高,促进甘肃市州由资源消耗型粗放式传统农业,逐步向依靠科技、装备、信息等现代投入要素为核心的高效、绿色现代农业方向发展。

参考文献

陈春霞:《我国农业现代化评价指标体系研究评述》,《改革与战略》2009年第6期。

陈江涛、张巧惠、吕建秋:《中国省域农业现代化水平评价及其影响因素的空间计量分析》,《中国农业资源与区划》2018年第2期。

陈强强、孙小花、吕剑平、李新文:《甘肃省农业现代化水平测度及制约因子研究》,《农业现代化研究》2018年第3期。

杜国明、周圆、刘阁等:《黑龙江省农业现代化评价》,《中国农业资源与区划》

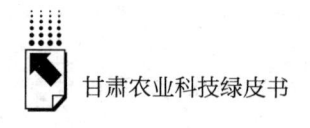

2013年第5期。

杜宇能、潘驰宇、宋淑芳：《中国分地区农业现代化发展程度评价——基于各省份农业统计数据》，《农业技术经济》2018年第3期。

傅晨：《广东省农业现代化发展水平评价：1999~2007》，《农业经济问题》2010年第5期。

高芸、蒋和平：《我国农业现代化发展水平评价研究综述》，《农业现代化研究》2016年第3期。

蒋和平、黄德林：《中国农业现代化发展水平的定量综合评价》，《农业现代化研究》2006年第2期。

刘巽浩、任天志：《中国农业（农村）现代化与持续化指标体系的研究》，《农业现代化研究》1995年第5期。

刘养卉、龚大鑫、窦学诚：《甘肃省各地区现代农业发展水平聚类分析》，《中国农业资源与区划》2010年第4期。

吕珂等：《农业现代化评价指标体系研究综述》，《安徽农业科学》2016年第34期。

吕文广：《甘肃农业现代化进程测度及特色农业发展路径选择研究》，兰州大学博士学位论文，2010。

梅方权：《中国农业现代化的发展阶段和战略选择》，《调研世界》1999年第11期。

潘竟虎、石培基：《甘肃省农业现代化水平区域差异的ESDAGIS分析》，《干旱区资源与环境》2008年第10期。

单胜道、黄祖辉：《农业现代化模糊综合定级法研究——以浙江省新昌县为例》，《农业技术经济》2000年第6期。

单玉丽：《福建省农业现代化水平评估与发展构想》，《农业现代化研究》1998年第3期。

汤瑛芳、张正英、白贸兰、高军、张绪成：《甘肃14市州"十二五"农业科技进步水平综合评价》，《中国农业资源与区域》2018年第10期。

王国敏、周庆元：《我国农业现代化测评体系的构建与应用》，《经济纵横》2012年第2期。

王美青、卫新、徐萍等：《浙江省农业现代化建设进程综合评价》，《农业经济》2009年第5期。

王淑英：《基于灰色定权聚类的河南省农业现代化发展水平评价》，《河南农业大学学报》2011年第8期。

文化、姜翠红、王爱玲等：《北京都市型现代农业评价指标体系与调控对策》，《农业现代化研究》2008年第2期。

吴丹、王亚华、马超：《北大荒农业现代化的绿色发展模式与进程评价》，《农业现代化研究》2017年第3期。

辛岭、蒋和平：《我国农业现代化发展水平评价指标体系的构建和测算》，《农业现代化研究》2010 年第 6 期。

辛岭、王济民:《我国县域农业现代化发展水平评价——基于全国 1980 个县的实证分析》,《农业现代化研究》2014 年第 6 期。

徐星明、杨万江:《我国农业现代化进程评价》,《农业现代化研究》2000 年第5 期。

徐贻军、任木荣:《湖南现代农业发展水平评价》,《经济地理》2009 年第 7 期。

杨宏力:《我国农业现代化发展水平评测研究综述》,《华中农业大学学报》(社会科学版) 2014 年第6 期。

张爱华、刘燕平:《区域现代农业发展水平评价研究——基于甘肃省数据实证分析》,《经济论坛》2016 年第 8 期。

张航、李标:《中国省域农业现代化水平的综合评价研究》,《农村经济》2016 年第 12 期。

赵颖文、吕火明:《四川省农业农村现代化发展水平评价及障碍因素研究》,《农业经济与管理》2018 年第 4 期。

中国农业科学院农业经济与发展研究所农业现代化理论与政策创新团队:《全国农业现代化监测评价指标体系方案》,2016 年。

钟丽娜、李松柏:《陕西省农业现代化发展水平综合评价》,《农业现代化研究》2018 年第 1 期。

经营体系篇

Management System Topics

G.14
甘肃省人力资源支撑现代农业发展研究报告

莫琪江　白　刚*

摘　要： 世界农业发展的历程清晰表明，农业出路在现代化，农业现代化关键在人才支撑。甘肃省如何把握机遇着力发展现代农业，已经成为摆在各级政府面前的重要课题。通过运用文献分析和调查研究的方法，对甘肃省人力资源现状、人力资源支撑现代农业发展中存在的问题进行深入的研究和探讨，结果表明，甘肃省人力资源存在着总体文化素质偏低、向省外的迁移比较严重、产生的经济效益不高、分布与经济发展不协调、农业科技创新型人才普遍缺乏等问题，因而对甘肃省

---

* 莫琪江，甘肃农业大学财经学院副教授，主要研究方向为农业经济管理；白刚，甘肃农业大学生命科学技术学院在读博士，主要研究方向为药用植物生态生理。

现代农业的发展支持力度不够。借鉴甘肃省人力资源支撑现代农业发展的一些典型案例,提出了创造科技人才发展的宏观环境、完善农业科技人才的评价管理体系、加大新型职业农民的培训力度及人才培养的经费保障力度、加快推进企业经营管理人才培养、积极打造农业科技人才的品牌效应等优化人力资源的具体措施,为拓展和完善甘肃省农业科技人才支撑体系、更好地支撑现代农业发展提供了理论借鉴。

关键词: 甘肃省　人力资源　现代农业

近年来,国家"一带一路"重大倡议的提出,为甘肃省现代农业发展拓展了新的发展空间;中央关于打赢脱贫攻坚战的决策部署,成为全省推进农业现代化发展的重大机遇;而实施乡村振兴战略更为加快全省农业现代化发展提供了新的突破口。甘肃省迎来了发展现代农业的良好机遇,农业产业得到了较好的发展,但结合国内外农业发展现状来看,则其比较优势并不明显。例如,甘肃省农业经营总体规模较小、基础设施落后、劳动者素质偏低,加上科技推广研发体系不完善等因素的影响,甘肃省现代农业发展还面临诸多挑战。发展现代农业的关键在于人才的支撑,人才是重中之重,因此,通过对甘肃省人力资源的现状和问题进行分析,为更好地促进全省现代农业发展具有重要的现实意义和理论意义。

一　甘肃省人力资源现状

近年来,按照甘肃省委和省政府工作部署,全省贯彻落实新发展理念,教育优先发展战略逐步落实,素质教育全面推进,办学条件明显改善,教育资源快速扩张,教育质量稳步提高,为促进全省经济社会发展做出了积极贡献。甘肃省人民政府印发《甘肃省人口发展规划(2016~2030年)》指出:

目前，全省劳动年龄人口平均受教育年限与全国水平存在一定差距，劳动力整体素质亟待提高。产业转型升级和创新发展所需的人才资源总量不足、供需结构失衡，对高素质人力资源的吸引、集聚能力不强，高层次、复合型、创新型科技人才和高素质、高技能应用人才缺乏，拥有发明创造能力和自主知识产权的领军人才尤其匮乏。

（一）人力资源总体文化素质偏低

甘肃省人力资源的基本特征是供给总量规模很大，但是人口总体文化程度偏低，主要以低层次文化人口为主。而现代农业的发展，依靠的是有文化、懂科技、会经营的新型农民，人力资源总体文化素质偏低的现状，严重制约着现代农业的发展。由于缺乏一套有效的鼓励政策，基层的农技人员普遍工资待遇偏低，难以吸引高素质人才。

根据甘肃农业大学韩旭峰副教授团队2017年对兰州市、陇南市、天水市等15个乡镇农技推广人员的调查问卷结果，甘肃省基层农技推广人员普遍年龄构成偏大，同时学历状况偏低（见表1）。基层一线农技推广人员中大专以下的学历占据最高，达到95.29%的比例。由于基层农技推广人员素质比较低，他们在农业科技培训过程中对于新技术新理念掌握不够充分，导致农技培训的质量不高。

表1　甘肃省基层农技推广人员学历构成

单位：人，%

学历构成	专科及以上	高中	中专	初中及以下
人数	4	18	25	38
占比	4.71	21.18	29.41	44.7

资料来源：甘肃农业大学韩旭峰副教授团队2017年调研数据。

此外，大量青壮年农民外出务工，对当地的农业经济发展非常不利。对于农业从业者而言，青壮年农民一般参加技术培训的积极性高，接受新技术新事物较快，培训效果较好，而年龄偏大的农民学历比较低，更习惯传统的农业生产经营方式，缺乏接纳农业科技知识的能力，即使他们接受农业技能培训，也不会积极运用。整体而言，甘肃省农村人力资源实际是以低层次文化人口为主体，这严重制约了新技术、新理念的推广和传播，严重制约了全省现代农业的发展。

（二）农业科技创新型人才普遍缺乏

甘肃省农业科技创新型人才，特别是高学历、高层次人才短缺。就创新型专业技术人员数量来说，2015年甘肃省所有行业的专业技术人员总数是73127人，其中农业行业的专业技术人员数量仅为3435人，占比为4.7%。由此可见，农业科技人力资源规模较小，农业科技领域人才普遍缺乏。

根据中国科学技术发展战略研究院《中国区域科技创新评价报告2016~2017》，甘肃省综合科技进步水平居全国第18位，成功跃升至全国第二梯队，但每万人发明专利拥有量仅为2.32件。由于各行业科技人才普遍缺乏，科技对经济增长的贡献率为52.2%，远低于全国水平。科研成果主要集中在石油化工、荒漠化治理、高原气象、重离子物理等方面，大多属于基础性研究领域，很难转化为农业现实生产力。

（三）人力资源向省外的迁移比较严重

甘肃经济欠发达，人才流失严重，存在高素质人力资源向省外流出的现象。据国家统计局一份统计报告显示，2005~2010年这五年间，甘肃共调出专业技术人才4986人，调入3054人，其中调出高级职称人才999人，调入30人。由这一数据可以看出，人才外流特别是高级人才外流在甘肃尤为严重。因此，人力资源向省外的迁移，严重制约了甘肃省社会经济的快速发展。

据《2017年甘肃省教育事业发展统计公报》统计，2017年甘肃省普通高校共有专任教师28474人，比上年增加1743人，但研究生以上学位专任教师比上年下降1.93个百分点，专任教师中具有高级专业技术职称者比上年下降0.71个百分点。由此可见，虽然教师总数增加，但研究生以上学位和高级职称人员却在下降，甘肃省高技术人才逐步向省外迁移已成为一个不争的事实。

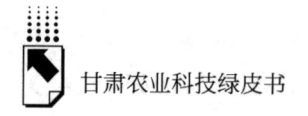

（四）人力资源产生的经济效益不高

人力资源为技术创新和产业结构的升级提供智力支持，从而推动经济的持续增长。人力资源所产生的经济效益，一般用人均GDP来表示。作为经济欠发达和全国生态环境最为脆弱的省份之一，甘肃的现代农业发展缓慢，"三农"问题较之全国更为突出。甘肃省的种植业在第一产业中占主导地位，虽然种植业占GDP的比例较小，却占据了甘肃省大量的从业人口。根据统计数据资料，甘肃省2016年人均GDP为27643元，是全国31个省自治区、直辖市中唯一人均GDP不足3万元的省份，已远落后于同处西部地区的省区（宁夏、青海和新疆等），被认为是全国最落后的省份（见表2）。

表2 2016年西北五省人均GDP排序

单位：元

省区	人均GDP（元）	排序
陕西	51015	1
宁夏	47194	2
青海	43531	3
新疆	40564	4
甘肃	27643	5

资料来源：《2017中国统计年鉴》。

二 人力资源发展中存在的问题及原因

（一）甘肃的发展前景对人才难以产生内聚力

人力资源是生产力的主体，掌握一定知识和劳动技能的人是生产力诸因素中最为积极、最为活跃的因素，是影响区域经济社会发展的最主要因素。经济发展相对比较落后的甘肃省要实现农业转型和农村经济的发展，就必须依托现代农业新兴科技和先进技术，其核心是拥有高质量的农村人力资源。发达城市就业率虽不高，但对较高素质的人力资源需求还是很大的，而迁移者赚钱效应的示范作用会使潜在迁移者们的响应程度越来越高，越来越多的人愿意到发达地区就业，以赚取更高的回报。近年来，甘肃的经济发展缓慢，与发达省份相比人才难以产生内聚力，人力资源的数量与质量已成为影响区域经济社会发展发展的主要因素，更严重制约了甘肃省现代农业发展。

（二）现有人才得不到充分利用而缺乏活力

人力资源是一种特殊的战略资源。当前，全球经济迅猛发展，科技更新换代日新月异，谁拥有人才优势，谁就能在科技竞争中占据制高点。高层次的专业技术人才也往往能带来较高的回报。但是，在我们的现实生活中，一些专业的技术人才并没有从事专门的技术岗位，存在着学校学的专业和工作后从事的行业并不对口的现象，这种现象尤其在基层农技推广队伍中比较常见。此外，人才引进政策上欠缺灵活，有时由于编制、年龄限制等原因，急需的人才难以引进，或引进的人才由于待遇跟不上等原因，熟悉业务后又急于跳槽。因此，由于管理机制、环境等各种因素影响，相当一部分人才的潜力得不到发挥，造成现有科技人才得不到充分利用。

（三）人力资源分布与经济发展不协调

甘肃省人力资源分布不均。从人力资源的行业分布看，全省各类技术人才中，工业建筑和文化教育两大行业拥有人才近一半；从地区分布情况看，人才过于集中在城市，城乡分布不均；从所属部门看，大部分人才集聚在大中型国有企业、高等院校和科研院所，而民营企业中人才短缺。目前，甘肃省农业不再是弱势产业，而是拥有国内外大市场、拥有强大生产能力的大产业，其中，草食畜、林果、蔬菜、马铃薯、中药材、玉米制种是甘肃省六大支柱特色农业产业。但是农、林、水、牧业方面的人才严重缺乏也是一个不争的事实。因此，用好人才，让人才活力充分涌流，才能使人才支撑作用落到实处，才能使人才在技术进步和资本、劳动力市场中发挥决定性作用。

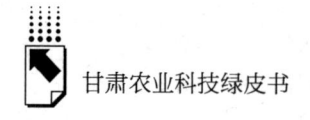

三 甘肃省现代农业发展的成效及不足

（一）甘肃省现代农业发展成效

甘肃地处黄土高原、青藏高原和内蒙古高原三大高原的交汇地带，生态类型多样，农业资源丰富，区域特色十分鲜明。中东部地区以旱作农业为主，农业特色优势产业以特色林果业、优质马铃薯和中药材为主；河西地区土地广阔，日照丰富，特色优势产业以制种业、戈壁设施农业、节水型商品农业为主。陇南及天水南部雨量充沛，地区物种多样性丰富，以山地特色农业为主；甘南青藏高原地区生态环境没有受到破坏，藏传文化资源丰富，以发展现代农牧业、特色旅游业为主。甘肃农业在地域特色农业发展上取得显著成绩，奠定了甘肃作为西部地区特色农业大省地位。

近年来，甘肃省委省政府着力强化政策扶持措施，出台了现代农业发展行动计划"十百千万"工程，促进农村一二三产业融合发展，促进农民持续增收等一系列政策扶持措施，全省通过不懈努力，将独特的气候、物种、区域等优势转化为产业优势、产品优势、竞争优势，在现代农业发展道路上迈出了可喜步伐，农业综合生产能力稳步提高，培育形成了草食畜、林果、蔬菜、马铃薯、中药材、玉米制种等六大特色优势产业，发展形成了一大批具有区域性特色和地方特色优质产品，农村居民可支配收入及消费支出数值呈现逐年增长趋势（见表3）。

表3 甘肃省近五年农村居民可支配收入及消费支出一览

年份	农村居民可支配收入（亿元）	增长率（%）	农村居民人均消费支出（亿元）	增长率（%）
2013	5107.26	13.34	4849.61	16.9
2014	5736	12.3	5272	8.7
2015	6936	10.5	6830	11.1
2016	7456.9	7.5	7487	9.6
2017	8076.1	8.3	8029.7	7.2

资料来源：2013~2017年甘肃省国民经济和社会发展统计公报。

另据甘肃省统计局最新统计，2017年全省农林牧渔业增加值1110.77亿元，比上年增长5.4%。其中，种植业增加值为842.52亿元，增长5.4%；牧业增加值为204.82亿元，增长5.6%；林业增加值为14.71亿元，增长4.1%；渔业增加值为1.53亿元，增长4.6%；农林牧渔服务业增加值为47.19亿元，增长5.5%。目前，甘肃省中药材和玉米制种的面积和产量均居全国第1位，一个从种植到加工、储存、交易、研发、检测等较为完整的中医药产业体系正在逐步形成；苹果种植面积居全国第2位，苹果产量居全国第5位，更获得了"平凉金果"、"花牛苹果"等多个中国国家地理标志产品认证；蔬菜种植面积和产量分别居全国第18位和第17位，现已成为全国"西菜东调"、"北菜南运"的五大商品蔬菜基地之一；羊肉产量居全国第7位，牛肉产量居全国第13位，已成为西北地区重要的牛羊肉生产供应基地。

（二）甘肃省现代农业发展后劲不足

虽然近年来甘肃省现代农业取得了较快发展，但是发展后劲不足。随着城市化进程的加快，以及农业生产效益相对低下，外出务工成为农民增收的重要渠道。越来越多的新生代农民外出务工并向大龄化扩展，大量农村男性青壮年劳动力纷纷外流，留守在农村的主要是老人、妇女和儿童，农业劳动力供给相对不足。农村青壮年劳动力的缺乏和留守劳动力的文化、科技素质低下，影响了农业精细化生产和产业化发展，还对中药材产业、蔬菜产业等一大批特色农业产业的发展后劲造成了一定的负面影响。

同时，甘肃省现代农业发展目前正处在关键期，如何确保现代农业又好又快发展，对农业科技人才的综合素质提出了更高的要求，农业科技人才必须了解最新的知识技能、最先进的现代管理经验。现代农业发展离不开人力资源保障，但是，就目前的甘肃省人力资源现状来看，还存在着人力资源总体文化素质偏低、农业科技创新型人才普遍缺乏、人力资源向省外的迁移比较严重、人力资源产生的经济效益不高等问题，这些都严重制约着甘肃省现代农业的发展。

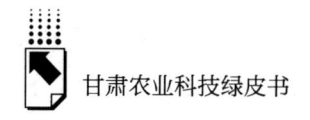

四 人力资源支撑现代农业发展典型案例

"十二五"以来，甘肃省农业蓄势扬帆，迎来了历史上发展最快、质量最好、水平最高的时期。农业综合生产能力显著提升，科技支撑水平稳步提高，人力资源在支撑现代农业发展中也涌现出了一些创新做法和典型经验。

（一）甘肃农业大学"两院"模式

甘肃农业大学充分发挥人力资源优势，积极创新社会服务模式，有效促进产学研合作和农业科技成果转化，有效推动了全省现代农业的发展。2012年起，学校启动了"专家院"服务"农家院"的"两院"模式。通过一名首席专家带领一个科研团队、研发一套关键技术、培训一批新型农民、形成一个科技示范基地、支撑一个特色产业、带动一方农民致富的路子，使专家院成为深入推进校地合作、支持地方特色优势产业发展和"美丽乡村"建设的有效载体。目前，学校在河西绿洲农业区、陇中干旱区、陇南特色农业区和甘南草原牧区等区域建成专家院25个。已建成的专家院在全省现代农业产业布局为草食畜牧业8个、优质林果业7个、设施蔬菜产业3个、中药材产业3个、现代制种和酿酒原料1个、装备制造业1个、马铃薯产业1个，专家院在引领区域农业发展，促进农业增效、农民增收等方面起到了积极的推动作用。

以专家院为依托，学校积极组织专家赴全省各地开展现代农业研发、科技服务和各类人才培训。"十二五"以来，学校各领域专家在全省广泛开展了现代农业科技研发、推广和人才培训，培训各类技术人员、农牧民76万余人次，发放培训材料28万份（册）。在马铃薯、畜草等优势特色产业推广新技术、新品种近129万公顷，推广优良家畜1620万余头（只），新增经济效益254亿元。

（二）甘肃省农业科技创新联盟

2016年，针对过去甘肃省农业科技资源较为零散的局面，由甘肃省农科院牵头，整合全省涉农科研院所、高校和企业等创新资源，成立了甘肃省农业科技创新联盟。联盟包括6家甘肃省属农业院校、15家甘肃省属科研院所、23家甘肃省内知名农业企业在内的44家单位。农业科技创新联盟坚持开放协作，通过不断完善内部运行机制，协同互动，为全省现代农业发展提供了有益了探索。同时，联盟坚持以市场为导向，以成员各方共同利益为基础，探索有效的利益共享机制，打造多赢、共赢的合作平台。

目前，甘肃省农业科技创新联盟已成为全省农业科技发展的引领者、推动者，成为国内具有权威性、影响力、社会性的行业组织，联盟自成立以来，在协同创新平台建设方面，启动了"甘肃省现代农业科技支撑体系建设"项目，组建了5个区域性科技协同创新中心、1个咨询服务中心；在资源共享平台建设方面，完成了13个科研数据库的数据录入和测试工作；在咨询服务平台建设方面，完成了首届全省农博会、全国"互联网+现代农业""双创"博览会布展工作，集中展示了甘肃省在农业科技创新和服务"三农"方面取得的成就和做出的贡献。同时，联盟以项目为纽带，促进院地、院企合作，推动区域经济社会发展。通过自主建设和与地方政府合作共建，投入巨额资金完善科研基础设施建设、培训农民上万人次，为甘肃省现代农业的发展和全面建成小康社会提供有力的技术支撑。

五 优化人力资源支撑现代农业发展的对策建议

（一）创造科技人才发展的宏观环境

现代农业发展，最根本的是人才，最关键的也是人才。要想使人力资源的优势得到有效发挥，就必须在政策上加以扶持和引导。甘肃省政府在支持农业科技人才发展方面，目前已出台了一系列人才优惠政策，修订和完善了相关人才保障法律法规。比如营造良好、轻松的人才工作环境，制定合理的政策法规，以解决他们的后顾之忧和心中疑虑。除此之外，甘肃省政府还应该通过各种优惠政策，进一步加大人才引进力度，进一步加大资金投入力度，为科技人才营造良好的人才成长环境和工作研究氛围，使农业科技人才看到发展前景，乐于本职工作，从而促进甘肃省现代农业的发展。

（二）完善农业科技人才的评价管理体系

人才评价是人才发展体制机制的重要组成部分，是人才资源开发管理和使用的前提。建立科学的人才分类评价机制，对于树立正确用人导向、激励引导人才发展、调动人才创新创业积极性、加快建设人才强省具有重要作用。只有建立一套系统完善的农业科技人才评价管理体系，才能进一步提高科技人才的服务意识和工作动力。要根据农业科技人才的自身特点，建立适合现代农业发展的人才评价管理体系。同时，要充分结合甘肃省实际情况，通过进一步完善农业科技人才的评价机制，促进甘肃省人力资源管理能力的提升。

（三）进一步加大新型职业农民的培训力度

没有现代化的农民，就没有农业的现代化。现代农业发展必须依靠爱农业、懂技术、善经营的新型职业农民。只有进一步加大新型农民的培训力度，塑造一大批新型职业农民，让他们成为现代农业先导力量，才能有力促进"谁来种地"、"如何种好地"等问题的解决，才能为发展现代农业提供扎实的能力保障。目前甘肃省农民的整体文化素质与东南沿海发达地区还存在着一定的差距。因此，可以借鉴其他一些省份的有益经验，逐步推行新型职业农民认证工作。对于取得证书的新型职业农民相应给予相应的奖励，在农业生产经营上给予一定的扶持，积极引导鼓励农民进一步学习的积极性和主动性，为现代农业的发展提供强大的人力资源支撑。

（四）进一步加大人才培养的经费保障力度

高校和农业科研院所作为农业人才培养的重要基地，是农业科技创新的重要源头，是农业技术推广的重要力量。但是，高校和科研院所承担的科研项目都有特定的科研任务，没有多余经费进行科研基地建设，限制了科技人员不能长期深入基层服务。因此，面对区域现代农业发展对涉农技术和人才的巨大需求，需进一步加大对涉农高校及科研院所投入，通过设立专项经费，加强农业科技人才培养。同时，结合甘肃省农业科技人才的特点，制定符合农业科技人才培训方案，以此来满足甘肃省现代农业的发展需求。这样，高校和科研院所通过开展人才技能培训不但可以获得的专项经费补助，授课教师也相应地获得了报酬，农业科技人才培训也会更加顺畅。

（五）进一步加快推进企业经营管理人才培养

农业企业的发展水平是判断农业现代化是否先进的重要标志，农业企业是创造财富的主要力量，具有较强的实践环境。为适应现代农业发展战略需要，要以优化结构为主线，依托高校优势，加大企业经营管理人才队伍培养开发力度，建设一支适应全省经济社会发展、职业素养好、市场意识强、熟悉经济运行规则、具有世界眼光的高素质企业经营管理人才队伍。通过健全科技成果产权交易机制、知识产权保护制度、智力入股制度等人才激励保障制度，为企业科技人才提供最佳环境，促进现代农业企业向创新、健康的轨道发展。

（六）积极打造农业科技人才的品牌效应

进一步加大"甘肃省陇人骄子"、"科技功臣"的宣传力度，激发广大科技工作者的创新动力和活力，打造甘肃省农业科技人才的品牌效应。要利用自身的政策优势，充分发挥"陇人骄子"、"科技功臣"的榜样力量，吸引更多农业科技人才到甘肃发展，激励更多的人才投身全省经济社会发展中。对于高层次的、紧缺的农业科技人才给予特殊的政策照顾，实行单独的

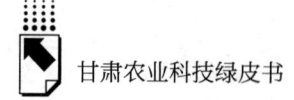

管理，以确保他们能够长期在甘肃工作。努力创建自由、公平、和谐的政策环境，给予高层次人才更好的发展规划，确保他们能够充分发挥自己的工作潜力，促进甘肃省现代农业更好更快的发展。

参考文献

陈宗彤：《甘肃省人力资源的现状及发展战略和模式的探讨》，《兰州交通大学学报》2008年第5期。

韩临广、董国英、马瑛：《"十二五"甘肃农业发展成就回顾》，《甘肃农业》2015年第12期。

巨欢：《甘肃省农业现代化与新型城镇化协调发展关系研究》，甘肃农业大学硕士学位论文，2017。

李丽君：《甘肃省人力资源开发的跨越式发展研究》，《调查研究》2012年第2期。

李晓敏：《甘肃省农业科技培训现状研究》，甘肃农业大学硕士学位论文，2017。

牛胜强：《甘肃转变经济发展方式面临的问题与对策》，《天津商业大学学报》2012年第3期。

张东伟：《新时代甘肃省现代农业发展探析》，《甘肃农业科技》，2012年第12期。

张俊茹、于玲：《人力资源开发对我国农村可持续发展影响分析》，《经济论坛》2013年第4期。

张一驰：《人力资源管理教程》，北京大学出版社，2003。

G.15 甘肃省新型农业经营主体发展研究报告

乔德华 刘锦晖[*]

摘 要： 本文梳理了新型农业经营主体的类别及其功能定位；以甘肃省农业农村厅统计资料为背景，深入分析了甘肃省农业企业、家庭农场和农民合作社等三类新型农业经营主体的发展现状和存在问题，从强化政策支持力度、创新土地流转途径、优化利益联结机制、加强农业保险制度体系建设及新型农业经营主体联盟建设等方面提出了政策建议。

关键词： 新型农业经营主体 农业企业 农民合作社 家庭农场 甘肃省

引 言

农业经营主体包括农业产业链各环节中直接或间接从事农产品生产、加工、销售和服务的个人或组织。而新型农业经营主体专指以家庭经营制度为基础，具有较大经营规模，与现代农业及市场经济相适应的农业经济组织。新型农业经营主体的关键在于"新"，主要体现在两个方面。一是对于传统农业之新：它是与现代农业发展相适应的农业经济主体，现代农

---

[*] 乔德华，甘肃省农业科学院农业经济与信息研究所所长、副研究员，国家注册咨询工程师，主要从事农业产业化和区域农业经济研究；刘锦晖，硕士，甘肃省农业科学院农业经济与信息研究所研究实习员，主要从事区域农业经济研究。

业是广泛应用现代科学技术、现代工业提供的生产资料和科学管理方法的社会化农业；传统农业是以自给自足或解决温饱问题为主要目的，相对粗放的农业生产经营。二是相对于传统体制之新：它是与改革开放后实行的家庭经营制度及市场经济体制相适应的农业经济主体，新型经营主体与家庭经营制度的建立相伴而生，更能发挥现代农业的规模性、组织性、多元性和社会性。

现代农业发展既需要生产力层面的变革，也需要生产经营组织层面的创新，有效的经济组织是经济增长的关键。发展新型农业经营主体的主要目的是解决现代农业发展过程中一家一户办不了、办不好或办起来不经济的问题。现代农业具有机械化、信息化、科技化、规模化、标准化、产业化、品牌化、市场化、效益化、城镇化等基本特征，这其中的每一"化"都需要将新型农业经营主体作为主要依靠力量才能逐步实现。因此，大力发展新型农业经营主体是现代农业生产经营体系建设的必然要求，是实现农业现代化的有力武器。同时新型农业经营主体的发展机制也是现代农业宏观管理的重要组成部分。

近年来，我国家庭农场、农民专业合作社、农业产业化龙头企业、社会化服务组织等新型农业经营主体不断发育成长，呈现旺盛的生命力和蓬勃发展的良好势头。2018年10月，全国家庭农场数量达到87.7万户，其中纳入农业部门名录管理的家庭农场达到44.5万户；依法登记注册的农民合作社数量达到214.8万家，实有成员1.2亿户，占农户总数的48.7%；各类农业产业化龙头企业数量达到13万家，以龙头企业为主体的各类产业化经营组织辐射带动全国1.27亿户农户；各类农业公益性服务机构达到15.2万个，农业经营性服务组织超过100万个。各类新型农业经营主体的健康发展，正在有力地支撑农产品有效供给，重构中国农业生产主体以小规模农户为主的传统格局。

我国现阶段农业发展的主要矛盾是农产品供给的结构性矛盾，突出表现为阶段性的供过于求和供给不足并存，矛盾的主要方面在供给侧。在深入推进农业供给侧结构性改革的进程中，必须重构和优化农业产业体系、生产体系、经营体系，尤其是对农业经营体系的优化迫在眉睫。同时应把加快培育新型农业经营主体作为一项重大战略不断推进，切实发挥新型农业经营主体对农业发展的引领作用。2018年中央一号文件明确提出，要"实施新型农业经营主体培育工程，培育发展家庭农场、合作社、龙头企业、社会化服务组织和农业产业化联合体，发展多种形式适度规模经营"。因此：从宏观上看，培育发展新型农业经营主体，是农业现代化发展的重要支撑；从中观上看，是农业经营体系建设的必然选择；从微观上看，是发展农业产业、增加农民收入、满足消费需求的必由之路。

一 新型农业经营主体的种类及其功能定位

（一）新型农业经营主体的分类

我国学者对各种农业经济合作组织提出了不同的分类观点。三类说将新型农业经营主体分为家庭农场、农民合作社、农业企业；四类说具体分为专业种养大户、家庭农场、农民合作社、农业企业；五类说包括专业种养大户、家庭农场、农民合作社、农业产业化龙头企业、经营性农业服务组织。笔者认为"三类说"更简明、更科学、更合理。因为种养大户可认为是家庭农场的不同阶段；专业技术协会是合作社的不同形式；经营性农业服务组织可归并到农业企业之中。

（二）新型农业经营主体的功能定位

1. 家庭农场

家庭农场专指以家庭成员为主要劳动力，以农户家庭为单位进行生产经营核算，从事农业集约化、规模化、商品化生产经营，并以农业收入为家庭主要收入来源，实行自主经营、自我积累、自我发展、自负盈亏、科学管理的新型农业经营主体。

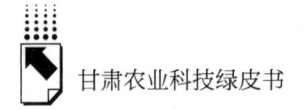

家庭农场的本源是家庭生产经营，即以家庭（或家族）为主要种植、养殖、经营单元；其本质内涵是家庭经营、规模适度、一业为主、集约生产。核心要义是：家庭成员中的劳动力和劳动时间占比要达到60%以上；土地规模一般为当地农户平均规模的10~15倍；根据自身能力和职业素质，选择主导产业，实行专业化生产；劳动力与其他资源要素的配置效率达到最优，最大限度地发挥规模经营效益和家庭经营优势。在欧美等发达国家，家庭农场已有二三百年的发展历史，是最主要的农业经营主体。我国自2013年中央一号文件第一次正式提出大力发展家庭农场的要求以后，近几年家庭农场表现出良好的发展势头，其主要特点：一是家庭劳动力以农地经营为主；二是家庭收入主要来源于农地经营（大于75%）；三是收入水平明显高于当地农户的平均水平。

家庭农场是未来中国农业产业化生产经营的基本主体，代表着未来农业生产经营体系发展的主流方向，符合世界发展潮流和我国国情实际。家庭农场经营的特点主要体现在：具有完全的经营自主性和家庭经营体制固有的生产经营主动性和积极性，收入能力较高，投入能力较强；具有优化资源配置、提高资源使用效率的优越性，注重投入产出效果、注重成本核算；具有较高的经营效率和技术先进性，重视先进技术使用，劳动生产率相对较高。

2. 农民合作社

农民专业合作社是同类农产品的生产经营者或同类农业生产经营服务的提供者、利用者，在农村家庭承包经营基础上，自愿联合、民主管理的互助性经济组织。合作社的基本属性是互助性，这也是不同于企业的重要特征。合作社的本质属性和办社原则是"姓农属农，照章分配"，即归农户所有、由农户管理、按章程分配。1984年中央一号文件最早提出发展"农民专业合作经济组织"的要求，2006年10月，我国《农民专业合作社法》颁布实施，明确了合作社的市场主体地位，从组织形式、经营范围、政策支持等方面做出了法律规定，更为合作社的发展创造了良好的社会环境条件。

农民合作社是现阶段我国新型农业经营主体的主要形式,它与家庭经营处于共生地位,是"小农户"与"大市场"有效衔接的重要纽带。在我国农业家庭经营规模小、土地分配零散的情况下,合作社既能为农户提供产前、产后流通服务,还可以发挥组织生产、共同利用土地的功能,是农业产业化发展中真正起到内引外联作用的关键环节,是发展现代农业的有效组织形式,特别是在贫困地区,合作社是带动引领产业扶贫、帮助农民增产增收最直接、最广泛的新型农业经营主体。合作社的重要作用主要体现在:一是政府与社员之间联系和沟通的桥梁;二是农业科技成果转化和农业产业化经营的重要组织形式;三是农民利益表达的重要渠道和推进农村民主管理的重要载体;四是农产品走向国际、国内市场的组织保障。

3. 农业企业

农业企业是指采用现代企业经营管理方式,从事农产品生产、加工、经营及其相关活动,并实施独立经营、自负盈亏的经济组织。农业企业特别是农业产业化龙头企业,在适应市场经济发展环境和应对国际激烈竞争方面具有较大的优势。农业企业是目前我国新型农业经营主体中经营范围最广、表现最活跃的重要形式,在逐步完善与广大农户利益联结机制的基础上,龙头企业作为农业产业化经营的先导力量,扮演着独特而重要的历史性角色,在带动农户走向市场中发挥了重要作用。

我国农业企业主要分为四类:农业生产企业以从事种植业、养殖业为主,目前这类企业相对较多,但农业企业的功能定位应当主要从事耕地以外的生产经营;农产品加工企业主要从事农产品的初级加工和精深加工,处于农业产业链的下游,是目前种类最多的农业企业,还有很大的发展空间;农产品流通企业主要从事农产品的产前流通服务(农业生产资料经营、土地银行等)、产后流通服务(产品储运、销售等);农事服务企业主要是为农业经营主体提供耕种、植保、收获等生产性服务,目前这类企业相对较少,而且季节性很强。

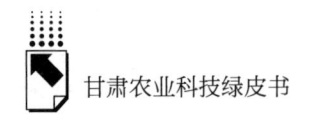

二 甘肃省新型农业经营主体发展现状

（一）甘肃省农业企业发展现状

1. 龙头企业数量增加，固定资产及销售收入稳步上升

经过近几年的快速发展，农业产业化龙头企业已成为甘肃省引领农业供给侧结构性改革、促进乡村振兴战略实施、推进农业农村现代化进程的重要力量。如图1所示，2013~2016年，甘肃省农业产业化龙头企业数量逐年增加；2017年由于农业农村部统计口径调整，龙头企业数量有所下降。

截至2017年，甘肃省拥有农业产业化龙头企业2227家，提供了农产品市场供应量的1/3和主要城市"菜篮子"产品供给量的2/3以上。其中，国家级重点龙头企业为27家，占比1%；省级重点龙头企业为421家，占比19%；市（州）级重点龙头企业为1187家，占比53%；县级重点龙头企业为592家，占比27%。2018年甘肃省贫困地区新增龙头企业158家。

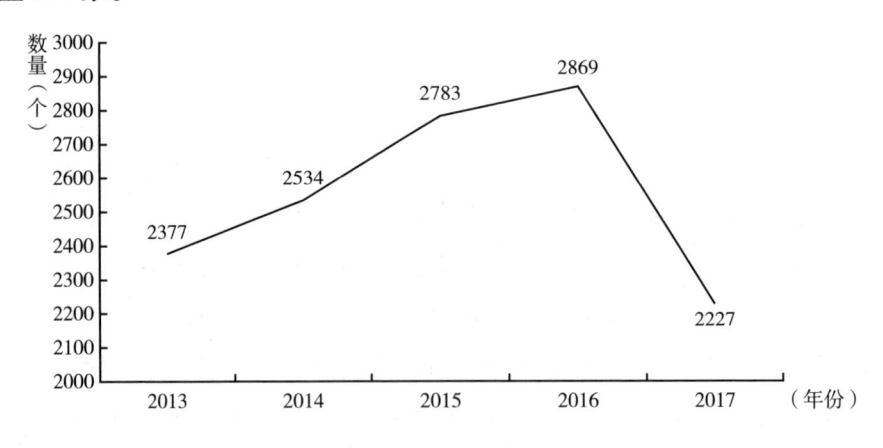

图1 2013~2017年甘肃省农业龙头企业发展变化

资料来源：甘肃省农业农村厅统计资料。

如图2所示，2013~2015年，甘肃省农业产业化龙头企业固定资产和销售收入稳步上升，其中2016年有较大幅度提升，但2017年随着农业农村部统计口径调整两项指标均有所下降。2017年全省农业产业化龙头企业固定资产净值达到655.9亿元，销售收入823.5亿元。其中，销售收入10亿元以上的龙头企业有5家，分别是甘肃亚盛实业（集团）股份有限公司、甘肃达利食品有限公司、甘肃清河源清真食品股份有限公司、陇西一方制药有限公司、甘肃大禹节水股份有限公司；销售收入1亿元至10亿元的龙头企业有98家。目前甘肃省主板上市龙头企业有以下7家：甘肃莫高实业发展股份有限公司、甘肃省敦煌种业股份有限公司、甘肃亚盛实业（集团）股份有限公司、兰州庄园牧场股份有限公司、天水众兴菌业科技股份有限公司、甘肃大禹节水股份有限公司、甘肃荣华实业（集团）股份有限公司。

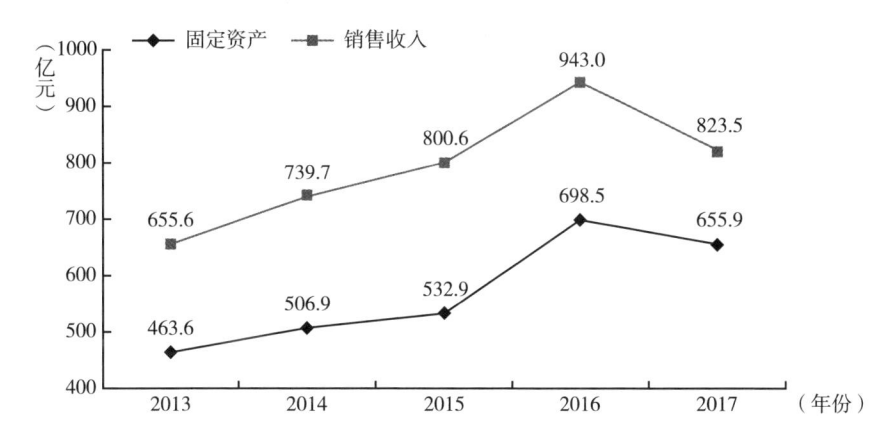

图2 2013~2017年甘肃省农业产业化龙头企业固定资产及销售收入变化情况

资料来源：甘肃省农业农村厅统计资料。

2. 龙头企业行业分布及地区分布情况

如表1所示，甘肃省农业产业化龙头企业在农业领域内各行业均有分布，其中种植业领域有龙头企业1579家，占比70.9%；畜牧业领域有龙头企业516家，占比23.17%；水产类、林业及其他领域龙头企业数量较少。

表1 2017年甘肃省农业产业化龙头企业行业分布

行业分布	数量（个）
一、种植业（种植及加工）	1579
1. 粮食类	348
2. 油料类	35
3. 糖料类	4
4. 水果类	334
5. 蔬菜类	227
6. 棉麻丝类	12
7. 中药材类	143
8. 茶叶类	20
9. 花卉类	8
10. 其他	448
二、畜牧业（养殖及加工）	516
1. 肉类	334
2. 蛋类	51
3. 奶类	47
4. 皮毛	9
5. 其他	75
三、水产类（养殖及加工）	18
四、林业（种植及加工）	49
五、其他	65
合计	2227

资料来源：甘肃省农业农村厅统计资料。

从地区分布（见表2）来看，河西地区农业产业化龙头企业总体发展势头良好，陇东及中部地区发展形势较好，而其他地区则相对比较落后。综合发展水平处于前六位的市州分别是：武威、定西、兰州、酒泉、张掖、天水，其销售收入占全省农业产业化龙头企业销售总收入的63.5%。

3. 甘肃省农业产业化龙头企业发展特点

（1）龙头企业辐射带动农户的能力较强

2013~2017年甘肃省农业产业化经营组织从业人数分别为：2013年43.4万人、2014年44.3万人、2015年52.3万人、2016年57.3万人、

2017年48.5万人。2017年全省农业产业化龙头企业从业人数为17.7万人，其中省级以上龙头企业从业人数为5.5万人。2017年农业产业化经营组织带动农户276万户，增收总额达到81.3亿元；其中省级以上龙头企业带动基地农户132万户，增收总额37.3亿元。

表2 2017年甘肃省农业产业化龙头企业地区分布情况

市州	数量（个）	固定资产（亿元）	销售收入（亿元）
兰州市	180	53	92
嘉峪关	8	4	3
金昌市	56	18	21
白银市	151	34	56
天水市	378	55	67
武威市	280	126	135
酒泉市	138	52	75
张掖市	209	73	68
定西市	183	76	95
陇南市	203	28	35
平凉市	196	41	51
庆阳市	108	29	41
临夏州	97	27	51
甘南州	22	12	5
兰州新区	16	8	5
农垦公司	2	20	23
全省	2227	656	823

资料来源：甘肃省农业农村厅统计资料。

（2）农产品初加工能力较强，产业链逐步延伸

2017年，全省马铃薯种植面积为68.77万公顷，产量为1164.5万吨，面积和产量分别居全国第3位和第2位；全省蔬菜种植面积为56.98万公顷，产量为2106.5万吨，面积和产量分别居全国第18位和第17位。全省80%以上的苹果、60%以上的中药材、50%以上的马铃薯和50%以上的高原夏菜销往省外市场，成为全国重要的优质农产品生产加工基地，这其中农业产业化龙头企业功不可没。

(3) 农产品仓储条件改善，物流设施基本满足需求

从2010年开始，甘肃省安排财政专项扶持资金，采取先建后补、以奖代补等形式，支持果品、蔬菜保鲜库建设。2017年，全省新增果蔬保鲜库132个，新增库容185.6万立方米。截至2017年，全省建成保鲜库1178座，库容为1489.6万立方米，两项指标均是2010年的5倍多，覆盖全省苹果和蔬菜优势产区，为促进苹果、蔬菜产业的健康发展发挥了重要作用。

(4) "产学研"合作是企业获取技术的主渠道

2017年，甘肃省448家省级以上龙头企业科技研发总投入5.41亿元，占销售收入的1.18%。有107家龙头企业科研投入占企业年销售收入的比重超过1%，有163家龙头企业建有专门研发机构，有109家龙头企业获得省级以上科技奖励或荣誉称号。总体而言，企业自主研发或拥有自主知识产权的技术成果较少，大部分推广应用成果需从"产学研"结合渠道获取。

4. 甘肃省农业企业发展的主要问题

(1) 企业与农户的利益联结机制不够紧密

至2017年，甘肃省共有农业产业化经营组织8515个，其中龙头企业带动型2227个、合作组织带动型5595个、专业市场带动型195个、其他形式带动型498个。这些农业产业化经营组织与农户建立了多样化的利益联结方式，其中订单合同关系3620个、合作方式（利润返还）2123个、股份合作方式（按股分红）1003个、其他1769个。农业产业化龙头企业与农户的合作关系中订单形式占55%，合同形式占28%、股份合作仅占12%。总体而言农业企业与农户的合作形式仍以订单或合同为主，股份合作形式占比很小。

(2) 农业企业在农业产业化领域的行业分布不平衡

至2017年，甘肃省农业产业化经营组织中，从事种植业的4527个，占53.2%；从事畜牧业的3055个，占35.9%；从事水产业的75个，占0.9%；从事林业的310个，占3.6%；从事其他产业的548个，占6.4%。种植业领域农业企业分布较为集中，其他行业领域相对较少。同时在统计口径上也应考虑将种养加结合型或兼业型企业另行统计，特别应将加工型企业从种植业、养殖业相关企业类型中分离出来。

(3) 农业企业整体发展水平有待提升

2017年，农业部第七次监测合格的农业产业化国家重点龙头企业共有1131个（数据截至2016年底），其中山东省共计有85个居首位，四川省有58个位列第二，河南省和江苏省并列第三（55个），甘肃省仅31家，列第20位。2018年12月，农业农村部公布的农业产业化国家重点龙头企业第八次监测合格名单中，全国1095家企业榜上有名，甘肃省仅有25家。单从龙头企业数量来讲，近3年甘肃省拥有的国家级农业产业化龙头企业仅占全省各类龙头企业的1%左右，居全国省市区后列。

(4) 企业品牌知名度较低，产品缺乏竞争力

至2017年，全省448家省级以上农业产业化龙头企业中，建有专门质检机构的有227个，通过ISO9000、HACCP、GAP、GMP等质量体系认证的有246家，获得省级以上名牌产品或著名（驰名）商标的有180家，获得"三品一标"认证的有132家，分别占省级以上龙头企业的50.7%、54.9%、40.2%和29.5%。

（二）甘肃省家庭农场发展现状

作为未来甘肃省实现农业产业化生产经营的基本主体，自2014年启动家庭农场培育发展工作以来，甘肃省家庭农场迅速发展，从2015年的5053家增长到2018年的9136家（见表3），有力地推动了甘肃省农业产业化生产经营发展。

1. 甘肃省家庭农场发展特点

(1) 数量快速增加，经营规模不断扩大

如表3所示，近4年来，甘肃省家庭农场发展较快，截至2018年上半年已有认定注册的家庭农场8585家，其中农业部门认定4650家，工商部门注册6148家。家庭农场经营的耕地总面积也在不断扩大，从2015年的5.65万公顷增长到2018年上半年的8.55万公顷；至2018年6月，全省共有经营规模66.7公顷以上的家庭农场201家，较2015年增长了近一倍。尽管近年发展速度较快，但由于起步晚，与甘肃省2014年印发的《关于培育发展家庭农场的指导意见》中提出的预期发展目标（到2018年，全省发展家庭

农场 20000 家，其中省级示范性家庭农场 3000 家；家庭成员人均纯收入达到当地农民人均纯收入的 2 倍以上）还有很大的差距。

表3 2015 年至 2018 年上半年甘肃省家庭农场统计

指标名称	单位	2015 年	2016 年	2017 年	2018 年（上半年）
（一）家庭农场总数	家	5053	7221	8300	9136
1. 从事种植业	家	2671	3818	4216	4730
其中：种植粮食作物	家	1034	1242	1477	1593
2. 从事养殖业	家	1398	1601	1919	2169
3. 从事种养结合	家	878	1692	2063	2123
4. 其他	家	106	110	102	114
（二）家庭农场经营耕地总面积	万公顷	5.65	7.28	8.37	8.55
1. 3.3 公顷以下	家	1320	2718	2946	3479
2. 3.3~6.7 公顷	家	1358	1833	2177	2273
3. 6.7~33.3 公顷	家	1911	2192	2407	2622
4. 33.3~66.7 公顷	家	345	343	560	561
5. 66.7 公顷以上	家	119	135	210	201
（三）家庭农场劳动力总数	万人	4.15	6.23	5.93	6.63
1. 家庭成员	万人	1.86	2.23	2.67	3.08
2. 常年雇工	万人	2.29	4.00	3.25	3.55
（四）已认定注册家庭农场	家	2826	5824	7533	8585
其中：农业部门认定	家	1346	3563	4350	4650
工商部门注册	家	1480	3801	5258	6148

资料来源：甘肃省农业农村厅统计资料（截至 2018 年第二季度）。

（2）辐射带动作用逐步增强

随着家庭农场的快速发展，其辐射带动作用逐步增强。截至 2018 年上半年，家庭农场劳动力总数从 2015 年的 4.15 万人增长到了 6.63 万人，其中常年雇工从 2.29 万人增长到了 3.55 万人，吸收了部分农村富余劳动力，有效推动了农业规模化、集约化、商品化发展。

（3）行业分布集中，趋同性明显

如表3所示，从事种植业的家庭农场最多，2015 年至 2018 年上半年，从事种植业的家庭农场在家庭农场总量中的比例始终保持在 50% 以上，在从事种植业的家庭农场中，种植粮食作物的家庭农场所占比例最大；从多年统计数据来看，从事养殖业和种养结合的家庭农场在总量中的比例保持在20%左右。

2. 甘肃省家庭农场发展的适度规模

世界各国人均占有的耕地面积不同，其中以种植业为主业的家庭农场生产经营面积差异较大，加拿大家庭农场土地经营面积平均达到300公顷，美国的家庭农场平均面积约200公顷，欧洲的家庭农场平均面积约20公顷，日本的家庭农场平均面积约2公顷。我国户均耕地面积仅有0.5公顷，除东北、新疆外，其他大部分地区受土地面积及流转费用的限制很难发展较大面积的家庭农场，目前国家对家庭农场注册的面积指标没有进行统一要求，各个家庭农场可以根据当地土地流转情况和自身经营能力来确定生产经营规模。2014年，甘肃省对省级示范性家庭农场按种植业和养殖业两大类，分别制定了面积认定标准和数量认定标准（见表4），同时还规定了相应的年产值和纯收益指标。

表4 甘肃省省级示范性家庭农场认定标准

	种植种类	面积标准		养殖种类	数量标准
种植业	粮棉油	13.3公顷以上	养殖业	生猪年出栏	300头以上
	设施农业	2.0公顷以上		母猪年存栏	100头以上
	露地瓜菜	6.7公顷以上		肉牛年出栏	100头以上
	中药材	6.7公顷以上		奶牛年存栏	50头以上
	经济林果	6.7公顷以上		羊年出栏	300只以上
	特色种植	6.7公顷面以上		蛋鸡年存栏	1万只以上
				肉鸡年出栏	2万只以上

资料来源：甘肃省农业农村厅统计资料。

（三）甘肃省农民合作社发展情况

1. 农民合作社发展现状

近10年，甘肃省农民专业合作社发展迅速，数量快速增加（见表5）。

从2009年的2421家发展到2018年上半年的89850家,9年间增长了约37倍（另据资料报道,2018年甘肃省实施贫困村合作社全覆盖措施中,仅贫困村新建合作社2862个）；带动农户数量从2012年的172万户增长到了2018年上半年的263万户,已经覆盖了甘肃省所有农户的一半以上,农业合作社带动农户能力不断增强,覆盖农户范围不断扩大。从带动效果看,贫困地区入社社员户均收入较未入社农户高20%左右,会宁县、甘州区等合作社发展较好的县区则达到25%以上。

表5 2009年至2018年上半年甘肃省农民专业合作社发展情况统计

年份	2009	2012	2015	2018年上半年
数量(个)	2421	15213	57000	89850
增长量(个)	—	12792	41787	32850
年均增长率(%)	—	150.67	93.57	25.55
带动农户(万户)	—	172	250	263

资料来源：甘肃省农牧厅统计资料（截至2018年第二季度）。

从行业分布（见图3）来看：种植业36213家,畜牧业34177家,林业6258家,渔业415家,服务业5963家,手工业和其他6855家。在全省近9万个农民专业合作社中,种植业和畜牧业领域的专业合作社数量均达到了3万多个,共占专业合作社总量的78%,其他行业的专业合作社数量较少。从地区分布情况看,处于前五位的市州分别是：陇南市14420家、定西市10429家、白银市9519家、武威市9146家、庆阳市8791家。

2. 目前合作社发展中存在的主要问题

（1）合作社数量增长迅速,但规模普遍较小。特别是近年来甘肃省在脱贫攻坚战中重点扶持发展农民合作社的政策作用下,农民合作社的数量急剧增加,截至2018年10月底,全省农民专业合作社已达9.9万个,实现了贫困村全覆盖,且平均每个行政村拥有合作社6.04个（达到目前全国平均每村3个合作社的2倍）、每个自然村拥有合作社1.16个；7262个贫困村有合作社3.49万个,其中入社52.49万户、129.23万人,平均每个贫

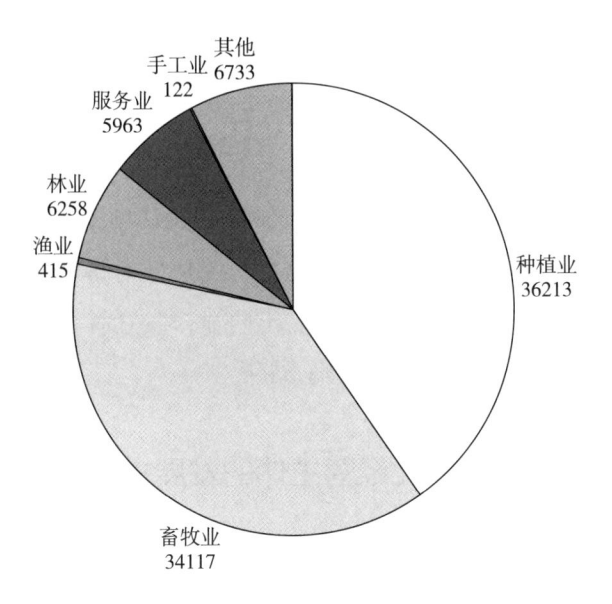

图3 2018年甘肃省专业合作社行业分布

资料来源：甘肃省农业农村厅统计资料。

困村有合作社4.81个，而每个合作社仅有15.04户、37.03人。如果全省444.51万农业经营户全部加入合作社，那么平均每个合作社也只有44.9个农业经营户。合作社数量增加固然无可厚非，但合作社规模普遍较小、作用发挥不够理想的问题比较突出。从合作社发展的国际趋势来看，发达国家的合作社个体数量减少，但规模化趋势明显增强，尤其在延长农业产业链方面发挥了重要作用。比如，瑞典农业及林业合作社由19世纪初的3000多家减少到40家，丹麦奶业、生猪和粮食合作社由1903年的1073家减少到20家，集中化势头明显，这为我国农民合作社发展提供了很好的借鉴。

（2）合作社的示范带动作用和社会竞争优势尚未得到有效发挥。有的农民专业合作社与家庭经营没有明显区别，合作社的市场主体资格和作用没有充分体现出来，成为"空壳社"、"名义社"。得到政府资金支持的合作社获得了明显的经济效益，而由农民自发组建的合作社很多则在生产、营销、资金等各方面遇到困难。大多数合作社的服务范围受限于"专业"领域或同类产品，综合性有待于进一步增强。农户参与合作社的主动性有待进一步提高，目前主动参合的仅占20%以下，被动参合的占到80%以上，真正能发挥合作经济的合作社仅占总数的20%左右。

（3）农民合作社的健康持续发展还有许多有待解决的新问题。如：合作社成员共担风险的机制不健全；合作社资本筹集与积累缺少制度基础；合作社信息化服务水平较低与网络经营滞后，无法及时得到市场预测分析信息；合作社品牌运作水平低，品牌效应不明显；成立联合社仍面临诸多困难，缺乏与产业链上其他组织的合作；等等。

三 新型农业经营主体的发展措施探讨

目前我国新型农业经营主体的发展还处在初级阶段，需要全社会进一步共同探索更好的内部、外部运行体制机制。新型农业经营主体的发展涉及农业全产业链的各个环节，关系到现代农业建设的各个方面，也影响着我国粮食安全、农产品有效供给和农业供给侧结构性改革等重大问题，更关系到广大农民群众的切身利益。甘肃省新型农业经营主体发展还比较滞后，促进新型农业经营主体的健康快速发展需要各级政府部门以及全社会的大力支持，还需要在保障措施等方面进行不懈的创新和探索。

（一）强化政策支持力度，优化新型农业经营主体发展环境

各级政府部门应进一步加大扶持力度，从土地流转、信贷金融、税收减免等方面对家庭农场、农民合作社、农业企业等新型农业经营主体的发展创造更加良好的政策环境，实行以奖代补、奖补结合等鼓励、激励机制，或创新补贴政策实施方式，将部分农业补贴作为农业保险费用，充分调动各类新型农业经营主体的积极性。特别是应采取有效措施，让这些优惠支持政策真正落到实处，使新型农业经营主体真正得到实惠。如甘肃省政府2014年9月印发的《甘肃省关于培育发展家庭农场的指导意见》（甘政办发〔2014〕170号）中明确提出，"各级财政要将家庭农场发展纳入扶持计划，发展扶

持资金列入同级财政预算",但近4年省级财政对家庭农场的发展是"零"预算。只有扶持政策真正落地生根,才能更好地促进新型农业经营主体健康快速发展。

同时应理顺管理体制机制。目前甘肃省三类新型农业经营主体由农业农村厅2个处室的3个科室分头管理,这种管理形式虽然分工更为精细,但统筹协调不够,建议由1个专门处室统一管理,从顶层设计、宏观协调到微观措施进行统筹谋划、协同促进,促使新型农业经营主体真正成为现代化农业经营体系的主导力量。另外,新时期特别需要对农业补贴政策的具体落实进行新的探讨,在实行土地"三权分离"和经营权发生流转的情况下,原有的农业补贴政策如粮食补贴、良种补贴等优惠政策如何落实,是补给承包权人,还是补给经营权人呢?笔者认为,全部补给承包权人或全部补给经营权人都不合理,较好的办法是通过政府引导及双方协商,按照一定的比例使双方都能获益;当然,为了避免纠纷,在签订土地流转合同时,最好将这一问题提前进行约定。

(二)创新土地流转模式,促进新型农业经营主体快速发展

土地是最基本、最主要的农业生产资料。土地流转是促进新型农业经营主体快速发展的必要前提。2017年全国已有36.5%的土地以各种方式实现了经营权流转,2016年甘肃省土地流转率为24.6%。土地的"三权分离"为促进土地流转松了绑、插了翅。土地流转实质上主要是指"经营权"的流转,在新的形势下,土地的"承包权"也可以进行"流转"。土地流转的方式及途径包括直接流转、股份合作、土地托管、废旧宅基地回购、土地退出等。目前土地流转的方式虽然较多,但以出租或代管方式进行流转是暂时性的措施,从长远发展和经济合理的角度考虑,股份合作应当成为未来土地流转的主流方向。

直接流转就是承包权人将土地的"经营权"以出租或转包的形式流转给农业企业、合作社或家庭农场。土地出租是甘肃省现阶段土地流转的主要形式,占土地流转总面积的75.1%,但这种流转方式是不可持续的,因为

它只是土地承包权人简单地坐收地租，没有与土地经营权人形成利益共享、风险共担的利益共同体，经营权人经营的效益好坏，与承包权人没有关系；这种流转方式也给经营权人带来了较大压力，即使经营效益不好，同样必须按照流转协议支付地租费用。如民勤县苏武镇某企业以9000元/公顷流转土地200公顷，每年须向农户支付180万元流转费，在企业发展初期压力确实很大。

股份合作形式的土地流转是土地承包权人将土地经营权作价入股，然后与农业企业、合作社或家庭农场进行合作经营，土地承包权人成为新型农业经营主体的股东，根据经营效益享受红利，土地的经营权由农户与新型农业经营主体共同享有，也相当于扩大了土地的经营权范围。尽管甘肃省2016年以股份合作形式流转的土地仅占流转总面积的1.2%，但此种土地流转形式应当成为今后土地流转的主要形式和发展方向，因为这是一种紧密合作、利益共享、风险共担的良好形式，既能充分发挥新型农业经营主体对广大农户的引领带动作用，也符合农户对土地情有独钟的深厚感情，还能调动农户关心支持新型农业经营主体发展的主动性。

土地托管是承包权人将土地的经营权委托给家族其他成员、亲戚朋友或新型农业经营主体代为管理的一种方式，由代管人给予委托人一定的回报。严格地讲，土地托管未能从真正意义上实现土地经营权的流转。甘肃省目前土地托管主要有全程托管、劳务托管、订单托管等三种类型。土地托管实质上也是一种低价出租形式，这是最简单的临时性流转方式，土地托管既是土地流转的初级形式和初级阶段，也是规模化经营的新途径。

废旧宅基地回购应形成制度。随着移民扶贫搬迁、新农村建设的逐步推进，许多农户原有的宅基地已经废弃，长期闲置不用。同时随着城镇化步伐的加快和乡村振兴战略的逐步实施，许多农户已全家迁移到城镇或将搬迁到条件更好的村庄集中生活居住，有的村庄已经成为"空心村"，甚至将被撤并消亡，而这些废旧宅基地又无法处置，已经成为一个普遍性问题。对于废旧宅基地的资产盘活、整治复垦、开发利用，各地政府可以组织引导新型农业经营主体与废旧宅基地原住户进行协商，以双方都能接受的方式流转使用；最好的办法是由政府出资回购、统一整治复垦，重新确定承包权人或经营权人。

土地退出应逐步提上重要议事日程。目前已经有相当一部分农户在城镇拥有固定住房、具有稳定工作和稳定收入，成为真正的城里人，而原承包地没有流转、长期撂荒；也有部分地方的农户对自己承包的山地、坡地不愿耕种而长期撂荒，这种情况在各地都已普遍存在。如镇原县南川乡沟芦村，现有200多公顷山地已撂荒多年。对于这类闲置土地，在原承包人自愿的基础上，政府可以与其协商，采取拍卖、回购等形式，在给予承包人一定经济补偿的前提下，转让或收回土地承包权。关于土地退出问题，目前重庆市已进行了有益探索。

（三）完善利益联结机制，更好发挥新型经营主体带动作用

农业农村部组织开展的土地经营权入股发展产业化经营试点开展一年多时间以来，7个试点县（市、区）共有13家农业企业、9家合作社开展了土地入股探索，涉及农户1.4万多户、土地面积3400公顷，形成了直接入股公司、入股合作社、农民与原公司成立新公司、非公司制股份合作经营、公司入股合作社等五种模式，农民通过"保底收益+二次分红"的形式，有了更多实实在在的获得感，为农户以土地经营权入股新型农业经营主体进行了有益探索，各地应结合当地实际，充分借鉴这些经验或做法。

龙头企业与一般企业的本质区别，就在于要带动农民发展，通过建立利益联结机制，让农民分享产业链的增值收益，这也是中央和甘肃省扶持龙头企业的重要原因。因此，农业企业应以农产品精深加工、市场营销，以及提高有效供给为主要发展方向，把增强与农户的利益联结机制、扩大示范带动作用作为主要发展目标。龙头企业必须坚持服务农民、帮助农民、富裕农民的原则，在自愿平等互利的基础上，规范发展订单农业，为农户提供质优价廉的生产服务，吸引农民以多种形式入股，积极探索实施股份合作、利润返还等新机制，形成经济共同体、责任共同体和命运共同体。在企业与农民的合作与联合中，一定要建立共享机制，促进要素资源互联互

通，密切企业与农民、合作社与合作社、企业与家庭农场、企业与合作社等之间的合作关系，从简单的买卖、雇佣、租赁行为，逐步向保底收购、合作、股份合作、交叉持股等紧密关系转变，形成利益共同体、责任共同体和命运共同体。

目前甘肃省大多数家庭农场以家族式的种植业和养殖业生产环节为重点，对当地农户的示范带动作用总体还很不理想。充分发挥家庭农场带动农户发展富民产业的最好途径和有力措施，就是结合甘肃省在脱贫攻坚战中要求"下全力做贫困村至少两个合作社（种植业和养殖业）全覆盖的工作"，积极鼓励家庭农场牵头领办或参与组建合作社，使其成为当地农民合作社发展的重要力量，以合作社为桥梁和纽带，间接带动同村其他农户共同发展。

合作社是目前甘肃省乃至全国新型农业经营主体的主要形式，能较好地解决小农户与大市场的矛盾，合作社的发展壮大应把增强综合性、扩大影响力作为主要目标，在实现自身可持续发展的同时，更好地肩负起服务社员、带动周边农户共同发展产业、实现脱贫致富的社会责任。针对甘肃省农民合作社数量多、规模小、示范带动作用有限的具体情况：首先应通过政府继续加大经费投入以及金融信贷等政策扶持力度，特别是鼓励支持村社干部、驻村帮扶工作队成员、"乡贤"、"能人"以及返乡青年为重点的高素质人才领办合作社或参与合作社的管理工作，全面提升合作社自身的生产经营管理水平和示范带动能力；其次是以当地优势特色产业或地方特色产品的规模化、品牌化、效益化发展为主要发展目标，通过紧密合作、利益共享机制，吸引更多的农户主动参与到合作社中来，使农户真正成为合作社的主人，在积极参与合作社民主管理和生产经营活动的同时，通过自己的辛勤努力在产业发展中真正实现增产增收的目的。

（四）加强农业保险体系建设，为新型农业经营主体健康发展保驾护航

农业是高风险行业，承受着自然风险和市场风险的双重压力。甘肃是冰雹、霜冻、风沙、泥石流等自然灾害发生比较多的地区，如2018年4月上中旬连续发生两场大范围严重低温冻害天气，使苹果、核桃、梨、杏、桃等果树遭受不同程度的花期冻害，坐果率明显下降；同时卖菜难、卖肉难、卖果难等问题也时有发生，增产不增收，对新型农业经营主体的发展壮大影响很大。

我国农业保险虽然已经发展了20多年，但目前仍处在探索阶段，还远远不能满足形式发展的迫切需要。突出问题是政策性农业保险因职责单位不明确而缺乏组织实施主体，商业性保险公司又认为农业保险盈利少甚至亏损而积极性不高；加之许多农户甚至大部分新型农业经营主体负责人参保意识不强或因怕花钱而不愿投保，一旦发生自然灾害或市场风险则"听天由命"，不但影响当年收入，甚至使多年的发展基础受到重创而失去信心。如镇原县南川乡沟芦村一养羊合作社曾因羊传染病流行而造成严重损失，使合作社直接解体而且背上了沉重的债务负担。因此，加强农业保险体系建设，为农业生产经营者撑起保护伞，是确保新型农业经营主体健康稳定发展的重要措施。

2018年7月，甘肃省政府根据《农业保险条例》、《中央财政农业保险保险费补贴管理办法》，出台了《甘肃省2018~2020年农业保险助推脱贫攻坚实施方案》，这一强农惠农新政策构建起了中央、省级、市县补贴险种相互补充的风险保障体系；同时，开发出"甘肃省种养产业综合保险"扶贫专属产品，为贫困户种养产业提供一揽子菜单式保险，制定了未脱贫贫困户的全覆盖、贫困户种养产业的全覆盖和自然灾害与市场风险的全覆盖。为使此方案能够切实得到贯彻落实，建议由甘肃省农业农村厅和地方金融监督管理局牵头，组织全省各级农业主管部门、联合各类商业保险公司，共同扛起政策性农业保险的组织实施主体责任，同时积极探索新型农业经营主体特别是服务型企业进入农业保险领域的可行性，积极探索成本保险、产值保险、效益保险、价格指数保险、综合保险等多种农业保险的险种，采用商业保险经营模式，并充分利用好政策性农业保险的优惠条件，使这一惠农政策真正发挥出应有的作用效果。

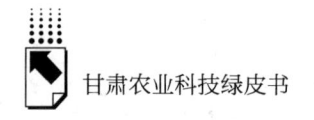

（五）建立新型农业经营主体联盟

目前，我国农业经营主体处于家庭农场、农民合作社、农业企业等多元经营主体共存的局面，各个新型农业经营主体单打独斗，要想包打天下都比较困难，建立有效的联合发展机制是十分必要的。由于不同经营主体具有不同功能、不同作用，既要鼓励发挥各自的独特作用，又要引导各主体相互融合，遵循融合、共享、开放等新发展理念，构建多元复合、功能互补、配套协作的新机制，积极培育和发展家庭农场联盟、合作社联合社、农业企业协会、产业化联合体等，才能实现优势互补和效率倍增。

采用融合发展模式，发展适度规模经营，是培育新型农业经营主体的重要措施。比如：四川简阳生猪养殖推行的养猪户、合作社、保险公司、金融机构、买猪方、政府等"六方合作"，把畜牧产业链条上各主体、各要素紧密串联，实现了多方共赢；安徽、河北等地以龙头企业为核心、农民合作社为纽带、家庭农场和专业大户为基础，多方协商达成契约，形成了更加紧密、更加稳定的新型组织联盟——农业产业化联合体，各主体分工协作、相互制约、形成合力，实现了生产专业化、标准化、规模化和经营效益的最大化。

甘肃省新型农业经营主体应充分借鉴这些先进经验，按照合作社同类合并、规模扩大、质量提升的发展之路，共创产品品牌、共拓直销市场、共推信用合作，积极发展联合社和集生产、供销、信用"三位一体"的综合社；鼓励各类新型农业经营主体充分吸纳政府部门、大专院校、科研院所等单位相关人员参加，建立联合型、地方性的新型农业经营主体联合会，通过各方集思广益、群策群力，共同促进新型农业经营主体的良性发展。同时努力做好示范性家庭农场、示范合作社以及合作社标准化建设工作，努力探索"企业+合作社（家庭农场）+农户"或"合作社（家庭农场）+农户"的新型农业经营主体有效带动农户、促进产业提质增效的综合发展新模式。

参考文献

曹茸、宋修伟：《发展家庭农场：意义重大难题待解》，《农家顾问》2013年4期。

陈建华：《新型农业社会化服务体系及运行机制》，《农民日报》2012年7月21日。

陈瑜、姚丽娟：《甘肃农户参与农民专业合作社意愿与满意度的实证研究》，《北京农学院学报》2013年第4期。

程鸿飞、彭丹梅：《大力发展合作社提高农民组织化程度》，《农民日报》2013年4月18日。

杜志雄：《家庭农场发展与中国农业生产经营体系建构》，《中国发展观察》2018年第Z1期。

杜志雄、刘文霞：《家庭农场的经营和服务双重主体地位研究》，《理论探讨》2017年第2期。

郭家栋：《中国家庭农场发展研究》，上海社会科学院博士学位论文，2017年。

郭庆海：《新型农业经营主体功能定位及成长的制度供给》，《中国农村经济》2014年第3期。

黄祖辉、俞宁：《新型农业经营主体：现状、约束与发展思路》，《中国农村经济》2010年第10期。

孔祥智：《"模板"之外的合作社还是合作社吗？》，《农民日报》2018年11月5日。

李俏：《家庭农场发育的内在机理、政策演化与推进策略》，《广东农业科学》2014年第22期。

刘孟山：《构建以品牌为核心纽带的合作社发展模式》，《农民日报》2013年1月29日。

毛晓雅：《聚力合作社质量提升促进乡村组织振兴》，《农民日报》2018年10月22日。

农民日报编辑部：《中国特色农业现代化道路的战略性选择》，《农民日报》2012年12月21日。

农民日报编辑部：《抓好培育新型农业经营主体这项战略任务》，《农民日报》2017年6月6日。

农民日报评论员：《加快构建新型农业经营体系》，《农民日报》2012年11月24日。

姚丽娟、王铁、陈瑜：《甘肃省农业产业化龙头企业发展问题调查分析》，《甘肃农业》2013年第21期。

张红宇：《抓紧培育新型农业经营主体》，《经济日报》2017年4月8日。

张世云：《创新完善利益共同体提升小农发展能力》，《农民日报》2018年9月8日。

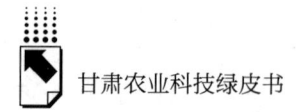

张学胜、杨加法、朱爱国：《家庭经营制度基础上实现农业现代化的新途径》，《农民日报》2012年10月20日。

中共中央办公厅、国务院办公厅：《关于加快构建政策体系培育新型农业经营主体的意见》，《农民日报》2017年6月1日。

朱文：《西北地区农户土地流转现状剖析》，《西南民族大学学报》2014年第1期。

《2018年中央一号文件原文（全文）》，http：//www.moa.cn/ztzl/yhwj2018/zyyhwj/201802/t20180205_6136410.html。

G.16 甘肃省品牌强农研究报告

满润 周永锋*

摘 要: 本研究在总结国内外农产品品牌建设模式和经验的基础上，通过分析甘肃省农产品品牌建设发展现状及发展条件，指出了"三品一标"总量少、发展不平衡、市场影响力不高、品牌培育保护制度未建立、工作协调机制不健全等主要问题；并从做好品牌发展规划、加大政策扶持力度、完善农业品牌培育保护机制、助力农业经营主体提升水平、加强技术支撑等方面提出了对策建议。

关键词: 农产品 品牌建设 甘肃省

一 引言

品牌是一个产品或一组服务的标记、名称、符号及其组合，由品牌名称和品牌标志两部分构成，是市场交易中产品的全息信息定位，综合体现了产品的生产地域、生产企业、价格、质量等多种属性。根据品牌主体的不同，可将我国农产品品牌分为以下三种：（1）安全优质农产品公共品牌，以"三品一标"（有机食品、绿色食品、无公害农产品和地理标志农产品）为

---

* 满润，高级农艺师，甘肃省绿色食品办公室，主要从事绿色食品和有机食品认证管理工作；周永锋，学士，推广研究员，武威市农产品质量安全监督管理站，主要研究方向为农产品质量安全全产业链管控技术、绿色食品和有机食品生产技术。

代表的安全优质公共品牌是由政府主导，针对特定形势、不同发展阶段、立足不同侧重点发展起来的农产品品牌。（2）农产品区域公用品牌是在某个特定生态区域及人文环境内，为联合提高区域内外品牌效应，由相关生产、经营者在地域、品质、品牌、营销等方面所共有的农产品品牌。（3）企业农产品品牌是指新型农业经营主体为其产品精心设计的名称、标记、符号及其组合。

国外的先进经验表明，农产品品牌不仅是优化农业产业结构、提升农产品质量、满足消费需求、增强市场竞争力的重要基础，也是发展优质高效农业、实现农业增效和农民增收的主要途径。以商业化经营理念和工业化生产理念发展品牌农业，有助于促进农业生产实现规模化、市场化、标准化和产业化，对促进传统农业向现代农业转型有重大意义，在国家层面上引起了高度重视。2005～2007年，连续三年的"一号文件"都对农产品品牌建设提出了具体要求；2013年的中央"一号文件"指出要"支持龙头企业培育品牌"，同年，习近平总书记在中央农村工作会议上强调了培育食品品牌的重要性，指出要让品牌来保障人民对质量安全的信心；2017年，习近平总书记在中央经济工作会议和中央农村工作会议上再次强调了坚持实施质量兴农、绿色兴农的发展战略的重要性，并对农产品品牌建设提出了更高的要求。

通过对国内外农产品品牌发展成功案例的研究，分析其发展模式、借鉴其先进经验，提出农产品品牌建设的"甘肃方案"，对促进甘肃省农业现代化发展具有重要的现实意义。

二 国外农产品品牌发展案例

（一）日本"品牌农业"发展经验

日本农业资源匮乏，市场空间狭小，但由于其农产品品牌化建设成绩斐然，农产品在国内和国际市场上都表现出了很强的竞争力。日本发展其品牌农业的成功经验如下：实施品牌化战略（"一村一品"运动、"地产地销"战略、"本场本物"制度）；以高度标准化为基础，实施严格的农产品质量管控措施；倡导低农药、化肥使用量，对农业生产过程中农药和化肥使用量进行严格监控；推广追求高品质农产品的理念，基本实现了农产品优质优价。

（二）法国农产品品牌认证管理

法国以农产品品牌认证和质量认证为基础，通过严格的质量管控和政府的大力扶持，利用将农产品品牌建设与农业标准化建设相结合的方式，创造了全世界农产品品牌发展案例中最有特色、最为成功的典范。以其著名的"原产地命名控制"认证体系（AOC认证标志）为例，该认证体系体现了产品与其产地间的密切关系，提升了消费者的长期认同感，对农产品品牌的发展有着极大的促进作用。

（三）美国的品牌专业化发展

在基本实现了农业现代化的基础上，美国于20世纪50年代开始推进农产品品牌化。作为科技强国、农业强国和农产品出口大国，美国在农产品品牌建设过程中注重科技创新，充分利用其传统科技优势提升农业品牌价值；重视市场推广，常以高强度、高密度的广告宣传来扩大农产品品牌的市场影响力；同时，用专业化经营推动品牌发展，以行业协会为代表的专业化经营组织对于品牌创建和发展起到了很大的作用。

三 国内农产品品牌建设现状

我国农产品品牌建设起步较晚。20世纪90年代初，在我国温饱问题基本得到解决，人民生活水平开始向小康迈进的背景下，全社会对农业生态环境有了新期待，对农产品质量提出了新要求，农业生产开始向高产、优质、高效方向转变。1990年，农业部推出了国内第一个优质安全公共品牌——

绿色食品，并利用我国农垦系统生态环境、组织管理、技术条件等方面的优势，在国有农场先行开发实践。2001年成立的国家认证认可监督管理委员会引入了有机农业的概念，使我国有机农产品认证进入规范发展阶段；同年，为适应加入WTO的需要，农业部正式启动了旨在全面提高我国农产品质量安全水平和生产竞争力的"无公害食品行动计划"。2008年，在经济全球化和贸易自由化不断发展的背景下，农产品市场竞争越发激烈，农业部推出了地理标志农产品，旨在促进农产品贸易、保护农业知识产权，这标志着我国优质安全公共品牌已经形成。近年来，我国根据标准化生产、产业化经营、品牌化营销的发展理念，将品牌建设作为实现我国农业现代化的重要战略举措，并取得了阶段性成效。

（一）品牌顶层设计初步成型

近年来，农业部组织有关专家研究编写了《全国绿色食品产业发展规划纲要（2016~2020）》、《中国农业品牌发展纲要》、《中国农产品品牌发展研究报告》，并出台了《关于推进"三品一标"持续健康发展的意见》，加强了农业品牌顶层设计，进一步指明了我国农业品牌发展方向。目前我国已经形成农业品牌"三个层次"（区域公用品牌、优质安全公共品牌、企业品牌）和农业产品"三种类型"（无公害农产品、绿色食品、有机食品）的发展新格局。

（二）品牌发展环境基本形成

近20年来，国家制定出台了一系列促进农产品品牌发展的政策，如《关于进一步推进农业品牌化工作的意见》、《关于推进农业品牌工作的通知》、《中国名牌农产品管理办法》、《关于推进一村一品强村富民工程的意见》；组织开展了如中国国际农产品交易会、中国名牌农产品评选认定工作、中国著名农产品区域公用品牌推荐工作、中国绿色食品博览会、国际有机产品博览会等一系列促进农产品品牌的发展的相关活动。在此背景下，我国农产品品牌发展迅速，据《中国农业品牌发展研究报告》统计，全国农产品注册商标数在四年间翻了一番，从2008年的60万件增长到了2012年的125.15万件；作为农产品品牌建设主体，农业龙头企业、家庭农场和专业合作社注册商标的积极性也日益高涨。随着城乡居民消费结构升级调整，全社会对农产品有了更高的期待，关注点从"有没有"、"够不够"更多地转移到了"好不好"、"优不优"，优质、绿色、品牌农产品即使价格高也备受青睐，进一步增强了企业和合作社做大做强农产品品牌的信心。农业品牌发展的政策、市场环境已经形成。

（三）"三品一标"认证制度逐步规范

1. 无公害农产品

无公害农产品是严格按照产品质量标准和技术标准进行生产并使用特有标志的安全农产品。2001年农业部启动实施了旨在全面提升我国农产品质量安全水平和国际市场竞争力的"无公害食品行动计划"，为下一步发展打下了坚实的基础。目前我国无公害农产品认证和产地认定两个环节均由各省级农业部门组织实施。

2. 绿色食品

绿色食品是按照特定的质量标准和技术标准生产的，经专门机构认定，使用绿色食品标志的安全、优质、无污染食品，引领优质优价、突出安全优质和全产业链优势。目前国内绿色食品开发和管理工作由中国绿色食品发展中心及其下设的36个省级工作机构负责。

3. 有机产品

20世纪上半叶，盛行于发达国家的、以高投入高产出为特征的"石油农业"引起了全球性的生态问题。为此，欧美国家提出了有机农业生产体系的概念；有机农场在德国和美国率先产生，法国、瑞士、日本等国也积极跟进，形成了有机食品消费的风潮。我国于20世纪90年代引入有机农业，最初是由欧美认证机构派员进行实地检查并颁发国外有机产品证书，认证的产品主要供出口。随着国家认证认可监督管理委员会的成立，我国有机农产品认证认可制度日臻完善，目前获准从事有机产品认证的机构共有68家，

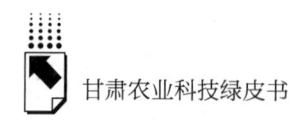

认证机构、生产企业数量不断增加，在国际、国内市场中的影响力不断提升。

4.地理标志农产品

农产品地理标志用地域名称对农产品冠名，显示了其来源于特定的地域，其产地自然生态环境和历史人文因素决定了产品品质和相关特征。近20年来，我国政府制定了一系列政策法规，《商标法》、《绿色食品标志管理办法》、《地理标志产品保护规定》、《有机产品认证管理办法》、《无公害农产品管理办法》、《农产品地理标志管理办法》、《集体商标、证明商标注册和管理办法》、《农产品包装和标识管理办法》相继出台，为农业品牌发展奠定了基础。国家认监委、原农业部已发布无公害农产品、绿色食品、有机产品各类标准146项，标准体系完善。认定、认证和标志许可审查程序和技术规范在工作实践中得到不断补充和修订，产品抽检、证后监管等制度已全面建立和实施。目前在我国可通过三个渠道申请农产品地理标志：一是向农业部申请农产品地理标志登记保护，二是向国家质检总局申请地理标志产品保护，三是将地理标志作为集体或证明商标向国家商标局提出申请。

（四）品牌农产品增长迅速

截至2017年底，全国"三品一标"获证单位57408家，获证产品121221个。其中，无公害农产品获证单位有43121家，获证产品有89527个；绿色食品获证单位有10895家，获证产品有25746个；有机食品获证单位有1059家，获证产品有4006个；农产品地理标志获证单位有2242家，获证产品有2242个。我国最具价值品牌500强中，农产品品牌数由2008年的45个增加到2017年的85个。一大批具有地方特色的名、优、特、新产品如五常大米、西湖龙井、洛川苹果、赣南脐橙、阳澄湖大闸蟹等，已逐渐成长为具有较高知名度、美誉度和较强市场竞争力的品牌。

（五）品牌营销方式丰富

这几年，通过举办农产品品牌大会和农产品会展，为行业专家和农业新型经营主体提供了交流发展经验、探讨发展措施的平台,扩大了品牌影响力,增强了品牌效益,有力地促进了农业品牌建设在各地全面开花。第十三届农交会期间举办的"全国百家合作社百个农产品品牌发布会"评选出了德青源、北大荒、茗皇、吉香居等273个产品金奖,发布了具有影响力的柑橘、苹果等5大类、50个区域公用品牌;2017年的第十五届农交会上发布了100个国家级农业企业品牌、100个特色农产品品牌及中国百强农产品区域公用品牌。

四 甘肃省品牌农业发展现状

(一)发展现状

1. "三品一标"发展迅速,但与全国相比差距较大

甘肃省"三品一标"发展大致经历了三个阶段:2002年前为探索阶段,发展缓慢,认证产品为绿色食品;2003~2010年处于稳步发展阶段,认证产品为无公害农产品、绿色食品、有机食品;2010年后处于快速发展阶段,年均增速在10%以上,尤其是绿色食品和地理标志农产品发展更快(见图1)。

截至2017年底,全省"三品一标"获证单位有1051家,获证产品有1759个。其中,无公害农产品获证单位有522家,获证产品有811个;绿色食品获证单位有378家,获证产品有752个;有机农产品获证单位有44家,获证产品有119个;农产品地理标志获证单位有77家,获证产品有77个。尽管甘肃省"三品一标"发展迅速,但与全国相比,甘肃"三品一标"获证数量与拥有资源不匹配。无公害农产品获证数量在全国居后,排27位(见图2),获证产品数量仅为江苏省的3.8%,陕西省的28%;绿色食品获证数量在全国居中上,排14位,在西北五省中排名第一(见图3),获证产品数量仅为山东省的17.4%;有机产品获证数量在全国居后(见图4),排25位,在西部五省区中排名第3,获证产品数量为黑龙江省的9.28%。地

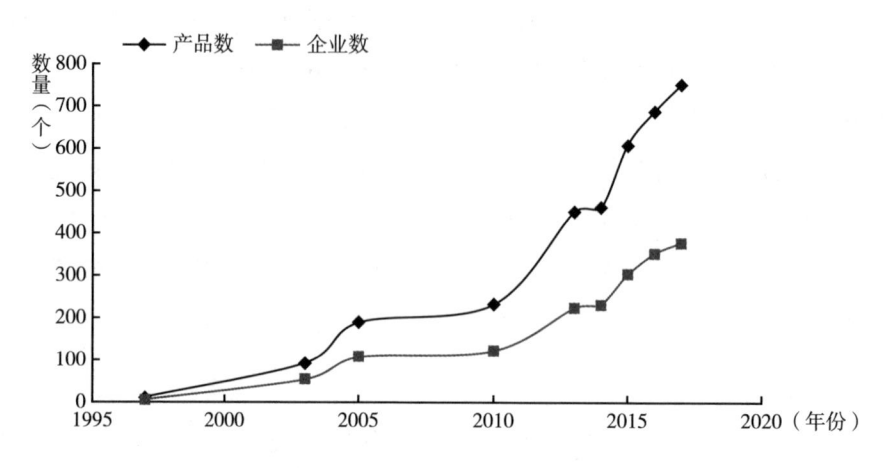

图 1　甘肃省绿色食品发展统计

资料来源：甘肃省农业农村厅。

理标志农产品认证数量在全国居中（见图5），在全国排14名，在西北五省中排名第3，认证产品数量为山东省的24.6%。

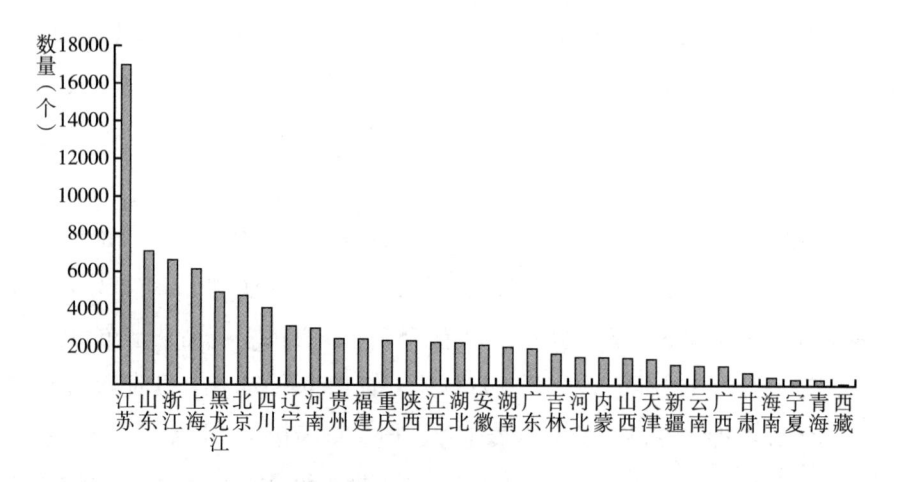

图 2　全国各省无公害农产品认证数量

资料来源：甘肃省农业农村厅。

2. 品牌意识增强，但发展不平衡

随着市场经济和现代农业的发展，消费者作为农产品品牌消费的终端，

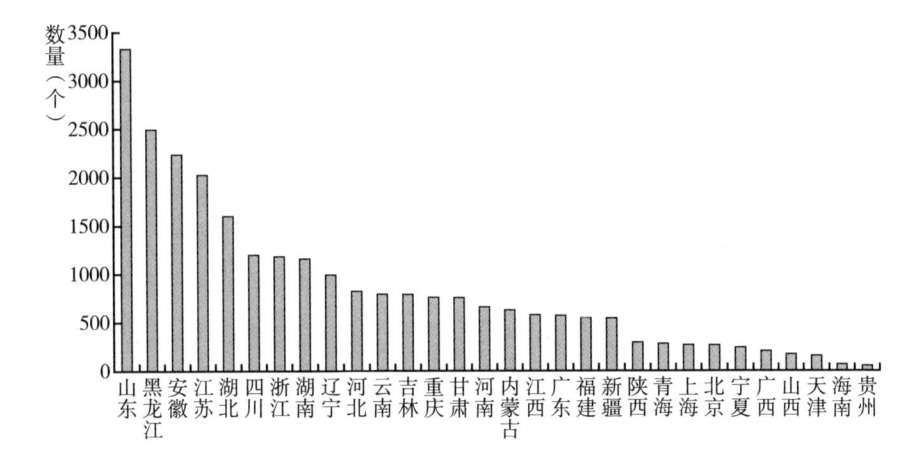

图3 全国各省绿色产品认证数量

资料来源：甘肃省农业农村厅。

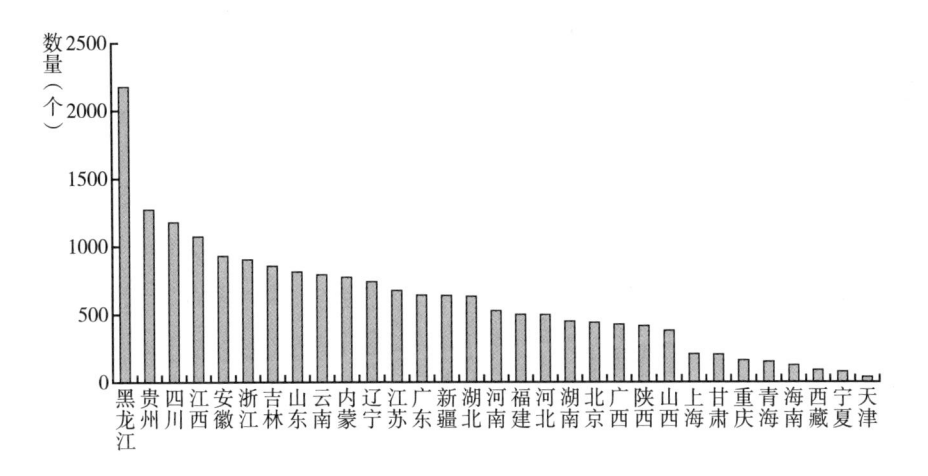

图4 全国各省有机食品认证数量

资料来源：甘肃省农业农村厅。

其品牌意识在逐年提升，促进了经营主体做大做强农产品品牌的信心和决心。

在各方共同努力下，甘肃省农产品品牌进入了高速发展期。但由于受到

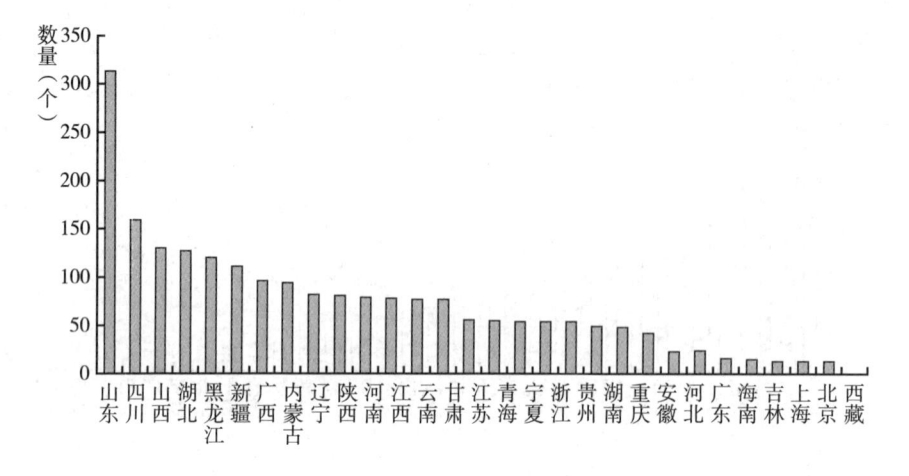

图5 全国各省地理标志农产品登记数量

资料来源：甘肃省农业农村厅。

传统小农经济思想的禁锢，从行政主管部门到新型经营主体，再到广大农户，普遍缺乏把握现代农业发展趋势的能力，缺乏推动农产品品牌化发展的新思维、新办法、新手段，也没有意识到品牌在现代农业发展中的战略地位和作用。这使品牌建设缺少统一严密的规划和组织，使品牌发展成了少数先知先觉者的自发行动而这种行动通常后继乏力。政府与主管部门对农产品品牌建设缺乏科学的引导与扶持；企业只注重眼前的短期利益而忽视了品牌创立的重要性；农民则因为普遍缺乏可持续经营的思想而就生产论生产，对品牌漠不关心。同时，在农产品品牌建设过程中管理者、生产者和经营者之间分工不明确的问题十分突出：管理者认为品牌建设是经营者的事，经营者认为那是少部分先进地区和先进企业的事，农户认为那是政府和企业的事。

同时，农业品牌在不同类别、地区之间、产业之间发展差异很大。从品牌发展类别看，作为农业品牌基础的无公害农产品和高端的有机食品都发展不足（见图6）。从品牌认证行业看，种植业获证单位有968家，获证产品有1393个，占获证产品总数的65%；养殖业获证单位有271家，获证产品有363个，占获证产品总数的17%；加工业获证单位有185家，获证产品有

368个，占获证产品总数的17%（见图7）。从品牌发展区域看，兰州市、张掖市、武威市获证产品多，占全省获证产品的43.1%（见图8）；迭部县、合水县、华池县等10个县无公害农产品认证处于空白；肃南县、肃北县、宕昌县等19个县绿色食品认证处于空白；全省有62个县区有机食品认证处于空白，55个县区农产品地理标志登记处于空白。23个深度贫困县"三品一标"认证产品329个，平均每个县14个，低于全省平均（21个）水平。全省果菜药、牛羊薯6大特色产业认证产品685个，占全省认证产品总数的40%。

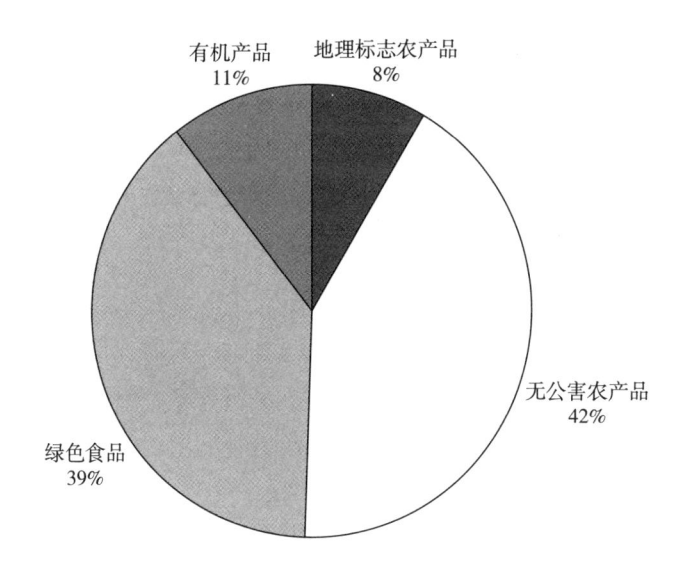

图6 甘肃省"三品一标"占比

资料来源：甘肃省农业农村厅。

3. 农业品牌知名度提升，但市场影响力不高

近年来，甘肃农产品品牌建设有了明显的进步，一批具有地方特色的名、优、特、新产品逐渐成长为拥有较高知名度和美誉度、市场竞争力较强的品牌。据中国农业品牌研究中心发布的中国农产品区域品牌价值，2017年甘肃省的平凉金果品牌价值47.82亿元，排名第21；静宁苹果品牌价值45.78亿元，排名第26；庆阳黄花菜品牌价值34.44亿元，排名第48；花牛苹果品牌价值32.33亿元，排名第52；秦安苹果品牌价值22.61亿元，排名

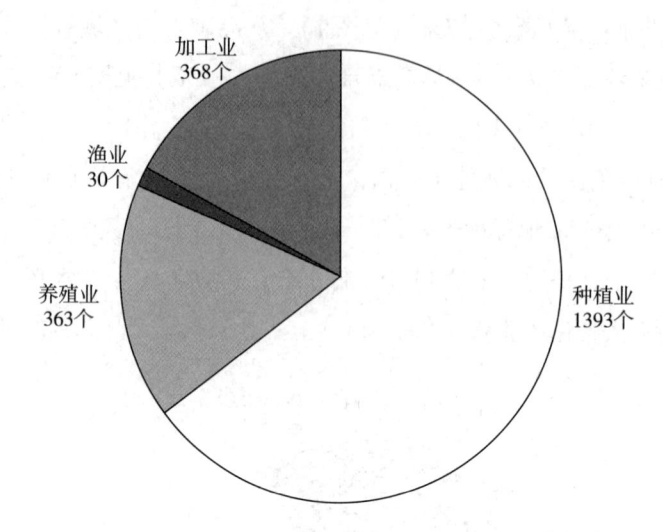

图7 甘肃省不同行业"三品一标"产品认证比例

资料来源：甘肃省农业农村厅。

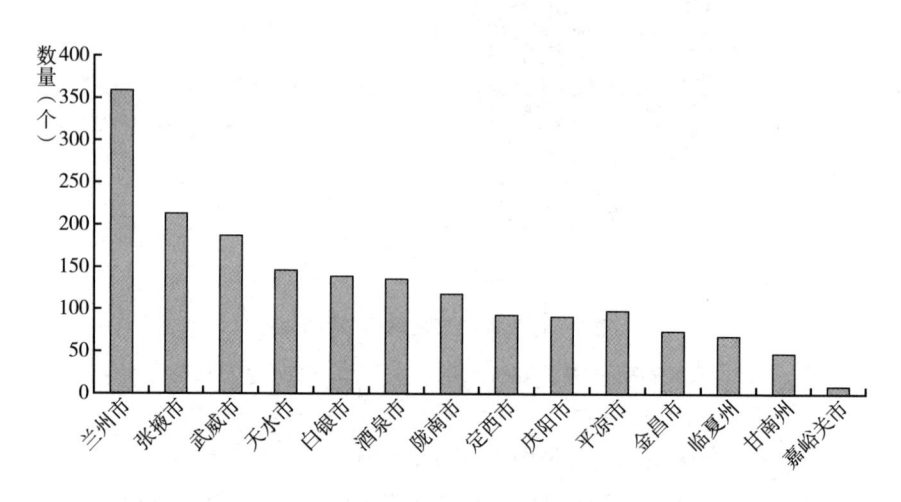

图8 甘肃省各地州市"三品一标"数量

资料来源：甘肃省农业农村厅。

第80；武都花椒品牌价值20.11亿元，排名第101。2017年农业部农业区域品牌100强评选活动中，甘肃省的定西马铃薯、庆阳苹果入选。经过多年的培育，甘肃已培育了一批农业品牌，滨河、莫高、紫轩、敦煌飞天、静宁苹果、定西马铃薯、黄羊河、条山、华玲、兰州百合、祥宇、平凉金果、羲皇、松鸣岩、岷县当归、西部人、花牛、陇西黄芪、渭源白条党参等19个商标入选中国驰名商标，占甘肃省中国驰名商标总数的25.7%。

但由于甘肃农产品品牌建设基础差、起步晚，除了极少部分名牌外，绝大多数品牌影响力还只局限在省内，跨省跨区域的品牌不多，国内知名品牌更少；由于缺乏健全的保护机制，部分本具有优势的品牌难以在激烈的市场竞争中保持持续的影响力和竞争力。

4. 市场营销方式多样，但品牌培育保护制度缺位

近年来，甘肃省通过举办农博会、马铃薯大会、苹果节、有机葡萄美酒节等活动，提高了品牌影响力，放大了品牌效应。自2007年起，甘肃省农牧厅秉承"展示成就、培育品牌、促进流通、合作共赢"的宗旨，连续组织举办了11届甘肃农业博览会，为培育知名农产品品牌、拓展市场空间、促进贸易流通、加强合作交流搭建了平台。第10届甘肃农博会期间，举办了2017甘肃农业博览会品牌农产品市州长推介会、农业供给侧结构性改革高峰论坛，开展了2017甘肃农业博览会"金奖"产品和"甘肃十大农业区域公用品牌"评选活动。2018年敦煌国际文博会期间，开展了敦煌国际美食特色食材评选活动。

各级地方政府也在农产品品牌建设方面做了积极努力。甘肃省农牧厅与定西市政府共同举办了11届中国—定西马铃薯大会，搭建了全方位宣传展示"中国薯都"发展成就的平台，推动了定西和甘肃马铃薯产业转型升级。自2011年起，武威市政府、甘肃省葡萄酒产业协会举办了8届中国·河西走廊有机葡萄美酒节。自2014年起，平凉市政府在静宁县举办了5届平凉金果博览会暨静宁苹果节，向社会各界展示推广"平凉金果"系列果品，同时在上海、天津、广州、成都举办"平凉金果"推介会，进一步提升品牌知名度。

但由于缺乏促进农产品品牌化发展的针对性政策和配套专项资金，农产品品牌化发展一定程度上还建立在企业和农户自愿自觉的基础上；缺乏资源注入的农产品品牌在与工商服务业品牌竞争中也处于劣势。

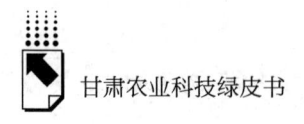

5. 政策环境利好，但管理机制不健全

品牌发展离不开政府主管部门的大力支持。近10年来，甘肃省政府及农业主管部门制定、实施了一系列促进农产品品牌发展的相关政策，为农产品品牌的成长提供了有利的政策环境，有效提高了各级政府、农业经营主体发展农产品品牌的积极性；组织开展的各类农产品推介活动，为农产品品牌提供了展示的平台，提高了品牌的知名度，进而推动了农产品企业的规模化经营。

但是依然存在一些明显的问题，一是品牌推广缺乏连续性和整体性，各级政府尚未制定农产品品牌发展规划，各地推介活动则均为单个产品，且推介活动少，大批特色优质农产品缺乏推介；二是对农产品品牌建设的指导和扶持缺乏长久的规划，品牌推广措施不足，政府管理部门品牌意识淡薄，推广措施不力，部分管理者受传统农业生产经营方式的惯性影响，简单地认为注册农产品商标就完成了品牌化；三是管理上存多头领导、分工不明，农产品品牌创建涉及部门较多，协调整合机制不健全，未形成齐抓分管的局面，条块分割、各行其是的问题明显。

（二）优势与劣势

1. 优势

（1）土地资源丰富。甘肃省土地总面积有45.4万平方千米，人均土地面积有2.3公顷，居全国第七位；其中耕地有348.2万公顷，占土地总面积的7.68%；林地有630.9万公顷，占全省土地总面积的13.9%；草场有1793.2万公顷，其中草原草场类面积为572.8万公顷，是全国五大牧区之一。水域为15.50万公顷，其中能够养殖的水域面积为2.45万公顷，占水域总面积的15.8%。

（2）农业立地条件差异大。甘肃省位于三大高原的交会区，山地、高原、平川、河谷、戈壁、沙漠镶嵌分布，森林、草原、荒漠、湿地、农田均有发育，地形地貌多样；地跨东部季风区、青藏高原区和西北干旱区三大气候类型区，气候类型多样。

（3）生物资源丰富。甘肃境内生态环境复杂、种类多样，生物资源十分丰富。野生动植物资源达到2000多种，其中各种畜禽近百种；粮食作物有30个物种、3000多个品种；经济作物和园艺作物达1000多个；药用植物资源达1270多种，居全国第二位，其中可以人工栽培的品种就有60多种。

（4）产品特色鲜明。甘肃具有发展地理标志农产品的雄厚基础，独特的气候环境和物种资源孕育了独具特色的农产品，东部地区的苹果、橄榄油、花椒、木耳、土蜂蜜；中部的百合、高原夏菜、马铃薯、小杂粮、中药材；南部地区的牦牛肉、藏羊肉；河西地区的反季节蔬菜、瓜果、啤酒原料等"独一份"、"特别特"、"好中优"、"错峰头"产品的特色农产品久负盛名。

2．劣势

（1）农业生产条件差，农业基础设施薄弱。甘肃地处西北内陆，降水量少且时空分布不均，水资源严重短缺，全省70%的耕地是旱地，干旱频发；同时，大部分农村地区基础设施和农田水利设施建设滞后，导致农业专业化发展滞后，进而影响到农产品品牌建设。

（2）农业产业化、组织化和社会化服务水平低。农民专业合作社种类少、服务单一；农业产业发展层次低、品牌建设滞后、经营水平低、运输和储藏成本高，导致产品市场竞争力弱，农产品加工企业发展规模小，辐射带动力较弱；农村金融服务落后、发育迟缓，农业经营主体的融资渠道窄，融资困难，变相地迟滞了农产品品牌发展。

（3）农产品品牌规模小且名牌精品少，除极少部分区域品牌外没有形成完整的品牌体系，大部分品牌的市场知名度较低，且处于"各自为政"的状态；同时，当前大部分农产品品牌以科技含量较低、产品附加值不高的初级农产品和初加工农产品为主，缺乏市场竞争力。

（4）品牌主体意识淡薄，推广措施不足。行业协会、农业企业、合作社的品牌意识虽然有所提升，但与发达地区相比还存在较大差距，主要体现在重认证、轻培育，品牌宣传不到位。

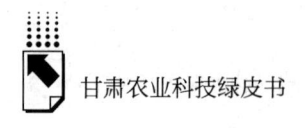

五 对策建议

（一）做好品牌发展规划

甘肃省农产品品牌建设任务艰巨，要改变甘肃省农产品品牌数量少、规模小、影响力弱的现状，各级政府主管部门需对农产品品牌发展进行科学规划，指导农产品品牌分层分类发展。通过明确品牌建设重点、方向和路径，强化集资源整合、生产组织、市场推广，形成政府、行业、企业的合力；根据农业供给侧结构性改革的要求，将技术含量高、市场容量大、附加值高的产品优先列入发展规划，引导其做大做强，带动更多的农户和企业的进一步发展。

充分发挥无公害农产品、绿色食品、有机食品等优质安全公共品牌平台的作用，引导、鼓励、扶持农业企业、合作社大力发展"三品"。引导鼓励扶持企业，深入挖掘产品特色、加强技术创新，在"三品一标"认证的基础上，不断充实品牌内涵，扩大市场占有率，增强产品竞争力，做强特色产业，打造"独一份"、"特别特"、"好中优"、"错峰头"的农产品品牌，做大做强"小而特"、"小而优"、"小而精"、"小而美"的特色产业，为区域经济发展培育新的增长点。

以"区域公用品牌和优质安全公共品牌为先导，企业自有品牌为主体"为思路推进"区域公用品牌＋优质安全公共品牌＋企业品牌"共进策略，建立政府推动、市场主导、协会协调、主体参与的品牌建设体系。建设区域品牌要整合资源，打造统一品牌，打破地域界限，避免"同质竞争"；也要因地制宜、突出特色，避免盲目发展。

甘肃农业环境质量优良、农作物病虫害轻、农产品安全性高，大宗农产品应重点发展无公害农产品，牛、羊、菜、薯、果、药等特色产业应重点发展绿色食品。甘肃中部地区农业集约化程度低，应重点发展有机牛羊肉、有机小杂粮、有机沙生植物等有机食品，按照精品定位，努力实现优质优价，满足高端市场需求。对于地理条件优越或人文历史特征悠久的农产品，要传承优秀农耕文化，深挖其产品特色，做大做强特色产业，壮大区域品牌影响力。

（二）加大政策扶持力度

一方面，甘肃新型农业经营主体多处于起步阶段，且农村金融体系的缺位导致缺资金、贷款难成了普遍问题，进一步影响了农产品品牌发展。另一方面，农产品品牌建设具有投入大、收益低、风险高等难点，且在客观上讲，一个品牌从设计、注册、宣传到最后形成品牌效应、在市场上形成竞争优势，都需要大量的时间和资金投入。所以仅依靠生产者和市场自身的发展来实现品牌化难上加难。

针对以上情况，各级政府应设立财政专项扶持基金，扶持农业品牌建设。区域品牌建设、培育所需资金应全部由政府承担，委托行业协会实施。制定全省统一的"三品一标"认证财政补贴政策，避免重复补贴或过高补贴。制定以奖代补政策，引导农业企业、合作社加强产品的研究与开发、品牌的宣传与保护，培育壮大自有品牌。农业产业化、农民专业合作社等农业扶持资金要向品牌影响力不断提升的农业企业、合作社倾斜。建立贴息贷款或低息贷款的扶持政策，向提供低息贷款的金融机构给予补贴。中央已有相关农业补贴政策的，重点推动落实。

由于农业生产存在自然风险、农产品营销又存在市场风险，一般的商业性金融机构不会轻易涉足农业保险业务。甘肃省可借鉴发达国家和地区农产品品牌化发展过程中实行的高效率、低价格及融资期限较长的政策性金融措施，进一步完善品牌发展金融支持机制，利用政策性金融提供有偿资金，为农产品品牌化提供资金保证。各级政府可安排农业品牌化专项资金，农业银行、农业发展银行和农村信用社等金融机构可对农产品加工企业扩大贷款规模，集中资金支持品牌化项目和商品生产基地建设。

（三）完善品牌培育和品牌保护机制

应着力推动建立"市场导向、企业主体、政府推动、社会参与"的品牌培育与品牌保护机制,积极引导新型农业经营主体,努力打造以品牌价值为核心的农业企业、家庭农场和农民专业合作社。通过建立农业部门联合公共媒体的合作机制,积极发挥媒体的传播作用,为企业和产品品牌宣传建设平台,扩大品牌产品的知名度和影响力。

行业协会、企业和农户相互协调,合力推进农产品品牌建设。行业协会作为政府部门与企业间沟通的桥梁,可提供生产标准与产品品质监管等服务,起到协调者和监督者的作用;企业是品牌建设的实际操作者和直接主体,要承担产品质量安全主体责任,注重提高产品质量,规范生产过程,完善产品质量追溯体系;农户作为参与者,应积极响应农产品质量标准控制,使农户在自觉扮演维护者的同时成为品牌建设的受益者。

(四)助力农业经营主体水平提升

坚持以市场需求为导向,以特色主导产业为基础,发挥农业企业、家庭农场、合作社的主体作用,按照"边探索、边发展、边规范、边提高"的原则,引导新型农业经营主体不断提高自身发展水平、完善内部运行机制,扩大生产规模、增强市场竞争力。鼓励"三品一标"企业通过扩建基地、兼并重组的形式壮大经营规模和整体实力,积极开展跨区域发展。建立和完善人才政策,创新利益联结机制,营造有利于农业品牌生根发芽的"土壤"。

(五)加强品牌发展技术支撑

创立农产品品牌培育和发展咨询机构,指导不同类别和不同层级的品牌找准自身的定位;提高专业化服务水平,协助企业合理拟定发展目标和实施步骤。加强优势特色农产品品种保护、引进和选育,不断提升农产品品质。开发历史文化民俗资源,利用文化特色,结合名人典故、民俗故事等构成品牌的特殊价值。在蔬菜、瓜果、中药材、马铃薯、牛、羊等农产品质量安全风险大的产业中设置省级现代农业产业技术体系岗位专家、试验站，通过稳定的项目和资金支持，开展全产业链质量安全管控技术攻关。加强特色优质农产品品质的挖掘和研发，制定特色优质农产品质量标准，为实现优质优价和企业品牌建设提供技术支撑。加强新技术的研发，尤其在化肥农药减量使用、生物防控技术及产品、化肥农药替代技术等方面加大力度。

参考文献

《比盈品牌，中国农业行业发展的趋势和未来》，财经频道，http：//finance. stock。
常瑾、王建平：《甘肃省农产品品牌建设研究》，《北京农业》2013年第12期。
陈雷、姜海、孙佳新等：《农业品牌化的建设路径与政策选择》，《农业现代化研究》2018年第2期。
陈磊、姜海、孙佳新、马秀云：《农业品牌化的建设路径与政策选择——基于黑林镇特色水果产业品牌实证研究》，《农业现代化研究》2018第3期。
韩长赋：《大力推进质量兴农绿色兴农 加快实现农业高质量发展》，《农民日报》2018年2月27日。
韩志辉：《基于产业价值角度的蔬菜品牌提升之道》，《蔬菜》2017年第11期。
李朝民：《农业品牌建设硕果盈枝》，《农民日报》2015年12月15日。
林荣清：《国内外品牌农业研究综述》，《江西农业学报》2013年第7期。
刘鑫淼：《农业品牌如何实现价值升级》，《农产品市场周刊》2018年3月23日。
刘雪飞、胡胜德：《国外农产品品牌建设的基本经验及启示》，《世界农业》2014年第6期。
陇原渔夫：《我国品牌农业起步晚、发展快、潜力大》，http：//blog. sina. com。
娄向鹏：《品牌农业2大特产：让地方特产卖遍全国》，机械工业出版社，2016。
娄向鹏：《品牌农业从田间到餐桌的食品品牌革命》，企业管理出版社，2013。
《绿色食品事业发展取得辉煌业绩》，中国食品报网，http：//www. cnfood. cn。
牧歌：《法、日、美如何打造农产品品牌》，《农产品市场周刊》2017年9月8日。
吴光玲：《闽台观光农业新型经营主体培育的比较研究》，《辽宁行政学院学报》2014年第5期。
张合成：《加快建立农产品品牌化发展的制度体系》，《农民日报》2014年11月1日。
张合成：《品牌化是农业调结构转方式的重要抓手》，《农民日报》2015年1月10日。

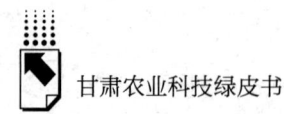

赵贵宾:《甘肃省发展特色农业的优势和措施》,《甘肃农业科技》2003年第10期。

《中国农产品品牌发展研究报告》,豆丁网,互联网文档资源(http://www.docin.com)。

《中国农产品品牌化战略发展研究分析报告》,互联网文档资源(http://wenku.baidu.c)。

G.17
甘肃省农地制度改革与集体经济发展研究报告

张艳荣　董雪梅*

摘　要： 进一步推进甘肃省农地制度改革与集体经济发展，是驱动城乡要素双向流动的原动力，也是体现社会主义市场经济发展思路的制度安排。本报告基于甘肃省整体数据、调研结果和典型案例，对农地制度改革和集体经济发展的现状及主要困境进行了梳理总结，结合改革深化的方向与规划，前瞻性地提出推进农地制度改革，应在尊重农民土地配置的自由选择、完善针对地方政府的激励措施、平衡经济效益与社会效益、耕地保护与建设用地集约、培育农业社会化服务经营主体等方面发力，发展农村集体经济应注重集体经济多元化发展、充实组织管理人才队伍、完善外部制度环境等环节。

关键词： 甘肃省　农地制度　集体经济　深化改革

一　研究源起

在新时代背景下，将"三权分置"作为农地制度改革的基本方向，以作为一种新机制和新思路来驱动城乡融合发展，是推进乡村振兴战略顺利实

---

* 张艳荣，甘肃农业大学财经学院教授，主要研究方向为农业经济与农村减贫问题；董雪梅，甘肃农业大学财经学院硕士研究生，主要研究方向为农业经济与农村减贫问题。

施的制度原动力。2014年中央"一号文件"首次提出,"在落实农村土地集体所有权的基础上,稳定农户承包权,放活土地经营权",以此依靠土地产权的再配置,实现城乡要素双向流动和农民的多元化选择,体现了兼顾农村市场效率提升和社会秩序稳定的转型设计。与此相适应,壮大农村集体经济,是巩固和完善农村基本经营制度的基础保证,也是乡村振兴战略内涵中社会主义优越性的现实体现。集体经济在农村社会发展中扮演着重要角色,集体经济的作用在于,在保障村民和村集体组织合法权益的同时,也在为农村经营制度保驾护航;另外,不仅有利于盘活农村经济、增加农民收入,而且有利于集体资产社会保障功能的发挥。

甘肃省近几年在推进农地制度改革和集体经济发展方面,取得了巨大成就,并为深化农村改革、实现乡村振兴埋下了重要伏笔,同时,鉴于农地制度改革的复杂性与多变性,甘肃省农地制度体系建设尚不健全,受自然条件恶劣、资金匮乏、信息闭塞、交通通信条件落后等因素影响,村级集体经济的发展受到严重制约,因此,面对上述亟待解决的现实问题,本报告全面考察甘肃省农地制度改革和集体经济发展的现状,深入分析目前存在的主要问题,以期探索出一条能在甘肃省推广的新途径和新方法,成为乡村振兴蓝图实现的重要思路和突破口。

二 甘肃省农地制度改革和集体经济发展现状

(一)农地制度改革现状

1. 农地制度改革与土地流转

甘肃省农地制度改革工作共涉及86个县市区、1232个乡镇、15878个村、513.31万公顷耕地。截至2017年3月底,全省共有13000多个村完成了审核公示,7000多个村完成了承包合同签订工作,占全省总村数的48%。从土地确权完成面积来看,甘肃省所有乡镇和村均开展了土地确权工作,基本完成了权属调查阶段任务,其中承包地面积380多万公顷,占全省集体耕地面积的75%。从土地流转交易平台与经营主体来看，建成农村产权流转交易市场25个，土地流转面积达80万公顷，各类家庭农场共有6455个，合作社近7万家，成员总数达到150万人，带动非成员农户260万户。

在此基础上，进一步选取陇西县作为试点县，推进农地制度三项改革试点，即集体经营性建设用地入市、宅基地制度改革和征地制度改革。根据2018年4月份统计结果显示，陇西县先后组织12个乡镇、23个行政村开展了110宗集体经营性建设用地入市、土地面积达32.5公顷，总成交价款达8539万元；同时，在建设用地二级市场方面，转让建设用地使用权188宗、土地面积24.3公顷，转让价款达1.78亿元；另外，该县确立了7个项目开展土地征收改革试点，共涉及土地200多公顷（上述数据根据甘肃省国土资源厅调查结果整理）。

表1 2016年底甘肃省各地区农村土地确权颁证情况

地区	耕地总面积（万公顷）	完成权属调查土地 面积（万公顷）	完成权属调查土地 占总耕地面积比重	承包合同签订土地 面积（万公顷）	承包合同签订土地 占总耕地面积比重
甘肃省	537.8	363.72	67.63%	200.23	37.23%
兰州市	28.41	23.71	83.46%	9.56	34.10%
天水市	53.29	30.85	57.89%	2.80	5.25%
定西市	80.91	54.36	67.19%	28.20	34.85%
白银市	51.8	28.78	55.56%	0.61	1.17%
庆阳市	69.39	58.39	84.15%	30.12	43.40%
酒泉市	26.06	12.35	47.43%	13.05	50.12%
嘉峪关	0.68	0.63	92.69%	0.34	50.49%
武威市	44.21	38.57	87.24%	34.14	77.22%
金昌市	11.08	8.12	73.30%	7.98	72.07%
平凉市	40.25	29.53	73.36%	25.69	63.82%
张掖市	31.1	24.74	79.54%	6.67	21.45%
陇南市	55.69	33.49	60.14%	24.06	43.21%
甘南州	13.26	5.04	38.04%	2.49	18.78%
临夏州	27.27	15.16	55.59%	14.39	52.76%

资料来源：根据甘肃省农牧厅调查结果整理。

2. 农地流转推进的特征演变

（1）流转面积逐年增长、流转形式日趋多元。2014~2016年，全省土地流转面积由66万公顷上涨至81万公顷，流转率提高5个百分点，包括出租、转包、互换、转让以及股份合作等多种流转形式，其中出租作为最主要的流转方式，流转的土地占流转总面积的比重一直维持在半数以上，且呈现出逐年上涨的趋势（见表2）。

表2 2014~2016年甘肃省土地流转规模与流转形式

		2014年	2015年	2016年
全省流转总面积(万公顷)		65.47	75.75	81.35
全省流转率(%)		20.10	23.00	25.00
流转形式	出租 面积(万公顷)	34.01	41.71	45.97
	占总流转面积的比重(%)	52.95	55.06	56.51
	转包 面积(万公顷)	14.47	15.84	17.35
	占总流转面积的比重(%)	22.11	20.91	21.32
	互换 面积(万公顷)	9.07	9.62	9.29
	占总流转面积的比重(%)	13.86	12.70	11.47
	转让 面积(万公顷)	2.65	2.95	3.01
	占总流转面积的比重(%)	4.05	3.90	3.70
	股份合作 面积(万公顷)	0.75	0.89	0.97
	占总流转面积的比重(%)	1.15	1.18	1.19
	其他 面积(万公顷)	4.51	4.73	4.77
	占总流转面积的比重(%)	6.88	6.25	5.87

资料来源：根据甘肃省农牧厅调查结果整理。

（2）规模流转土地的经营主体逐渐增加，流转用途主要为规模种植。流转面积3公顷以上的经营主体由2014年的17799个上涨至2016年的26522个，增长率接近50%，流转土地用于种植为林果、玉米、马铃薯、蔬菜、中药材和制种等（见表3）。

表3 2014~2016年甘肃省土地规模流转经营主体数量

经营主体		2014年	2015年	2016年
3~7公顷	数量(个)	9597	13685	15285
	占规模流转经营主体的比重(%)	53.92	55.81	57.63
7~33公顷	数量(个)	5736	7968	8070
	占规模流转经营主体的比重(%)	32.23	32.49	30.43
33~67公顷	数量(个)	1565	1762	1962
	占规模流转经营主体的比重(%)	8.79	7.19	7.40
67公顷以上	数量(个)	901	1106	1235
	占规模流转经营主体的比重(%)	5.06	4.51	4.66

注：本报告规模流转指3公顷以上。
资料来源：根据甘肃省农牧厅调查结果整理。

（3）流转对象日益丰富，农业生产组织化水平显著提高。土地流转对象或流转方向仍主要以农户为主，约占流转面积的50%，在此基础上开始向专业合作社、企业等经营主体流动。2014~2016年，流入专业合作社的土地比率由23.32%提高至27.21%，流入企业的从12.79%上升至14.22%，促使甘肃省农业经营组织化程度不断增强，家庭农场、农民专业合作社、龙头企业的数量迅速增加（见表4）。

表4 2014~2016年甘肃省土地经营主体数量

	家庭农场(个)	农民专业合作社(个)	农业产业化龙头企业(个)	
			国家级	省级
2014年	3627	32328	—	365
2016年	7221	72553	27	405
2014~2016年平均成立	1797	20113	—	20

3. 土地经营模式

（1）抵押贷款。甘肃省农地抵押取得贷款的流程如下：首先，评估农地产权价值，交易评估可委托专业机构，或由借贷双方自行评估，也可由相关部门、村干部组成小组进行协商评估，凡参与协商评估的部门和个人，需经市、县（区）农村产权交易监委会审查认可。其次，通过抵押登记取得他项权证，同时要求相关部门简化登记程序，提高办理效率。再次，在产权交易市场尚未发育成熟情况下，各县区组建农村资产管理公司，以市场运作方式收储，变现不良贷款抵押物，当变现资金不足抵贷时，交易中心和承贷银行按照一定比例分摊损失。最后，涉农保险公司在了解实际情况的同时研发涉农保险产品，使种植业、养殖业、林果业保险业务范围不断扩大，推进涉农信贷和保险合作，鼓励借款人对农地产权抵押物进行投保，建立抵押物风险保障机制，以减少银行风险（见图1）。

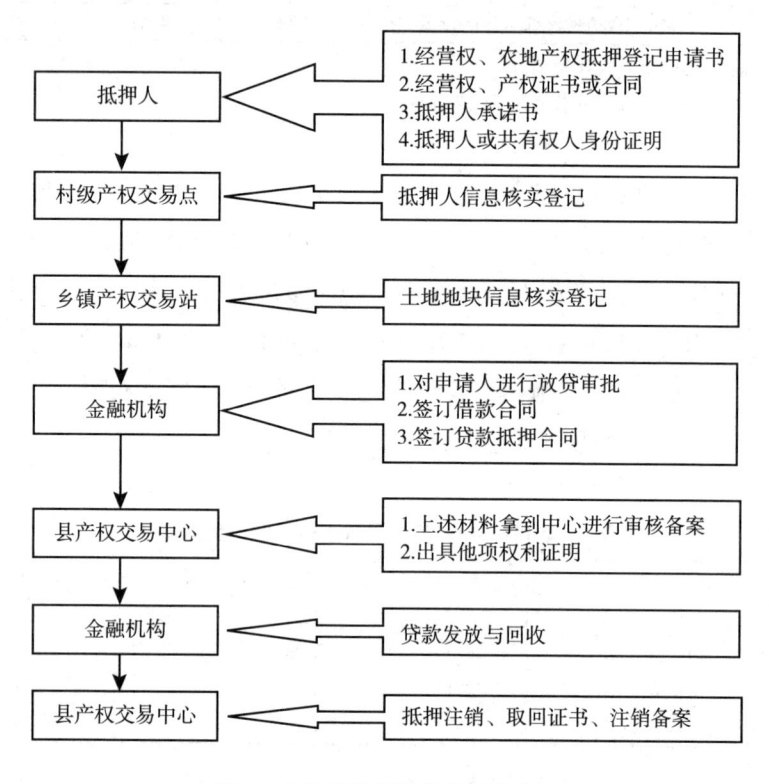

```
抵押人 ← 1.经营权、农地产权抵押登记申请书
         2.经营权、产权证书或合同
         3.抵押人承诺书
         4.抵押人或共有权人身份证明
  ↓
村级产权交易点 ← 抵押人信息核实登记
  ↓
乡镇产权交易站 ← 土地地块信息核实登记
  ↓
金融机构 ← 1.对申请人进行放贷审批
           2.签订借款合同
           3.签订贷款抵押合同
  ↓
县产权交易中心 ← 1.上述材料拿到中心进行审核备案
                 2.出具他项权利证明
  ↓
金融机构 ← 贷款发放与回收
  ↓
县产权交易中心 ← 抵押注销、取回证书、注销备案
```

图1　农地流转抵押贷款操作流程

（2）地权入股。将流转土地作为入股合作社、农业企业的股本，成为农户与新型农业经营主体之间重要的利益联接方式。例如甘肃省临夏回族自治州积石山县的国忠种植农民专业合作社，主要发展以黄芪、当归、羌活、冬花为主的中药材种植产业，该合作社2017年共流转13.3公顷，2018年

新流转38.7公顷，总共52公顷的土地全部用于中药材种植，农户一方面可以按照每年每公顷26.7元的标准收取流转费，另一方面，也可选择将流转土地作为合作社入股资本，每年合作社给农户返还其利润的30%作为分红收入，到目前为止，该村共有63户农民以土地入股的方式，成为国忠种植专业合作社股民。

（3）土地托管。在农业生产"耕、种、防、管、收"各个环节中，农户通过市场向农业社会化服务主体购买专业服务的生产模式，实现了农业集约化、规模化、机械化生产，目前土地托管的模式大致有全程托管、劳务托管、订单托管三种类型。例如，甘肃省定西市临洮县普济寺村，创建了临洮县第一家农业社会化服务公司，即农民农机专业合作社，合作社拥有50台拖拉机、210台耕种等农业机具，2017年机械耕种面积达2000多公顷，截至2018年6月份，全村订购"托管式"服务的农户有1000多户，实现了峡口镇13个村全覆盖，且进一步惠及了周边2个乡镇。

（二）甘肃省集体经济发展现状

1. 壮大贫困村集体经济实力

2017年甘肃省农牧厅、甘肃省扶贫开发办公室发布《甘肃省发展壮大贫困村村级集体经济示范工程实施方案》（甘农牧发〔2017〕22号），按照《国务院关于印发"十三五"脱贫攻坚规划的通知》（国发〔2016〕64号）中提出的"建档立卡贫困村集体经济年收入达到5万元以上"的要求，甘肃省扶贫办统筹安排财政扶贫资金5000万元，以全省为主要选择区域，依据标准挑选100个建档立卡贫困村作为示范村，给予每个示范村50万元财政扶贫资金，用于发展村级集体经济项目。而且，于2018年7月底发布了《甘肃省人民政府办公厅关于全面消除贫困村村级集体经济"空壳村"的意见》（甘政办发〔2018〕120号），明确表明全省3594个无集体经济的"空壳村"在2018年底要基本消除，且都要有自己的村级集体经济收入，争取到2020年使全省村集体年收入达到2万元以上，并建成长效稳定的集体经济发展机制。

甘肃省阳山村集体经济发展案例

阳山村隶属于甘肃省临夏回族自治州积石山县柳沟乡，于2013年被评定为国家建档立卡贫困村，共有8个社、327户、1678人，有劳动力659人，其中，土族和藏族105人。地处积石山县西北部二阴山区，耕地面积为89公顷，人均耕地为0.05公顷。按照精准扶贫思路，阳山村积极调整种植结构，从单一种植向多元化发展，改变以往以冬小麦为主的种植结构，压夏扩秋，压粮扩经，在全村积极推广种植全膜双垄沟播玉米、膜侧油菜、皮特果和中药材。其中，阳山村国忠种植农民专业合作社与政府引导相结合，首创性地将合作社发展与村集体经济壮大相耦合，参照资源变资产、资金变股金、农民变股民的"三变"改革思路，合作社主要采取了以下措施：县扶贫办注入50万资金，合作社每年将其利润的10%，作为股金分红返还村集体经济，作为其发展股本（见图2）。

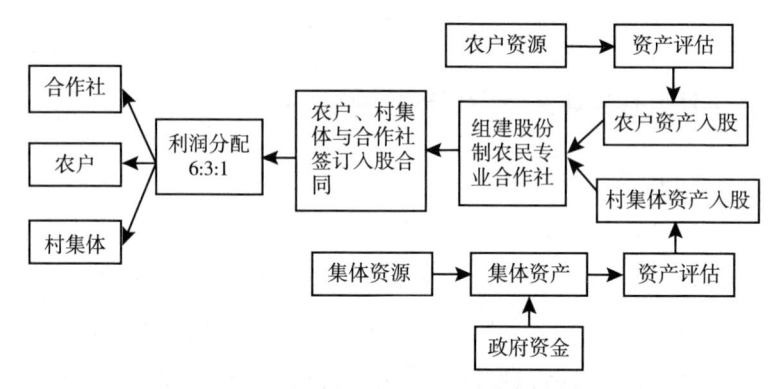

图2 阳山村"三变"入股即村集体经济发展流程

另外，中药材种植属于劳动密集型产业，其中羌活、冬花两种中药材更是需要消耗大量人力，每亩人工费为1400～1500元，而正因为如此，国忠种植农民专业合作社为阳山村贫困户提供了大量的就业机会。在合作社种植引导下，阳山村农户自发地将中药材作为其替代作物，以达到其增收目的。该村贫困户赵辉怀，因2017年被诊断出胃癌，花费大量医疗费而被评定为建档立卡贫困户，为增加经济收入，再加上"村干部宣传，看着别人种都赚钱了"，决定将自家原先种植麦子和油菜的0.57公顷土地，全部改种中药材。

2. 推进农村集体产权制度改革

兰州市率先在所属的22个村整体实施了集体资产产权制度改革，甘肃省农牧厅在回顾兰州市改革时，要求将改革试点的成功经验应用于他地区，以是其他地区稳步进行农村集体经济改革，截至2016年，全省共有234个村符合改革条件（见表5）。

表5　符合甘肃省集体经济产权制度改制村的统计

类型	符合改革条件村(个)			集体资产规模(万元)			集体经营收益(万元)		
	城郊	城中	园中	>1000	100~1000	<100	>100	10~100	<10
数量	116	113	5	6	44	184	38	68	128

2017年5月，中共甘肃省委、甘肃省人民政府发布了《关于稳步推进农村集体产权制度改革的实施意见》（以下简称《意见》），为在2021年完成改革任务，指出从本年度开始，陇西县应积极响应定西市对农村集体资产股份权能改革试点工作并加以运用，其他市（州）也应效仿定西市的做法，从所属县（市、区）中选一例符合条件的作为改革试点；此工作要在2019年全面拓展到有能力的县（市、区）要。甘肃省农村集体资产产权改革程序与管理内容如下：

（1）清查核实资产。成立专门的清产核资小组，该小组应依据统一标准将经营性资产、非经营性资产和资源性资产进行分门别类，然后将已划分好的资产登记入册。为提高村集体资金使用质量和集体资金的回收状况，应对村级资金出借、村办企业转制回收资金、土地征用补偿资金等项目进行分门别类地处理；依据相应法律法规，核实应收款项、固定资产、在建工程、对外投资、资源性资产及负债等占用情况和实际存量，并界定其所有权归属关系。通过村民代表大会商议，村集体经济组织可以选让有资质的中介评估机构清查核实集体资产，同时，将确认后的清查核实结果及时张榜公开。《意见》指出，从2017年开始，根据相关部署工作，在时间和质量同时满足的情况下，用3年时间核查对各类农村集体经济资产，完成产权界定和管理制度制定等工作。

（2）股份量化与台账建立。对股东资格的认定，应以实际在册的集体组织成员为准，在遵循一次性处置原则的基准上将需要折股量化的资产要选择合理的折股方式和范围，以保障其合理性和公正性。据在以上工作完成的基础上，建立健全资产台账和集体资产产权变动登记制度，要针对所有权、承包权各项权能及其抵押担保等情况实施动态台账管理，及时登记入册。

（3）股权设置。股种大体设置为人口股、劳动股和集体股，人口股没有年龄区分，只要村民符合条件就可按人口享有股份，劳动股通过分期分级划分等级，在本村实际的劳动年限决定他们应在的劳动股等级，集体股按实际情况而决定是否设立，设立集体股的按集体净资产值的一定比例折股量化，所占总股本的比例由村民代表大会讨论后确定。

（4）股权管理。股东享受股份收益和参与管理决策的股权凭证是集体资产记名股权证书，该证书是在合理划分股权之后，由股份制经济组织向持股成员出具的。股份量化到户（人）后，一般比较稳定，不会因组织人员的变动而变动，量化到个人的股份可继承，可在股份制经济组织内部的股东之间进行转让，但不得抵押、提现、担保、退股。

（5）资产管理。集体资产进入市场的方式主要有以下两种。第一，以市场经营主体的角色进入市场，这样的方式主要是运用市场思维参与市场竞争；第二，通过出租、承包、招标、拍卖集体资产使其进入市场。为保障集体经济组织成员的监督权利，要实行内部监管制度和财务公开制度，建立股东大会、董事会、监事会，构建三权分立的治理结构和民主决策机制，同时加强外部监管力度，农经部门对改制后的集体经济组织实施审计监督，保障村集体组织成员行使知情权、管理权和收益分配权。

（6）收益分配。主要是按劳分配和按股分红两种方法，若集体组织不赢利时，应将股份价值降低直到零，农户只承担有限责任。对于没有集体股的股份合作组织，村级组织要通过提取公积金的方法来保障正常资金开支（主要包括社会福利等）；对没有集体股的股份合作组织，将其收益应用于公益事业建设，若有剩余则作为未来集体公益发展的启动金。

（7）财务管理。农村集体资源、资金、资产管理应该被加强并落实相关政策法规。首先，建立并完善农村集体资产管理的大数据平台。实行资产监督管理信息一体化，鼓励地方加入升级农村集体资产平台，并将其数据全面录入。其次，规范农村经营管理，维护集体成员监督管理权。最后，严格规范集体经济的监督审计工作，为此建立日常财务收支等定期审计制度，防止侵占集体资产。

三 甘肃省农地制度改革与集体经济发展困境

（一）农地制度改革存在的主要问题

1. 制度安排的路径依赖型

在"三权分置"的农地制度改革中，保留了土地集体所有权和农户承包权，并通过产权细分激活土地经营权的市场流动性和交易性，但问题在于，农地制度安排具有路径依赖性，具体表现出三方面的矛盾关系：一是地方政府与农村集体，土地集体所有权需要明确政府权力与农村集体之间的边界，能否转变"土地财政"作为地方政府的主要收入来源值得进一步商榷；二是农村集体与农户个体之间，土地配置的委托代理关系，农户作为土地承包所有权的委托人，对作为代理人的集体组织尚未建立起有效的监督体系；三是土地承包者与经营者之间的市场对接关系，涉及农户承包权的权利范围和期限设定问题。

2. 城乡之间生产要素的市场发育

推行农地制度改革的根本目的，不仅是土地确权和规模经营，更重要的是要引发土地经营效率的上升。土地资源配置效率的提高，需借助于土地经营权与资本、人力、技术等要素的结合。现阶段甘肃省现状是，要素市场化程度严重滞后于商品市场化程度，突出表现为农业社会化服务体系不健全，相对应农业经营组织缺乏，无法为农业产前、产中、产后提供覆盖全程、综合配套、便捷高效的生产经营综合服务，包括农资供应服务、农业生产服务、农技推广服务、动植物疫病防控服务、农产品质量监管服务、农产品流通服务、农业信息化服务、农业金融服务、农业经营服务等。

3. 迁出区建设与农地开垦

土地制度改革使城镇化率明显加速，由此导致移民迁出区的土地出现大面积的撂荒现象，大部分地区更为重视城镇或搬迁安置点的建设，但对迁出

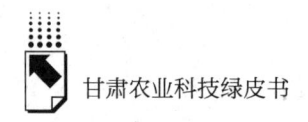

区的再建设与农地开垦问题重视程度不够。所以形成这种局面，主要有以下原因：其一，国家政策导向偏向；其二，缺乏涵盖城乡土地的统一规划和生态空间治理；其三，各级政府财力不足。

（二）集体经济发展存在的主要问题

1. 贫困村集体经济力量薄弱

贫困村薄弱的村集体经济直接导致农村发展迟滞，主要表现为集体经济发展形式单一，甘肃省多数贫困村由于自身资源环境、资金技术和人才短板，集体经济收入主要来自专项扶贫资金注入合作社或资金互助社后每年的固定分红，但此类发展方式存在内生力不足、脱贫带动能力较弱等缺陷，村庄尚未探索出一条适应于自身区域特色的、可持续的、收益显著的集体经济收入来源。如甘肃省定西市窑坡村现有集体经济收入主要来自：一是70万元专项扶贫资金注入合作社后，每年8%的分红；二是投资32万元，建成村级光伏发电站，其中包括村级债款。

2. 村级集体经济发展差距悬殊

城中村、近郊农村等由于城市发展的带动以及征地补偿办法的实施，此类村庄多数积累了较丰厚的集体经济，但真正偏远、处于深度贫困的农村由于人力资本外流，且大多数为青壮年劳动力，村庄出现了以劳动力为核心的多种要素资源流失现象，不仅损失了有效劳动力和高质量的人力资本，而且出现农村资金资本逐步退出农村市场、发展资源外流与人力资本短缺等难题，又会进一步引发村级集体经济的"空洞化"，加剧了贫困村集体经济的发展迟滞和整体疲软。

3. 集体经济组织负担过重

改制后的农村集体经济组织兼具经济发展与社会管理双重功能，不仅要继续承担大量的社区公共管理支出，而且要按法律规定缴纳一定的税款，实际上承担着双重纳税义务。如兰州城关区盐场路街道上川村，改制为兰州上川商贸有限公司后，在缴纳24万元经营税费的同时，还需承担公益性开支137.6万元，其中包括社区残疾人安置、环境绿化、公共卫生等，落实到每个村民为513元，除此之外还要承担社会公共治理、党建治理等开支，公共管理经费每年要转移支付5000元，这对农村股份制管理有很大的影响。

4. 集体经济组织管理人才缺乏

优秀经营管理类人才的缺乏，直接使新型集体经济组织的企业化受到极大阻碍。州市农村集体资产产权制度改革的重点是组建股份有限公司，但经营管理者大部分为村"两委"干部。缺乏现代企业管理人才，导致公司无法正常应对市场变化，阻碍了集体经济发展。

四 甘肃省农地制度改革与集体经济发展的思考建议

（一）进一步推进农地制度改革的相关建议

1. 尊重农民土地配置的自由选择

不同地区不同农户融入市场的意愿和能力存在差异，决定了农户在流转土地经营权上的差异化行为方式。因此农地制度改革，应将尊重农民土地配置的自由选择作为进一步推进改革的首要基准，实行允许、鼓励但不强迫的土地流转准则，农户可通过转包、转租、入股等方式依法自愿有偿流转。

2. 完善针对地方政府的激励措施

明确村"两委"等村集体组织在土地流转中的权利边界，防止地方政府利用行政权力介入农村集体的土地配置中，弱化"土地财政"推高短期经济增长的行为模式。为此，需要尽快建立新地方政府激励体系和绩效考核机制，促使地方"经济锦标赛"向"行政锦标赛"转变。

3. 平衡经济效益与社会效益

为提高农村土地流转过程中的经济效益，应减少政府对土地配置进程的直接参与，但对公共物品与公共服务的供给要进一步加强，扩大现有农地流转服务机构覆盖面，为交易双方提供高效便捷的信息发布、价格评估、合同签订、档案管理服务。同时不可避免的是，资本下乡过程中土地的社会保障功能势必减弱。因而，必须在基本公共服务均等化理念下，形成城乡一体且可相互转换的社会保障体系，完善农村居民向城市居民转变的土地、住房、

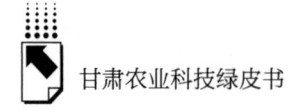

就业等政策。

4. 耕地保护与建设用地集约

重视农村迁出区的修复整治工作，盘活农村生产效率低下以及撂荒的土地资源，统筹城乡用地整体规划，促进城乡融合发展。一是推进迁出区土地的调查工作，制定具有战略性、综合性、科学性和可操作的土地综合规划；二是完善耕地占补平衡管理办法，根据征地占用的农地数量，补充划入相当数量与质量的农地，并建设完善农地开垦管理办法，保护耕地面积；三是根据城乡建设用地增减挂钩指标，形成统一规范的土地管理办法，统筹构建建设用地退出、土地整理复垦与城乡新增建设用地之间的衔接机制。

5. 培育农业社会化服务经营主体

土地制度改革最重要的目的是要通过土地配置，助推实体经济的发展繁荣，因此要着重强调此过程中农业社会化服务经营主体的培育。首先，农户对于服务需求最初集中在生产资料的供应方面，随着农业现代化进程的推进，当产品超出农户自身的消费量时，就需进入市场或转入加工，因此，流通、贮运等物流服务业应运而生。其次，随着农业从劳动密集型向技术密集型转变，对与之相关的疫病防护、农业信息等服务要求也随之提高。最后，消费者对食品安全日益关注，需要更为丰富多元的农产品质量监管服务组织。

（二）进一步发展农村集体经济的相关建议

1. 集体经济多元化发展

集体经济的发展需要创新其运营模式和管理模式，发挥村级集体经济组织功能作用。其一，利用果园、养殖水面、集体"四荒"地（荒山、荒沟、荒丘、荒滩）等资源，集中开发现代农业项目；其二，要充分发挥人文、历史、生态的作用，以发展乡村旅游，建设美丽乡村；其三，发掘集体建设用地、闲置房产设施的潜力；其四，鼓励集体经济组织提供覆盖产前、产中、产后的综合性农业服务；其五，尝试组建劳务合作社，允许村集体经济组织独立申报涉农项目；其六，支持政府帮扶资金、集体积累资金和捐赠资金等，培育多种形式的合作社、农业中小企业等，以鼓励探索多种投资运营方式，壮大集体经济实力。

2. 充实组织管理人才队伍

农村集体经济的发展，应与组织管理人才队伍的建设相一致。一是鼓励农民工返乡参与农村集体经济发展，一方面吸引高质量的人力资本参与农村发展；另一方面，借助返乡人群的市场意识和经营管理理念，更新农村集体经济发展内涵。二是尝试农村"订单型"人才培养模式，与高等院校等人才培养单位积极合作，培养与本区域发展相契合的生产类、技术类、管理类人才。三是深层次挖掘乡村能人等内生性人才，因为他们对本村情况更为熟悉，更能迅速融入村级集体经济建设，为集体经济的科学规划提供基层实践经验。

3. 完善外部制度环境

加快相关法律、法规的立法进程，甘肃省可借鉴外地先进经验并结合当地实际制定出台相关的地方性法规、规章，立法明确农村股份合作社的法人地位；制定股份合作组织的税费优惠政策，解卸农村集体资产组织要承担集体经济和管理社区的双重责任；完善集体经济发展的配套体系，建立完善覆盖城乡民生社会保障体系，继续推进城乡户籍、就业制度改革，逐步推进城乡融合化发展。

参考文献

高帆：《中国农地"三权分置"的形成逻辑与实施政策》，《经济学家》2018年第4期。

滕海峰、李含琳：《"新土改"对农村土地经营制度的影响及其政策应对——甘肃省的调查报告》，《甘肃理论学刊》2018年第1期。

王文彬：《农村集体经济的现状扫描与优化路径研究——基于要素回归视角》，《西南民族大学学报》（人文社科版）2018年第4期。

中共甘肃省委、甘肃省人民政府：《关于稳步推进农村集体产权制度改革的实施意见》，甘肃日报，2018年4月3日。

G.18 甘肃省农业社会化服务研究报告

吕剑平 谈存峰*

摘 要: 在系统考察了甘肃农业社会化服务领域10年间主要指标基础上,构建了包括农业基础设施配套、农业技术研发与推广、机械化与病虫害防治、农产品加工与流通和财政金融支农服务五个农业社会化服务发展综合评价指标体系,应用线性加权函数测算了甘肃省2007~2016年农业社会化服务发展指数。结果发现,甘肃农业社会化服务发展水平不稳定,年际间呈波动发展趋势;农业社会化服务五个领域发展水平参差不齐。甘肃农业技术研发与推广服务发展水平10年间在西北五省中排中等位置,农产品加工与流通服务和财政金融支农服务发展水平次之,基础设施配套服务发展水平中等偏后,机械化与病虫害防治服务发展水平最靠后。针对分析评价结果,从培育基层农业技术推广队伍、扶持新型经营主体发展壮大、促进农村产业融合、强化农业农村发展的财政金融支持等方面提出了政策建议。

关键词: 农业社会化服务 评价体系 甘肃省

---

* 吕剑平,硕士,甘肃农业大学财经学院副教授,硕士生导师,主要研究方向为区域经济发展与农村经济;谈存峰,硕士,甘肃农业大学财经学院副教授,主要研究方向为农村公共管理与农业可持续发展。

农业社会化服务是政府、市场和社会力量为农业生产经营提供各种服务，用以改进农业生产条件、增强农业自我发展能力、提高农业综合效益的总称。农业社会化服务是社会分工在农业和农村不断深化的必然结果，也是农业现代化发展程度的重要特征。完善、高效的农业社会化服务体系，可降低农业生产经营风险，实现农户生产与社会化大市场的有效对接，提高农业比较效益，推进农村产业融合，是推进农业现代化的必然选择。

甘肃省农业社会化服务体系经过多年发展，取得了长足进步，形成了包括政府职能部门、涉农企事业单位、民间组织等在内比较完整的社会化服务组织体系，内在调控机制日益优化、服务能力与水平不断提升，为区域农业持续健康发展提供了坚实支撑。本文旨在通过考察甘肃历年农业社会化服务发展状况，评价甘肃农业社会化服务发展水平，综合呈现甘肃农业社会化服务发展状况，为新时期甘肃农业社会化服务发展提供依据和参考。

一 甘肃农业社会化服务发展状况

完善的农业社会化服务体系是现代农业的重要特征，从服务内容看，农业社会化服务包括市场信息服务、基础设施服务、融资服务、农资供应服务、农产品流通和加工服务等。多年来，甘肃省持续加大农业农村基础设施建设力度，不断加强农村交通、农业水利、农村通信和电网建设，农业与农村基础设施薄弱、抗灾能力不强的局面得到了有效改观，农业生产条件显著改善，全省农业综合生产能力明显提升。

（一）农业基础设施配套服务情况

1. 农村道路建设

全省农业、农村基础设施建设投入力度不断加大。"十二五"期间，全省农村公路建设累计投入411亿元，新建改建农村公路5.8万公里，全省82%的建制村通了沥青（水泥）路。目前，全省农村公路总里程超过12万公里。全省通公路村从 2007 年的 14313 个增加到 2016 年的 15879 个，通汽车村从 15713 个增加到 16030 个（见表1）。

表 1　2007～2016 年甘肃省农村基础设施情况

单位：个

年份	通公路村数	通汽车村数	通有线电视村数
2007	14313	15713	4613
2008	14827	15748	4748
2009	15112	15771	4961
2010	15268	15855	5154
2011	15445	15843	5528
2012	15588	15891	5723
2013	15641	15883	5977
2014	15753	15952	6139
2015	15812	15952	7034
2016	15879	16030	7845

资料来源：2008～2017 年《甘肃发展年鉴》、《甘肃农村年鉴》。

2. 水利及配套设施建设

灌区水利设施配套与节水改造、大型泵站更新改造、农村水电增效扩容改造、小水电代燃料等项目的持续实施，有力地改善了农业生产与灌溉条件。"十二五"期间，新增农田有效灌溉面积 55 万亩，新增高效节水灌溉面积 410 万亩。全省有效灌溉面积从 2007 年的 1063 千公顷增加到 2016 年的 1175 千公顷，2016 年有效灌溉率为 27.62%。但灌溉条件相比全国其他农业发达地区仍较差，2016 年有效灌溉率比全国平均水平低 7.25 个百分点。

3. 农村电力、通信和信息服务

农村配电网改造建设有效解决了电压低、动力用电不足等问题，全省农村动力电覆盖率接近 90%。全省通有线电视村从 2007 年的 4613 个增加到 2016 年的 7845 个（见表1）。

全省农村通信、农业信息化建设不断推进。"十二五"期间，全省农业信息服务点达到 1 万个，基层信息服务组织体系延伸到所有乡镇和 80% 以上的行政村，农业信息综合覆盖率达到80%，全省乡村信息员人数达到3.4万名。全省农村百户移动电话拥有量从2007年的54.81部增加到2016年的251.8部。2012年，甘肃在全国范围率先部署开通了12316短彩信平台和农业信息手机客户端。累计发送各类短信近1300万条，服务农民超过16万人。

4. 农村公共基础设施管理服务

基础和公共设施管理也是反映基础设施建设成果的因素之一。全省水利环境和公共设施管理业法人单位从2007年的821个增加到2016年的1629个，反映出全省公共基础设施管理机构在不断壮大。但与全国比较，甘肃公共基础设施管理事业仍较落后。农村万人水利环境和公共设施管理业法人单位拥有量从2007年的0.46个增加到2016年的1.13个，与全国平均水平的差距从0.24个扩大到0.94个（见图1）。

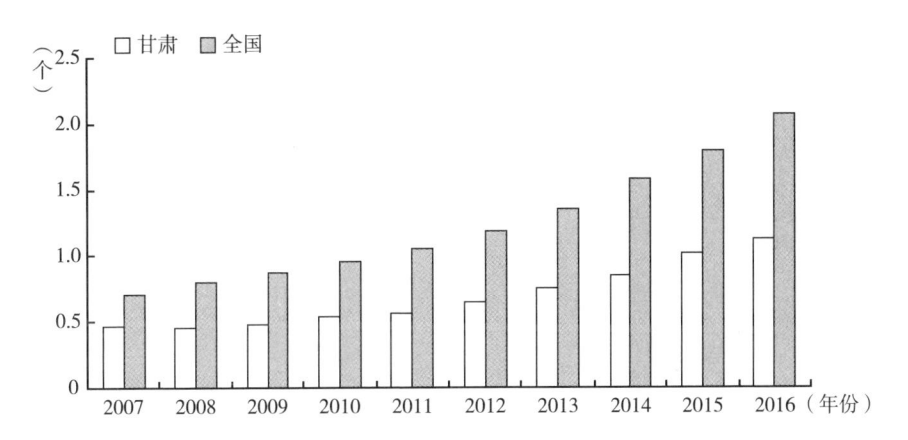

图1　甘肃与全国农村万人水利环境和公共设施管理业法人单位拥有量

资料来源：基于2008~2017年《中国统计年鉴》、《中国第三产业年鉴》数据整理计算所得。

（二）财政、金融支农情况

1. 财政支农

为了横向比较方便，本文选择了"财政支农投资比例"（见表2）指标反映政府支农情况。2007年，甘肃省一般公共预算支出中农林水支出84.74亿元，2016年增加到488.1亿元，全省财政支农投资比例从2007年的12.55%上升到2016年的15.5%，10年内支农资金额度和支农比重均呈上升趋势。除2007~2009年外，历年财政支农比重均达到或略高于当年农业GDP占总GDP比重，且均比全国历年平均财政支农比重高。

表2 2007~2016年甘肃农业财政、金融支持情况

年份	财政支农投资比例（%）	万人金融业法人单位拥有数（个）	人均农村信用社贷款余额（万元）
2007	12.55	0.45	0.19
2008	11.08	0.29	0.2
2009	12.75	0.33	0.28
2010	13.36	0.41	0.34
2011	13.27	0.49	0.42
2012	14.68	0.59	0.58
2013	15.01	0.40	0.74
2014	14.41	1.16	0.91
2015	16.8	1.5	0.97
2016	15.5	1.53	1.19

资料来源：基于2008~2017年《中国统计年鉴》、《中国第三产业年鉴》、《中国金融年鉴》数据整理计算所得。

2. 金融支农

（1）农村万人金融业法人单位拥有数

此指标用区域全部金融业法人单位数与乡村人口的对比关系来反映。2007年甘肃金融业法人单位数525个，农村万人金融业法人单位拥有数为0.45个。2016年，甘肃金融业法人单位增加到2211个，万人金融业法人单位拥有数增加到1.52个。万人金融业法人单位拥有数除2007年稍高于全国水平外，其余年份低于全国平均水平，且差距呈逐渐扩大趋势（见图2）。

（2）人均农村信用社贷款余额

鉴于其他金融机构贷款余额缺失数据较多，本文选择"人均农村信用社贷款余额"指标考察具体金融机构涉农贷款情况。甘肃农村信用社贷款余

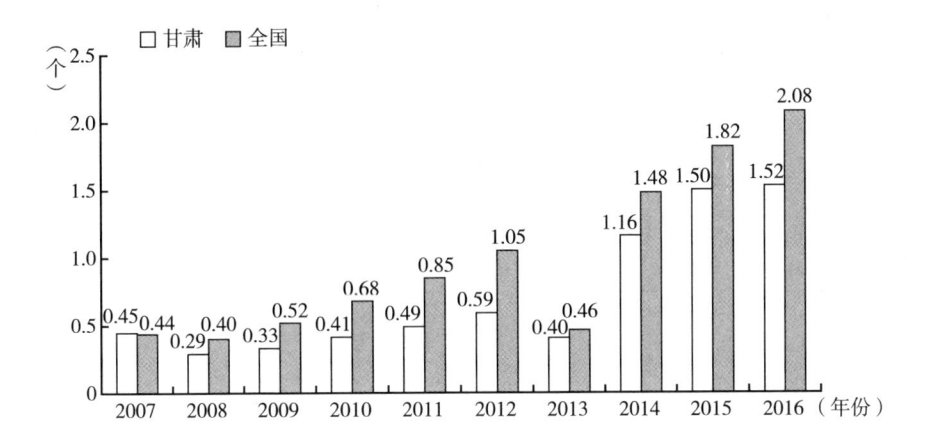

图 2　甘肃与全国农村万人金融业法人单位拥有数

资料来源：基于 2008~2017 年《中国统计年鉴》、《中国第三产业年鉴》、《中国金融年鉴》数据整理计算所得。

额从 2007 年的 344.19 亿元增加到 2016 年的 1426.63 亿元，人均农村信用社贷款余额从 0.19 万元增加到 1.19 万元（见表 2）。2007~2012 年甘肃人均农村信用社贷款余额均低于全国平均水平，2013~2016 年高于全国平均水平。

（三）农业科技与技术推广服务情况

农业科技和专业技术推广机构开展新品种和新技术研发试验、示范推广，指导农民开展农业生产，为农户提供各种技术和物资装备服务，是农业社会化服务体系中不可或缺的组成部分。本文从技术研发、教育培训、技术推广三方面反映此类服务。

1. 农业技术研发

为方便横向比较，本文用区域国有企事业单位农业技术人员与乡村人口的对比关系来反映区域农业技术研发机构状况。甘肃国有企事业单位农业技术人员从 2007 年的 24210 人增加到 2016 年的 30652 人，万人国有企事业单位农业技术人员拥有数从 13.53 人增加到 21.23 人（见表 3）。甘肃历年万人国有企事业单位农业技术人员拥有量均比全国平均水平高，2007年高出3.88人，2016年高出9.01人，反映出甘肃农业科技人员资源较丰富。

表3 2007~2016年甘肃农业技术研发与推广情况

单位：人、个

年份	万人国有企事业单位农业技术人员拥有数	万人农机化教育培训机构人员拥有数	万人农机化技术推广机构人员拥有数	万人畜牧站、家畜繁育站、草原站机构数
2007	13.53	0.29	0.34	0.12
2008	14.05	0.27	0.34	0.11
2009	14.07	0.31	0.39	0.13
2010	14.57	0.35	0.46	0.15
2011	15.94	0.38	0.44	0.16
2012	18.19	0.39	0.50	0.16
2013	18.94	0.39	0.47	0.15
2014	20.82	0.40	0.47	0.15
2015	21.32	0.37	0.47	0.15
2016	21.23	0.36	0.46	0.13

资料来源：基于2008~2017年《中国农业机械工业年鉴》、《中国畜牧业年鉴》数据整理计算所得。

2. 农业教育培训

考虑数据可得性，本文选择区域农机化教育培训机构年末人员数与乡村人口的对比关系来反映农业教育培训机构情况。2007年甘肃农机化教育培训机构年末人数为520人，2012年为610人，达10年内最高，2016年回落到524人。万人农机化教育培训机构人员拥有数从2007年的0.29人变为2016年的0.36人（见表3），2007年、2008年低于全国平均水平，2009年开始均高于全国平均水平。

3. 农业技术推广

据统计，全省现有农业技术推广机构1427个，农业技术推广机构编制内人员13465人，具有大专及以上学历的占86.8%，具有农科学历的占55.2%。2007年甘肃农机化技术推广机构年末人数为609人，2012年达796人，2016年回落到659人，与农机化教育培训机构人员变化趋势一致。万人农机化技术推广机构人员拥有量从2007年的0.34人变为2016年的0.46人（见表3），10年间均高于全国平均水平。畜牧业机构（区域畜牧站、家畜繁育站和草原站机构）反映了畜牧业技术推广状况。2007年甘肃畜牧业机构数212个，2016年减少为193个，万人畜牧业机构拥有数从2007年的0.12个变为2016年的0.13个（见表3），10年间均高于全国平均水平。

（四）机械化与病虫害防治服务情况

随着农业生产人力成本的上升和劳动力非农化趋势的推进，劳动节约型技术和物质装备在农业生产中的作用不断凸显。本部分从农业机械化和病虫害防治两方面考察。

1. 农业机械化

（1）单位土地农用机械总动力

此指标用单位农作物播种面积农用机械总动力来体现。近年来，甘肃农用机械装备结构调整和优化步伐明显加快，大型成套设备、复式作业机具增长势头强劲。2016年全省新增大中型拖拉机1.49万台，新增各类联合收割机1449台，其中玉米联合收割机就有978台。2007年，甘肃农用机械总动力为1577.3万千瓦，2015年达2685万千瓦，2016年降为1903.9万千瓦。单位土地农用机械总动力从2007年的4.2千瓦/公顷上升为2015年的6.35千瓦/公顷，2016年降到4.48千瓦/公顷（见表4）。尽管发展较快，但与全国其他机械化发展水平较高区域比较还有较大差距。10年间甘肃单位土地农用机械总动力均低于全国平均水平。

（2）万人农机化作业服务组织人员拥有量

此指标用区域作业服务组织年末人员数与乡村人口的对比关系来体现。甘肃农机化作业服务组织年末人员数从2007年的9969人上升到2016年的27271人，万人农机化作业服务组织人员拥有数从5.57人上升到18.89人，反映出全省农业机械服务组织规模在不断壮大（见表4）。2016年，全省各类农机社会化服务组织达到2886个，其中农机合作社1500个，全省农机经营服务总收入达111.1亿元。农机合作社已成长为新型农业经营服务主体，在提供农机化服务、推进规模化经营等方面发挥了积极作用。

（3）作物机械化作业率

此指标系机耕率、机播率和机收率的算术平均。2007年，甘肃机耕面积为1548.61千公顷，机播面积为979.86千公顷，机收面积为462.71千公顷，综合机械化作业率为26.52%。2016年机耕面积增加到2763.1千公顷，机播面积为1695千公顷，机收面积为1233.43千公顷，综合机械化作业率为44.6%。机械化物质装备的提升推进了农机作业能力和水平，不仅河西等农业生产水平较高地区机械化作业率明显提高，而且天水、陇南、临夏、甘南等丘陵山区及少数民族地区"以机代牛"的现象已经非常普遍。

表4　2007~2016年甘肃农业机械化与病虫害防治情况

年份	单位土地农业机械总动力（千瓦/公顷）	万人农业机械化作业服务组织人员拥有量（人）	作物机械化作业率（%）	作物病虫害实际损失/挽回损失比（%）
2007	4.2	5.57	0.27	33.91
2008	4.36	7.06	0.27	31.39
2009	4.63	4.52	0.29	35.61
2010	4.95	5.64	0.30	37.59
2011	5.22	8.38	0.32	35.06
2012	5.56	10.00	0.34	34.51
2013	5.82	9.63	0.36	33.52
2014	6.06	12.60	0.39	35.96
2015	6.35	15.60	0.42	28.58
2016	4.48	18.89	0.45	28.58

资料来源：基于2008~2017年《中国农业机械工业年鉴》、《中国农村统计年鉴》数据整理计算所得。

2.病虫害防治

本文选择用粮食、油料和其他作物病虫害实际损失量合计值与挽回损失量合计值之比来反映区域病虫害防治效果。比值越大，表示病虫害防治效果越差，反之，表示防治效果越好。2007年甘肃粮食病虫害挽回损失537608吨，油料病虫害挽回损失22350吨，其他作物病虫害挽回损失372874吨，2007年作物病虫害实际损失与挽回损失综合比为33.91%，2015年粮食、油料和其他作物病虫害挽回损失分别为800202吨、25904吨和1262510吨（2016年数据缺失），作物病虫害实际损失与挽回损失综合比为28.58%，9年间呈不断下降趋势，可以看出病虫害防治效果不断提升。

（五）农产品加工与流通服务情况

产后环节的农产品加工、流通销售等服务对实现农业增产农民增收、提高农业经济效益、满足消费者多层次需求均有重要意义。本部分从农产品加工、批发零售、运输仓储三方面考察此领域社会化服务情况。

1. 农产品加工服务

经多年努力，甘肃农产品加工业发展成效显著。甘肃省农产品加工机械动力从2007年的95.14万千瓦上升到2015年的121.27万千瓦，万人农产品加工机械动力拥有量从0.05千瓦上升到0.08千瓦（见表5）。截至2015年底，全省农业产业化龙头企业达到2783个，基本形成了畜产品、果蔬、中药材、玉米淀粉及地方区域性特色农产品加工体系。农产品加工转化能力为1400多万吨，从业人员为10.96万人。建成规模以上马铃薯加工企业100多家，淀粉加工能力近70万吨；牛羊肉加工企业36家，年屠宰能力为67万头；浓缩果汁加工企业7家，年生产能力12万吨；玉米制种企业37家，加工能力60多万吨；啤酒麦芽加工企业42家，设计生产能力88万吨；紫花苜蓿加工厂20多家，年加工能力88万吨。农产品初加工转化率达50.5%。

横向比较，甘肃农产品加工业与其他加工业发达地区仍有较大差距，2015年甘肃万人农产品加工机械动力拥有量仅有全国平均水平的一半左右。

2. 农产品批发零售服务

鉴于横向比较和数据可得性，本部分选择区域批发零售法人单位数与乡村人口的对比关系来反映农产品批发零售服务。甘肃批发零售法人单位从2007年的14215个上升到2016年的40691个，万人批发零售业法人单位拥有量从7.94个上升到28.18个，年均增长率为15.11%（见表5），批发零售业发展速度较快，但横向比较仍有较大差距，全国万人批发零售业法人单位拥有量10年间以年均19.55%的速度增长，2016年全国万人批发零售业法人单位拥有量比甘肃高出57.31个。

表5 2007~2016年甘肃农产品加工、流通服务情况

单位：万千瓦、个

年份	万人农产品加工机械动力拥有量	万人交通运输、仓储、邮政业法人单位拥有量	万人拥有批发零售业法人单位拥有量
2007	0.05	0.66	7.94
2008	0.05	0.74	7.87
2009	0.06	0.82	9.22
2010	0.07	0.99	11.62
2011	0.08	1.1	13.17
2012	0.08	1.3	15.31
2013	0.09	1.63	16.7
2014	0.09	1.98	20.92
2015	0.08	2.28	24.85
2016	0.08	2.53	28.18

资料来源：基于2008~2017年《中国农产品加工业年鉴》、《中国第三产业年鉴》数据整理计算所得。

3. 农产品运输、仓储服务

本部分选择区域交通运输、仓储、邮政业法人单位数与乡村人口的对比关系来反映农产品运输、仓储服务。2007年甘肃交通运输、仓储、邮政业法人单位1178个，2016年上升为3652个，万人交通运输、仓储、邮政业法人单位拥有量从0.66个上升为2.53个（见表5），年均增长16.09%，仍低于全国18.68%的平均增长速度，2016年甘肃万人交通运输、仓储、邮政业法人单位拥有量比全国平均水平低4.99个。

二 甘肃农业社会化服务发展水平评价

（一）指标体系构建

在考虑农业社会化服务内容基础上，结合区域农业社会化服务体系指标

可得性，本报告确定农业社会化服务发展水平评价指标体系，分三层次共17个指标。

第一层次（A）为总体指标，反映农业社会化服务发展总体水平，包括5项分类指标。

第二层次（B）为分类指标，将农业社会化服务发展水平分为农业基础设施配套服务（B_1）、农业技术研发与推广服务（B_2）、机械化与病虫害防治服务（B_3）、农产品加工与流通服务（B_4）、财政金融支持服务（B_5）5类服务指标。

第三层次（C）为具体指标，每项分类指标包括若干个具体指标，共17个（见表6）。

表6 农业社会化服务发展水平评价指标体系

总体指标(A)	分类指标(B)	具体指标(C)	单位
农业社会化服务发展水平(A)	农业基础设施配套服务（B_1）	有效灌溉率（C_1）	%
		万人水利环境和公共设施管理单位拥有量（C_2）	个
		百户移动电话拥有量（C_3）	部
	农业技术研发与推广服务（B_2）	万人国有企事业单位农业技术人员拥有量（C_4）	人
		万人农机化教育培训机构人员拥有量（C_5）	人
		万人农机技术推广机构人员拥有量（C_6）	人
		万人畜牧业科技、推广机构拥有量（C_7）	个
	机械化与病虫害防治服务（B_3）	单位耕地农业机械总动力（C_8）	千瓦/公顷
		万人农业机械作业服务组织人员拥有量（C_9）	人
		农作物机械化作业率（C_{10}）	%
		作物病虫害挽回损失/实际损失（C_{11}）	%
	农产品加工与流通服务（B_4）	万人农产品加工机械动力拥有量（C_{12}）	万千瓦
		万人交通运输、仓储业法人单位拥有量（C_{13}）	个
		万人批发零售业法人单位拥有量（C_{14}）	个
	财政金融支农服务（B_5）	财政支农比重（C_{15}）	%
		万人金融业法人单位拥有量（C_{16}）	个
		人均农村信用社贷款余额（C_{17}）	万元

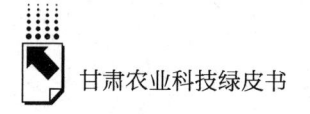

（二）指标权重赋值和数据处理

1. 指标权重赋值

鉴于五大类服务内容在农业社会化服务的作用和地位各异，每类服务领域内具体指标的重要性也各不相同，因此确定分类指标和具体指标的权重就成为进一步评价分析的前提。考虑到层次分析法将主观赋权和客观赋权方法结合在一起，有效地保证了指标权重的科学性和客观性，因此本报告选择层次分析法确定各层指标权重值。

笔者邀请了甘肃农业大学农学、畜牧、植保和农业经济领域5位专家，依据各层次指标相对重要程度，使用1～9标度法为各层指标分别给出标度值，综合专家意见后构造出各层指标标度值判断矩阵。为检验专家标度值的一致性，以判断矩阵为依据计算出每一层次指标的一致性判断值CR，若CR≤0.1时，认为判断矩阵具有可接受的一致性。否则，说明判断矩阵偏离一致性程度过大，重新对判断矩阵进行调整，使之具有满意的一致性为止。各层指标相对权重和组合权重见表7、表8。

表7 各层相对权重值

矩阵	相对权重					CR值
P_{A-B}	0.0480	0.4230	0.1030	0.1880	0.2370	0.0772
P_{B1-C}	0.6738	0.2255	0.1007			0.0740
P_{B2-C}	0.0624	0.0624	0.3883	0.3883		0.0359
P_{B3-C}	0.0597	0.1300	0.2749	0.5355		0.0547
P_{B4-C}	0.7172	0.1947	0.0881			0.0812
P_{B5-C}	0.6738	0.1007	0.2255			0.0741

表8 指标组合权重值

指标	组合权重值			
$C_1 - C_3$	0.0323	0.0108	0.0048	
$C_4 - C_7$	0.0264	0.0681	0.1643	0.1643
$C_8 - C_{11}$	0.0061	0.0134	0.0283	0.0552
$C_{12} - C_{14}$	0.1348	0.0366	0.0166	
$C_{15} - C_{17}$	0.1597	0.0239	0.0534	

2.数据处理

(1) 缺失数据填补

17个指标中,部分指标个别年份数据缺失,考虑到评价分析完整性,本报告做了以下处理:2013年和2014年每百户移动电话拥有量、2014年和2016年万人农产品加工机械动力拥有量、2010年和2016年人均农村信用社贷款余额数据缺失,考虑三项指标逐年均以较快的速度增长,采用近几年平均增长趋势填补。2016年作物病虫害实际损失与挽回损失数据缺失,考虑此指标历年数据无规律可循,故用2015年数据代替2016年数据。

(2) 无量纲化处理

农业社会化服务发展评价指标量纲不同,造成指标之间数量级差异大,为消除不同量纲给综合评价带来的影响,增强可比性,本报告采用标准差标准化方法对原始指标数据进行无量纲化处理。

(三)综合指数测算及结果分析

本报告采用线性加权函数法测算农业社会化服务发展指数,公式如下:

$$S = \sum_{i=1}^{n} w_i e_i$$

上式中 S 为分类(综合)指标评价指数,w_i 为分类(综合)指标中第 i 个评价指标所对应的权重值,e_i 为分类(综合)指标中第 i 个评价指标无量纲化后的标准化值。以此方法,测算出2007~2016年西北五省农业社会化服务发展指数。

1.农业基础设施配套服务发展指数

数据显示,2007~2016年甘肃农业基础设施配套服务指数呈波动趋势。2007年、2011~2013年及2016年均低于全国平均指数。2008~2010年、2014年、2015年均高于全国平均指数。西北五省历年农业基础设施配套服务指数比较来看,甘肃2007年排在第四位,随后有所上升,2008年、2009年的排名为第二,2010年跃居第一位,之后呈现波动变化,2011年、2013年均排第三位,2012年排第二位,2014~2016年均位于第四(见表9)。

表9　农业基础设施配套服务发展指数

年份	农业基础设施配套服务指数					
	甘肃	陕西	青海	宁夏	新疆	全国
2007	-0.0445	0.0115	-0.0411	-0.0792	-0.0139	-0.0166
2008	0.0178	0.0096	0.0222	-0.0330	-0.0311	-0.0025
2009	0.0154	0.0122	0.0242	-0.0392	-0.0352	-0.0003
2010	0.0178	0.0110	0.0159	-0.0295	-0.0377	0.0071
2011	0.0163	0.0166	0.0223	-0.0056	-0.0336	0.0206
2012	0.0223	0.0171	0.0222	0.0446	-0.0264	0.0292
2013	0.0172	0.0031	-0.0167	0.0471	0.0770	0.0395
2014	-0.0333	-0.0357	-0.0332	0.0175	0.0378	-0.0465
2015	-0.0177	-0.0265	-0.0109	0.0352	0.0313	-0.0256
2016	-0.0114	-0.0187	-0.0050	0.0421	0.0317	-0.0049

2. 农业技术研发与推广服务发展指数

与全国平均发展指数相比，甘肃农业技术研发推广服务发展指数2007～2009年和2016年低于全国水平，2010～2015年均高于全国水平。西北五省农业技术研发推广服务发展指数排名，甘肃2007年、2008年、2009年分别排第三位、第五位和第四位。随着农业技术研发实力的增强，此指数排名也逐步提升，2010年排第二位，2011～2013年排名达到第一位，2014年排第二位，2015年、2016年均排第三位（见表10）。

表10　农业技术研发推广服务发展指数

年份	农业技术研发推广服务发展指数					
	甘肃	陕西	青海	宁夏	新疆	全国
2007	-0.5735	-0.4043	-0.6707	-0.1119	-0.5869	-0.4886
2008	-0.6942	0.0073	-0.4005	-0.0012	-0.4759	-0.1294
2009	-0.3000	-0.3037	-0.0097	0.2579	-0.0377	-0.0218
2010	0.1557	-0.0892	-0.1153	0.0328	0.2872	-0.0910
2011	0.2493	-0.2057	-0.0247	0.2326	0.1930	0.2354
2012	0.4557	0.1339	-0.1351	0.0262	0.2416	0.3055
2013	0.2804	0.1122	0.2792	0.2224	0.2136	0.0780
2014	0.3109	0.1111	0.4378	-0.2447	0.2153	0.0019
2015	0.0801	0.4511	0.3507	-0.0180	-0.0046	0.0715
2016	0.0356	0.1872	0.2883	-0.3961	-0.0457	0.0385

3.机械化与病虫害防治服务发展指数

从表11看,甘肃机械化与病虫害防治服务发展指数仍呈波动趋势,2007年、2008年、2010年、2012年、2015年和2016年高于全国平均发展指数,2009年、2011年、2013年、2014年低于全国平均指数。西北五省中,甘肃机械化与病虫害防治发展水平2007年、2008年、2011年、2013年均排第三位,2009年排第五位,2010年、2012年、2014年均排第四位,2015年、2016年排第一位。

表11 机械化与病虫害防治服务发展指数

年份	甘肃	陕西	青海	宁夏	新疆	全国
2007	-0.0654	-0.1387	-0.0856	-0.0164	-0.0651	-0.1375
2008	-0.0131	-0.1320	0.0339	0.0486	-0.0831	-0.0651
2009	-0.0805	-0.0217	-0.0345	0.0074	0.0110	-0.0490
2010	-0.0979	-0.0998	-0.0641	-0.0230	0.0037	-0.1149
2011	-0.0445	0.0244	-0.0721	-0.0182	-0.0821	-0.0045
2012	-0.0172	0.0580	-0.0581	0.0196	-0.0091	-0.0335
2013	0.0102	0.0693	-0.0399	0.0183	-0.0039	0.0796
2014	-0.0050	0.0317	0.0566	0.0273	-0.0340	0.1071
2015	0.1531	0.1073	0.1218	-0.0233	0.1301	0.1101
2016	0.1603	0.1015	0.1419	-0.0404	0.1325	0.1077

4.农产品加工与流通服务发展指数

与全国平均发展指数相比,甘肃农产品加工与流通服务发展指数2007年、2010~2014年高于全国水平,2008年、2009年、2015年和2016年均低于全国水平。西北五省中,甘肃农产品加工与流通服务发展指数2007年排第二位,2008年、2009年排第五位,2010年、2011年和2015年均排第三位,2012~2014年均排第一位,2016年排第四位(见表12)。

5.财政金融支农发展指数

甘肃财政金融支农发展指数10年间先降后升再降,与全国平均水平比较,2007年、2013年、2015年和2016年高于全国财政金融支农发展指数,2008~2012年、2014年均低于全国指数。在西北五省中,甘肃财政金融支农发展指数 2007 年、2015 年排名第一，2008 年、2009 年排第五名，2010 年、2011 年排第三位，2012~2014 年排第二位，2016 年排第四名（见表 13）。

表12　农产品加工与流通服务发展指数

年份	农产品加工与流通服务发展指数					
	甘肃	陕西	青海	宁夏	新疆	全国
2007	-0.2564	-0.2737	-0.1935	-0.3725	-0.3464	-0.2684
2008	-0.2451	-0.2277	-0.0885	-0.1754	-0.0907	-0.2281
2009	-0.2049	-0.1441	0.1026	-0.0502	-0.0817	-0.1770
2010	-0.0378	-0.0669	0.1549	-0.0048	-0.0705	-0.0703
2011	0.0053	-0.0449	0.1857	0.0095	-0.0568	-0.0055
2012	0.0638	0.0416	-0.1136	0.0346	-0.0647	0.0591
2013	0.1788	0.0685	-0.1386	0.0486	0.0606	0.0655
2014	0.1737	0.1396	-0.0516	0.0952	0.1454	0.1347
2015	0.1664	0.2179	0.0284	0.1663	0.2155	0.2058
2016	0.1563	0.2897	0.1142	0.2486	0.2893	0.2843

表13　财政金融支农发展指数

年份	财政金融支农发展指数					
	甘肃	陕西	青海	宁夏	新疆	全国
2007	-0.2058	-0.4311	-0.2210	-0.4763	-0.2575	-0.4383
2008	-0.3535	-0.2852	-0.1268	-0.2159	-0.1327	-0.3381
2009	-0.1789	0.0541	-0.0916	-0.0074	-0.0061	-0.0148
2010	-0.1073	0.0799	-0.2967	0.1121	-0.1586	0.0079
2011	-0.1000	-0.0147	-0.1471	0.0827	-0.1123	0.0035
2012	0.0646	0.0092	-0.0422	0.0855	-0.0365	0.0924
2013	0.1111	0.0332	0.0921	0.1346	-0.1242	0.0890
2014	0.1164	0.0499	0.2646	0.0905	0.0981	0.1182
2015	0.3719	0.1893	0.1900	0.0086	0.2636	0.2194
2016	0.2815	0.3154	0.3788	0.1857	0.4661	0.2609

6. 农业社会化服务发展综合指数

从图 3 可以看出，甘肃农业社会化服务综合指数 10 年间呈波动趋势，2008 年跌至谷底，2012 年达最高点。2007 年、2010 年、2012~2015 年均高

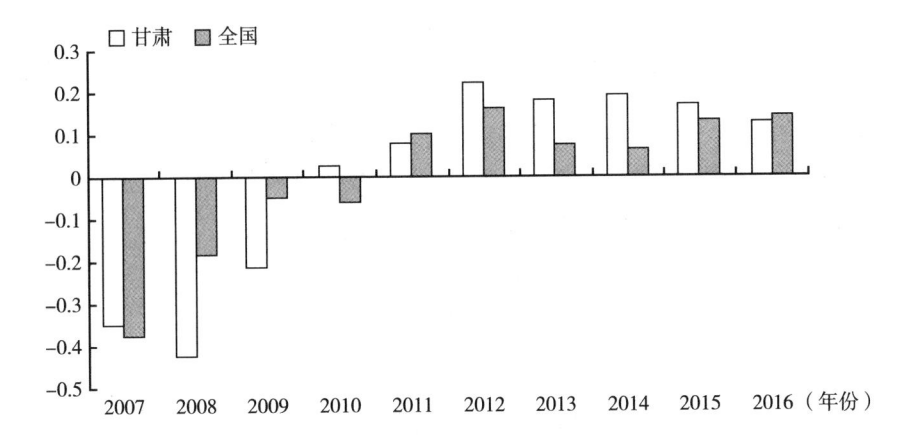

图3 甘肃与全国农业社会化服务综合指数

于全国平均水平，2008年、2009年、2011年和2016年均低于全国平均水平。甘肃综合指数在西北五省中，2007年排第三位，2008年、2009年处于较低水平，均排在第五位，2010年、2015年也排第三位，2011年、2014年排第二位，2012年、2013年排第一，2016年排第四位（见表14）。

表14 农业社会化服务发展综合指数

年份	财政金融支农发展指数						
	甘肃	陕西	青海	宁夏	新疆	全国	
2007	-0.3484	-0.3384	-0.3833	-0.2357	-0.3818	-0.3760	
2008	-0.4240	-0.1204	-0.2115	-0.0812	-0.2599	-0.1846	
2009	-0.2154	-0.1444	-0.0089	0.0968	-0.0333	-0.0511	
2010	0.0241	-0.0411	-0.0958	0.0358	0.0692	-0.0613	
2011	0.0789	-0.0956	-0.0168	0.1176	0.0343	0.0999	
2012	0.2194	0.0734	-0.0934	0.0420	0.0792	0.1602	
2013	0.1804	0.0755	0.1090	0.1393	0.0756	0.0765	
2014	0.1896	0.0866	0.2424	-0.0605	0.1400	0.0629	
2015	0.1682	0.2864	0.2107	0.0250	0.1159	0.1310	
2016	0.1271	0.2180	0.2476	-0.0789	0.1607	0.1424	

从农业社会化服务发展的五个分类领域看，甘肃10年间在西北五省发展水平排序依次为：农业技术研发与推广服务、农产品加工与流通服务和财政金融支农服务、基础设施配套服务、机械化与病虫害防治服务。农业技术研发与推广服务发展指数平均排名2.5，在五个领域中最靠前，五省中处于中等水平，农产品加工与流通服务发展指数和财政金融支农发展指数平均排名均为2.8，基础设施配套服务平均排名2.9，机械化与病虫害防治在五个领域中排名最低，平均排名3.1。

三 结论与建议

（1）本文以服务内容为框架构建了农业社会化服务发展综合评价指标体系，采用主客观结合的方法确定了指标权重，应用线性加权函数测算了西北五省10年间农业社会化服务发展指数。结果发现，甘肃农业社会化服务发展水平不稳定，年际间呈波动发展趋势；农业社会化服务五个领域发展水平参差不齐。甘肃农业技术研发与推广服务发展水平10年间在西北五省中排名最靠前，农产品加工与流通服务和财政金融支农服务发展水平次之，基础设施配套服务发展水平中等靠后，机械化与病虫害防治服务发展水平最靠后。

（2）整合农业科技资源，培育基层农业技术推广队伍。进一步挖掘、发挥农业科技资源优势和潜力，完善农业科技支撑和协同创新体系，强化创新能力建设。整合农业科研院所、高等院校、农业企业、技术推广单位等科技资源，积极利用财政、税收手段引导农业科研推广机构与家庭农场、农民专业合作社、种养大户和农民技术员对接合作，培育农民自己的公益性技术员队伍。

（3）持续推进土地适度规模化经营，扶持新型经营主体发展壮大。以农村土地确权改革为契机，进一步完善土地流转法律法规，通过加强农业职能部门土地流转指导、流转纠纷调解仲裁、流转合同咨询管理等服务，规范土地流转行为，有效推进土地向有经营能力且愿意经营的经营主体集中，进一步完善新型农业经营主体准入、登记、财务会计、税收、就业、监督管理等规章制度。通过政策激励，引导土地向新型农业经营主体流转，吸引资金、人才、科研成果等要素向新型农业经营主体集聚，扶持新型农业经营主体发展壮大，为农业社会化服务奠定坚实的需求主体基础。

（4）延长农业产业链，促进农村产业融合。农业职能部门要做好规划指导和政策引导，通过项目带动、资金扶持、税收优惠等政策，引导企业、种养大户、家庭农场等主体从事种养、种养加结合发展项目，依托农业企业、农民专业合作社等新型经营主体，围绕农产品的种植、养殖、加工、流通、销售等环节，实现产业链上游、中游和下游资源的有效连接。进一步明晰农村土地、集体资产等要素的权属关系，有效落实农民土地承包使用权和集体收益分配权，激活农村各类生产要素内在潜能，鼓励家庭农场、合作社、农业企业、种养大户进入产业新业态，为一二三产业交叉、渗透和融合提供权属激励。

（5）强化农业农村发展的财政金融支持，完善农业农村基础设施。进一步强化财政资金对农业与农村发展的投入，重点支持公益性农业及农村公共基础设施建设。通过贴息、担保与再担保以及税收优惠等政策，引导和激励金融信贷资金投向农业和农村项目。加强农业农村投入资金整合与规划，将资金投入与草食畜牧业、优质林果、蔬菜、中药材、现代制种、酿酒原料等区域特色优势产业基础设施建设有效结合，推进农业综合生产能力不断提高。

参考文献

龚道广：《农业社会化服务的一般理论及其对农户选择的应用分析》，《中国农村观察》2000年第6期。

金兆怀：《我国农业社会化服务体系建设的国外借鉴和基本思路》，《当代经济研究》2002年第8期。

李炳坤：《农业社会化服务体系的建设与发展》，《管理世界》1999年第1期。

庞晓鹏：《农业社会化服务供求结构差异的比较与分析》，《农业技术经济》2006年第4期。

杨群义：《加快农业社会化服务体系建设的思考》，《农村经济》2001第3期。

张启文、吴刚：《农村信用合作社为农服务问题研究》，《农业经济问题》2000年第9期。

社会科学文献出版社　　　**皮书系列**

❖ 皮书起源 ❖

"皮书"起源于十七、十八世纪的英国，主要指官方或社会组织正式发表的重要文件或报告，多以"白皮书"命名。在中国，"皮书"这一概念被社会广泛接受，并被成功运作、发展成为一种全新的出版形态，则源于中国社会科学院社会科学文献出版社。

❖ 皮书定义 ❖

皮书是对中国与世界发展状况和热点问题进行年度监测，以专业的角度、专家的视野和实证研究方法，针对某一领域或区域现状与发展态势展开分析和预测，具备原创性、实证性、专业性、连续性、前沿性、时效性等特点的公开出版物，由一系列权威研究报告组成。

❖ 皮书作者 ❖

皮书系列的作者以中国社会科学院、著名高校、地方社会科学院的研究人员为主，多为国内一流研究机构的权威专家学者，他们的看法和观点代表了学界对中国与世界的现实和未来最高水平的解读与分析。

❖ 皮书荣誉 ❖

皮书系列已成为社会科学文献出版社的著名图书品牌和中国社会科学院的知名学术品牌。2016年，皮书系列正式列入"十三五"国家重点出版规划项目；2013~2019年，重点皮书列入中国社会科学院承担的国家哲学社会科学创新工程项目；2019年，64种院外皮书使用"中国社会科学院创新工程学术出版项目"标识。

权威报告・一手数据・特色资源

皮书数据库
ANNUAL REPORT(YEARBOOK) DATABASE

当代中国经济与社会发展高端智库平台

所获荣誉

- 2016年，入选"'十三五'国家重点电子出版物出版规划骨干工程"
- 2015年，荣获"搜索中国正能量 点赞2015""创新中国科技创新奖"
- 2013年，荣获"中国出版政府奖・网络出版物奖"提名奖
- 连续多年荣获中国数字出版博览会"数字出版・优秀品牌"奖

成为会员

通过网址www.pishu.com.cn访问皮书数据库网站或下载皮书数据库APP，进行手机号码验证或邮箱验证即可成为皮书数据库会员。

会员福利

- 已注册用户购书后可免费获赠100元皮书数据库充值卡。刮开充值卡涂层获取充值密码，登录并进入"会员中心"—"在线充值"—"充值卡充值"，充值成功即可购买和查看数据库内容。
- 会员福利最终解释权归社会科学文献出版社所有。

数据库服务热线：400-008-6695
数据库服务QQ：2475522410
数据库服务邮箱：database@ssap.cn
图书销售热线：010-59367070/7028
图书服务QQ：1265056568
图书服务邮箱：duzhe@ssap.cn

卡号：525379896184
密码：

S 基本子库
SUB DATABASE

中国社会发展数据库（下设12个子库）

全面整合国内外中国社会发展研究成果，汇聚独家统计数据、深度分析报告，涉及社会、人口、政治、教育、法律等12个领域，为了解中国社会发展动态、跟踪社会核心热点、分析社会发展趋势提供一站式资源搜索和数据分析与挖掘服务。

中国经济发展数据库（下设12个子库）

基于"皮书系列"中涉及中国经济发展的研究资料构建，内容涵盖宏观经济、农业经济、工业经济、产业经济等12个重点经济领域，为实时掌控经济运行态势、把握经济发展规律、洞察经济形势、进行经济决策提供参考和依据。

中国行业发展数据库（下设17个子库）

以中国国民经济行业分类为依据，覆盖金融业、旅游、医疗卫生、交通运输、能源矿产等100多个行业，跟踪分析国民经济相关行业市场运行状况和政策导向，汇集行业发展前沿资讯，为投资、从业及各种经济决策提供理论基础和实践指导。

中国区域发展数据库（下设6个子库）

对中国特定区域内的经济、社会、文化等领域现状与发展情况进行深度分析和预测，研究层级至县及县以下行政区，涉及地区、区域经济体、城市、农村等不同维度。为地方经济社会宏观态势研究、发展经验研究、案例分析提供数据服务。

中国文化传媒数据库（下设18个子库）

汇聚文化传媒领域专家观点、热点资讯，梳理国内外中国文化发展相关学术研究成果、一手统计数据，涵盖文化产业、新闻传播、电影娱乐、文学艺术、群众文化等18个重点研究领域。为文化传媒研究提供相关数据、研究报告和综合分析服务。

世界经济与国际关系数据库（下设6个子库）

立足"皮书系列"世界经济、国际关系相关学术资源，整合世界经济、国际政治、世界文化与科技、全球性问题、国际组织与国际法、区域研究6大领域研究成果，为世界经济与国际关系研究提供全方位数据分析，为决策和形势研判提供参考。

法律声明

"皮书系列"（含蓝皮书、绿皮书、黄皮书）之品牌由社会科学文献出版社最早使用并持续至今，现已被中国图书市场所熟知。"皮书系列"的相关商标已在中华人民共和国国家工商行政管理总局商标局注册，如LOGO（ ）、皮书、Pishu、经济蓝皮书、社会蓝皮书等。"皮书系列"图书的注册商标专用权及封面设计、版式设计的著作权均为社会科学文献出版社所有。未经社会科学文献出版社书面授权许可，任何使用与"皮书系列"图书注册商标、封面设计、版式设计相同或者近似的文字、图形或其组合的行为均系侵权行为。

经作者授权，本书的专有出版权及信息网络传播权等为社会科学文献出版社享有。未经社会科学文献出版社书面授权许可，任何就本书内容的复制、发行或以数字形式进行网络传播的行为均系侵权行为。

社会科学文献出版社将通过法律途径追究上述侵权行为的法律责任，维护自身合法权益。

欢迎社会各界人士对侵犯社会科学文献出版社上述权利的侵权行为进行举报。电话：010-59367121，电子邮箱：fawubu@ssap.cn。

社会科学文献出版社